Establishment and Maintenance of Professional Relationships in Social Work

社会工作专业关系建立与维系

理论、实务与案例分析

范明林　张芯桐　著

格致出版社　上海人民出版社

序　言

　　自 20 世纪 90 年代至今 30 余年,国内社会工作教育一直蓬勃发展,进而推动了社会工作实务的兴起和社会工作研究的逐渐深入。在不同的发展阶段,国内社会工作研究有不同的讨论话题,由此可见探索议题的转换、深入与发展。

　　在 20 世纪 90 年代,"专业化"的话题是讨论的核心与焦点,不少研究围绕着国内社会工作专业化的路径与方法不断展开论述。如王思斌教授在 1996 年发表的《中国社会工作专业发展前景分析》一文中曾经指出,作为一种制度的社会工作的专业化进程受到它的生存环境的影响,特别是社会体制的影响和制约。因此,分析社会工作与社会经济政治体制的关系,对考察社会工作专业的发展前景就显得十分必要。学者陆士桢在 1994 年发表的《中国社会工作发展之思考》一文中就曾强调,要动员和协调社会工作的多种力量逐步向专业化迈进。在 21世纪前十几年,社会工作研究的核心议题更多地转换到对国内社会工作存在的各种问题或困难的讨论,涉及社会工作教育的问题(包括课程设置、实习安排、学生出路、学科发展等)、社会工作人才培养和使用的问题、社会工作"嵌入"现有社会制度或体制的问题、社会工作职业化问题、社会工作对国家战略的回应问题,等等,这些讨论一直延续至今。不过,进入 21 世纪 10 年代后期及 20 年代,国内一些社会工作学者不再纠缠于对中国社会工作存在问题的叙述,而是更加提升一个层次,深入且建设性地探讨中国社会工作发展的某一个具体方面、具体事项或具体领域,如张和清教授运用"行动研究"对"双百"社会工作的探讨、童敏教授提出的"情境化与社会工作""生活实践与中国社会工作自主知识体系"、何雪松教授的"中国社会工作发展的关系思维"、郭伟和教授对"基层民主协商与社会工作参与基层协同"的论述,等等,都已经不再泛泛而谈中国社会工作存在的某些问题,而是聚焦社会工作领域的某一个侧面,有针对性和建设性,有些讨论甚至还有丰富、扎实的实务资料支撑,由此展开对中国社会工作发展的进一步探索。正是在这样的背景下,国内有关社会工作专业关系议题的探讨,也在逐渐发展与深化之中。

20 世纪 90 年代社会工作被大规模引入中国的时候,传统的社会工作知识架构的核心部分由三个方面构成:社会工作价值观、社会工作理论、社会工作方法和技巧。时至今日,经过 30 余年的社会工作本土化的探索,越来越多的社会工作者认识到,在上述传统的社会工作知识结构中还需要增加另外两个重要部分,即社会工作专业关系、社会工作者的自我认识,其中前者占据重要的位置。因为如果没有社会工作者与服务对象专业关系的建立,价值观的持守、社会工作理论的运用、社会工作方法和技巧的实践均无从谈起;如果没有社会工作专业关系中的规则、规范的把握,社会工作服务过程、服务成效、专业的声誉等,都会深受影响甚至损害。

基于上述背景和思考,本书首先梳理了"社会工作专业关系"议题的来龙去脉及基本概念,随后对社会工作专业关系建立及维系的核心要素进行了阐述,并指出在具体服务的情境中,社会工作专业关系建立的功能、征兆及特点;最后,通过案例的形式,具体阐释在儿童社会工作、青少年社会工作、老年社会工作、家庭社会工作、学校社会工作及社会工作督导等领域,如何建立社会工作专业关系及如何利用社会工作专业关系推进社会工作服务持续性开展,其宗旨和目的是通过将理论思想的传播和实践服务的开展相结合,将书本知识与案例介绍相结合,促进社会工作者通过建立良好的社会工作专业关系去更加有效地为案主开展专业服务。

本书的出版需要感谢的是：上海大学社会学院领导的大力支持、格致出版社各位编辑不辞辛劳的投入，以及写作中参考的大量国内外参考文献的作者及其真知灼见。

由于写作者水平有限，且社会工作专业关系的议题尚在不断地深化之中，所以本书一定有许多错漏之处，在此恳请各位读者与专家批评指正。

范明林

2024 年 5 月于上海大学

目　录

第一章　社会工作专业关系概述

社会工作是以利他主义价值观为指导、以科学的知识为基础、运用科学方法助人的服务活动(王思斌,2006),在这个助人服务活动的过程中,专业关系的建立与发展是一切行动的基石。目前,我国社会工作领域普遍重视对社会工作理论知识、助人技巧、专业工作方法的学习,而对社会工作者专业操守及原则的培训与实践却关注较少(区伟祥,2017),很少有学者探究在不同社会工作实务场域中,专业关系是如何建立、维系、运用并进一步发展的。社会工作者面对的实务环境复杂多变,尤其是在处理与案主的专业关系或遇到棘手的问题时,社会工作新手常常会感到无从下手,因此,只有探明社会工作专业关系的意涵,才能有助于实务的推进。下文将从定义、特点、类型三个方面对社会工作专业关系进行概述并探讨社会工作专业关系的目的与意义。

第一节　社会工作专业关系含义

一、社会工作专业关系定义

"关系"的内涵抽象而多元,是人与人之间的互动与联结。珀尔曼(Perlman,1979)认为"关系"是人与他人在情感上联结的感觉或意识,通过彼此相互交换、分享主观经验、情绪、情感,使个人感受到与他人有关联。"关系"包含心理性互动及社会性角色两部分。从心理层面上来讲,关系指人与人之间所产生的一种情绪互动的表现、反应、经验与感受,在互动过程中,情绪上的各种感受会受互动时间的长短,互动的内容,互动的方式,双方的性格,个人经验、价值观、认知能力、社会文化,个人生理心理状况及当时所处情境等因素的影响;从社会层面上来讲,角色是关系的单位,关系是因角色连带(role bond)或角色组(role set)而存在的一种相互关联,角色拥有权利与义务规序的意涵,社会角色是指与人们的某种社会地位、身份相一致的一套权利、义务规范与行为模式,它是人们对具体特定身份的人的行为期望,它构成社会群体或组织的基础。个体会在不同情境中扮演不同的角色,经由某种特定角色所形成的关系里蕴含着社会文化与规范的期待和约束,影响着人的行为模式。

在社会工作领域,学者们也从心理和社会两个不同的方向来定义专业关系,首先是心理层面的定义。一直以来社会工作者们普遍认为关系是温暖的,而文字是冰冷的,形成良好个案工作关系的技能远比定义某案件关系的能力更重要。由于案情通常比较复杂,当社会工作者被要求对关系进行解释时,通常倾向于绘图说明,并认为得有一定的经验阅历才能理解。然而比斯台克(Biestek,1954)最早提出要对社会工作专业关系进行定义,认为这种口头阐释会给人"虚假体验的印象","只有发起者才能理解",并且不能充分传达完整的、全部的内涵,而充分的理解有助于获取并提升技能,所以对个案工作关系的整体和各个部分进行解释、定义和分析尤为重要。但他将范围限定在个案工作中,认为专业关系是个案工作的灵魂:"个案工作者和案主之间感受与态度的动态互动,目的是协助案主在个体与环境之间实现更好的调整。这个定义基于以下三点来进行考虑与讨论:(1)强调关系的目的;(2)感受与态度是互动的素材;(3)强调互动的动态本质。"(Biestek, 1954:58)

随后诸多学者也对专业关系的定义进行探讨,如基思-卢卡斯(Keith-Lucas, 1972)认为,"专业关系是一种媒介,提供给处于困难中的人,通过关系选定案主接受协助、给予其机会,并运用专业关系来做决定";平卡斯和米纳汉(Pincus & Minahan, 1973)将专业关系描述为"介入的联合、协商或冲突的一种气氛";而布拉默(Brammer, 1979)将专业关系视为"含有情绪特质的一种交互作用";约翰逊(Johnson, 1995)则认为专业关系是一种情绪互动的交流过程,专业关系的进行需要有一定的时间限制,社会工作者必须运用专业知识、技巧与方法,并在专业伦理原则的引导之下,以案主最佳利益为考量重点,为案主谋取最佳福祉。

谢秀芬(2016:115)基于比斯台克的定义对个案工作专业关系进行再阐释:专业关系是社会工作者与案主间态度和情绪互动所形成的动态交互反应关系,协助案主改善和增强社会生活适应能力。营造一种让案主觉得被尊重、被接纳、被肯定的氛围,且拆除防卫、面对问题,使自身潜能得到发挥;在此氛围下,人格会有适当的发展,能恢复和改善其社会功能。她认为专业关系是社会工作的重要核心,社会工作者借由专业关系的建立过程营造信赖的气氛,使案主能够自在且卸下防备地参与问题的探讨以及服务的干预过程(谢秀芬,2010)。

其次是社会层面的定义。区伟祥(2017)认为"专业关系"指人与人之间或人与群体之间受若干规范所制约的互动过程,若能适当建立此"专业关系"便是其专业体现的核心与支柱,而社会工作的"专业关系"便是社会工作者与案主间受社会工作专业操守、原则与价值观所规范的互动过程,即"专业的助人关系",这是社会工作专业的灵魂。这个定义拓宽了专业关系的范围,不再局限于个案工作,而是在社会工作领域中皆适用,其中主角便是服务提供者(即专业社工)与服务接受者(即案主)。林万亿(2006)也认为社会工作专业关系在其整个清晰的服务体系规范框架中运行,有助于社工专业技能的发挥,并恢复或改善案主的社会功能。此外,施智翔(2014)对专业关系的定义范围加以明确,认为社会工作专业关系并非局限于个案工作之中,当案主问题趋向多元时,必须超越个人范畴进行处理,可能还包括家庭、学校、社区等其他层面,社会工作者也需接触多个层面的相关人士,可能会遇到各种各样的问题,此时必须以"整合性社会工作"的理念开展服务,不能执着于区分个案、小组或社区的传统分类方法,而是找寻合适的知识、理论与技巧,设计出更贴近案主需求与问题的服务方案,在这个过程中,社会工作专业关系是工具、技术、手段,更是核心所在。

需要注意的是,潘淑满(2003)认为专业关系意指基于专业服务需要和特定目标建立的工作关系,在社会工作者与案主互动的过程中,形成一种双向交流与互动的经验,专业关系深刻影响着服务过程的质量与成效。她指出,在社会工作助人专业中,个案工作关系(casework relationship)、专业关系(professional relationship)、助人关系(helping relationship)与疏通关系(rapport relationship)这四个名词经常被交互使用:在个案工作中,社会工作者与案主因为专业服务的需要,建立"社会工作者与案主间的关系",遂称为"个案工作关系";且基于专业服务建立的工作关系,也称为"专业关系";同时社会工作以助人为目标宗旨,所以又被称为"助人关系";此外"助人关系"建立在沟通的基础上,"专业关系"也被视为一个动态的、持续互动的过程,因而也被形象地称为"疏通关系"。

同时,潘淑满(2003)将社会工作专业关系的意义详细划分为六种类型:(1)满足案主需求的关系,即专业关系是社会工作者用以促进案主成长、发展与培养良好的适应形态所提供的服务;(2)激发案主潜力的关系,即社会工作者提供温暖、支持、安全的关系,消除案主焦虑不安的情绪,帮助案主积极改变与调适;(3)整合人际关系,即社会工作者希望通过正向的互动关系,重新协助案主自我肯定,并将从中学习到的经验运用到其他人际关系之上;(4)互动的关系,即社会工作者与案主之间态度和情绪交流经验与过程,通过这种经验与过程,协助案主减轻人际互动关系的障碍与挫折;(5)真实的关系,即社会工作者以真诚的态度面对案主,鼓励案主清楚表达自我意念,并协助案主厘清现实与非现实的认知与期待,避免错误印象,促使专业关系有效运作;(6)互补的关系,即双方基于自主、尊重、互惠、信任的特性建立专业关系,在互动过程中案主必须坦诚、开放地表达自己的问题和困难;而社会工作者则以温暖、关怀、接纳的态度,引导案主表达,提供必要资源,协助案主解决问题。

总而言之,社会工作专业关系有其需探究的重要性与意义。社会工作专业关系应强调联结、动态而非分离、静止的过程(O'Leary et al., 2013),且在社会工作者与案主角色互动的过程中受社会工作专业操守、原则与价值观所规范,双方(或多方)通过专业关系的建立,共同为了满足案主需求、解决案主问题、改善案主困境、增强案主能力而努力。

二、社会工作专业关系特质

社会工作对于专业关系极为重视,有人的地方,就有社会工作,有社会工作的存在,必然会有专业的关系。专业关系是引领案主接受社会工作专业服务的开始,社会工作对于这层关系的运用,就是专业的内涵所在。然而这些内涵是由许多特质建构而成的,如果专业关系是开启社会工作大门的一把钥匙,那么铸造这把钥匙的材料就是专业关系的特质。

1. 助人关系的八项特质

社会工作专业关系属于助人关系的一种,基思-卢卡斯(Keith-Lucas,1972)曾总结出助人关系必须具有以下八项特质:

(1)助人关系是一个双向而非单向关系,需要助人者与受助者两方的投入。

(2)助人关系不一定是令人愉快的,因为在助人过程中需要处理及解决问题,而这些问题往往是令人沮丧、难以面对其至充满矛盾痛苦的。

（3）助人关系包括两个同等重要的关系，社会工作者既要基于专业知识分析受助者情况和规划行动，也要情感反映与投入，使案主感受到同理与支持，从而产生改变的意愿。

（4）助人关系建立的目的是唯一的，那就是以受助者愿意接受的方式予以协助。

（5）助人关系强调此时此地应该做的事，协助案主从过去的经验中抽离出来，避免责备过去的错误，勇敢面对过往的挫折。

（6）在助人关系发展的过程中，要能提供一些新的资源、思考方式和沟通技巧等，使案主有能力自行解决问题。

（7）助人是非批判的、接纳的、尊重的关系，允许受助者表达负面的感受和情绪。

（8）助人关系必须能提供受助者经验抉择的自由，不剥夺受助者经历失败的机会，而社会工作者能从旁提醒，适时伸出援手。

2. 社会工作专业关系与一般关系的异同

依据前文所述，社会工作专业关系是一种"关系"，与其他类别的关系具有一定的相似之处，比如尊重、支持、安全感、相互影响等，然而社会工作专业关系会受到社会工作专业操守、原则与价值观的规范，具备与一般关系不同的特征，由此可见其共通性与独特性并存。

此外，基于布拉默和肖斯特罗姆（Brammer & Shostrom，1977）、哈钦斯和科尔（Hutchins & Cole，1997）、许临高和顾美俐（2010）、区伟祥（2017）等学者的论述，笔者总结社会工作专业关系的独特性主要体现在以下七个方面：

第一，目的明确清晰。在社会工作专业关系中，社会工作者和案主（们）基于解决需求困难、激发增能、改善环境等目的来开展互动过程，社会工作者需在充分了解案主需求后与其商议，将这些互动目的提前告知并力争获得案主的同意，互动目的清晰且明确。

第二，以工具性为主。在社会工作专业关系中，互动关系同时兼具情感性与工具性,但以工具性为主,专业关系作为为案主提供更优质的服务的手段与过程,而非目的。

第三,互动双方(多方)角色与地位不平等。首先,在社会工作专业关系中,互动是以案主为本、以案主为中心,集中分享、讨论及了解其资料、需求、问题与处境等。若无必要的话,社会工作者较少对个人方面的内容进行分享。其次,虽然基于平等、尊重、开放、包容等原则开展工作,但社会工作者拥有"专业角色",在互动中具有一定的权威性,专业关系通常会倾向于单向、主导或引导式。最后,许多专业关系的建立并非是自愿且愉快的,因案主可能因为其他强制性或外在因素,被迫接受社会工作者的服务。

第四,根据上述第三个特征,社会工作者与案主互动时必须对是否有依赖、移情或反移情的情况发生持续高度警惕,且动机不可隐含控制、操纵或惩罚的意味,从而影响服务进程;社会工作者也要秉持社会工作专业操守、原则、价值观等规范,依据法律、社会工作价值伦理、契约文件等内容建立非安全的、保密的、批判的、接纳的、尊重的、相互信任的、案主自决的关系,以免滥用专业关系从而损害案主的权益。

第五,具有机动性与时效性。社会工作专业互动关系有时效性及短暂性,强调此时此地,焦点也放在此时此刻应做的事。当案主的问题或需要得到解决或满足后,社会工作者应终止专业的助人关系,帮助其恢复独立自主的日常生活。因此社会工作者必须妥善处理专业关系的终止,甚至在开始专业关系时就应做好服务结束的准备,以免给案主和自身造成困扰。

第六,社会工作者需向案主和机构负责。社会工作者是社会工作专业赋予的角色,代表其所在的社会服务机构与案主建立互动的专业关系,因此其行为表现不仅需向个人负责,也需向社会工作服务机构负责。

第七,利益的单向性。虽然在社会工作专业关系中,需要社会工作者与案主双方的投入与互动,专业关系是双向而非单向的关系,但整个互动过程以案主利益为基础,不应涉及社会工作者的个人利益或利益交换的安排。

3. 社会工作专业关系"动态互动"的特质

比斯台克（Biestek，1957）提出专业关系中的动态互动包括案主与社会工作者之间态度与情感的往复运动，这种互动的方向、速率、外在表现可能会不断变化，但只要专业关系处于存续状态，互动就不会停止。黄维宪等（1985）认为专业关系的形成与发展建立在案主与社会工作者之间感受与态度表现的交互反应过程之上，由于社会工作者与案主均为独特的个体，个人的独特性将在互动的过程中影响双方的态度和情感，并随互动而不断发展变化，因此专业关系具有动态性。杜景珍（2007）将这种案主与社会工作者之间感受与态度表现的交互反应过程直接解释为社会工作者与案主间情绪、态度与行为相互作用的过程，并认为通过有来有往的互动，专业关系的互动性质不断改变与发展。王鑫（2018）则关注整个过程的不同阶段，将专业关系的动态性表现分为建立初期与形成期，认为社会工作者需要根据案主在专业关系不同阶段的表现来采取不同的应对策略或方式。代蕾（2021）将专业关系动态性的体现总结为两个方面。第一，专业关系的建立：在社会工作服务过程中，社会工作者与案主的专业关系是一个循序渐进的过程，从陌生到熟悉，在专业关系建立与发展的不同阶段会呈现不同的特征，但又相互连接，是动态化的表现。第二，专业关系是社会工作者与案主之间情感与态度的交互表现：在服务过程中，案主将自身遇到的问题和困难以不同形式传达给社会工作者，社会工作者运用专业知识与技巧及时反馈，双方不断互动交流，专业关系在一来一往的过程中得以建立和维系。此外，杨超、何雪松（2017）也认为专业关系具有动态性，并基于对专业关系本土化实践的讨论，提出专业关系的本土化特征包括主动与被动、混淆与清晰、卷入与限度、人际与约束之间的"动态合宜"等，进而倡导在社会工作本土实践的过程中，社会工作者要根据实际情况的变化，动态地建立、维持与结束专业关系，以此寻求适合案主的方法。

同时，比斯台克（Biestek，1957）将态度与情感的方向分为三种，谢秀芬（2006）在其基础上进一步作出阐释。第一，从案主到社会工作者：案主带着问题前来向社会工作者求助，向眼前这位"不熟悉的陌生人"袒露自己内心深处的苦楚与无助,可能会感到不安、疑虑或难为情,多少有些顾忌,比如担心社会工作者如何看待自己,是否会保守秘密,是否会嘲笑自己,是否强迫自己做不想做的事,能否提供切实的帮助,等等。第二,从社会工作者到案主:社会工作者在倾听后敏锐地察觉到案主的感受与需求,从行为背后洞悉问题的本质与内涵,并开始适时给予案主回应与反馈,表达社会工作者的尊重、非批判、同理心等,使案主了解自己的原则与态度,在案主自决的基础上为其提供最好的帮助。第三,回到案主对社会工作者的互动:案主接收到社会工作者传达的信息并明白社会工作者的态度,了解社会工作者清楚自己的焦虑与不安,也知道社会工作者会以非批判的观念接纳自己的认知行为与情绪反应,因此案主会通过语言、表情或行动,向社会工作者反馈自己已接收到了信息并对这些信息进行个人化的理解与诠释。在这一阶段,案主知道如何与社会工作者进行互动,也消除了先前的不安与疑虑。张雄(1999)从"互动"主体的向性出发,将专业关系的动态互动归为两种——一是社会工作者或案主与对方的单向互动,二是社会工作者与案主间的双向互动——这两种互动方式贯穿服务过程始终,强调社会工作者只有把握好专业关系的动态性,才能实现助人目标。

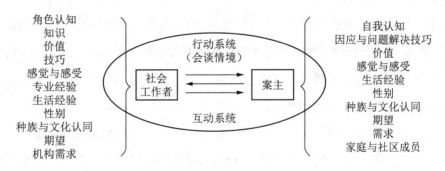

资料来源:修改自 Johnson(1983),引自黄维宪等(1985)。

图 1.1　社会工作者与案主的动态互动模式

如图 1.1 所示,动态互动会持续不断地、交错地发生在社会工作者与案主接触的过程中,也就是社会工作行动系统中,其中具体的态度与情感方向包括前文所述的三种：从案主到社会工作者、从社会工作者到案主、回到案主对社会工作者的互动。在动态互动中，行动系统并非只受社会工作者专业知识与技巧的运用、机构或外部环境的影响。互动的双方皆是独立的个体，各自的背景、经历、特质、能力、认知、价值观、需求、期望等皆具有其个人独特性，这种独特性会体现在互动过程之中，影响双方的态度、情绪、感受与反应，使得专业关系具有动态性，并影响双方专业关系的建立与发展，进而影响整个互动过程的质量与走向。具体而言，一方面，社会工作者带着自身角色认知、价值观、性别、种族与文化认同等，通过会谈时的情境，运用语言或非语言的符号信息，与案主互动交流与沟通；另一方面，案主也会带着自身的认知、价值观、经历、需求、期望等进入会谈的情境中，与社会工作者接触和互动。双方在这样的动态互动过程中形成的情绪、感受与反应即专业关系建立的基本要素，这样的关系并非静止的，而是在双方一次次互动中形成与发展的。

需要注意的是，社会工作者在动态互动中通常处于引导的一方，如何与独特的案主一同工作是社会工作者最需考虑的问题之一，而其个人特质也是决定专业关系本质的关键因素。布拉默和麦克唐纳（Brammer & MacDonald，2003）认为专业的社会工作者需要具备以下特质：能够对自我及自我价值有所察觉、对文化经验有所觉察，有能力去分析自己的情感，有能力当一个模范和影响者，利他且同理他人，对伦理的敏感度高，有责任感，有能力去增强权能。只有具备以上特质的社会工作者才能在难以捉摸的动态互动关系中，拿捏好自我与案主互动过程中的分寸，以找到适合与每位独特案主互动的方式与服务方法（陈仪卉，2010）。

以符号互动论来看，社会工作者与案主都会基于个人观念来定义专业关系的情境，并据此行动，然后再从彼此对行动的反馈中解释与判断自己观点的适当性，从而进行调整与改变，重新定义自己的行为。这样来看，专业关系的建立与动态互动过程中，社会工作者和案主都具有动力、指导力以及影响力。双方所使用的符号意义必须被对方理解，如果因社会文化背景不同而使用了对方不了解或有不同诠释含义的符号，就会造成沟通上的障碍（张振成，1996）。

以社会交换论的观点来看,人是理性的,会评估在关系中所需付出的成本以及预期获得的利益,并将社会互动视为人际间的交易过程。在社会工作专业关系中,社会工作者所能提供的资源,除了服务本身,还包括关爱的感受、信息、实际物质或金钱等,有其具体性及特殊性。社会工作专业关系介于交换关系与共同关系之间,不仅有物质的交换,还包括情感上的交流,也正因关系的建立可能存在权力倾斜和依赖的情况,在动态互动中,社会工作者更需要注意尽可能使案主有平等及被尊重的感觉(刘玉铃,2002)。

综上所述,属于助人关系之一的社会工作专业关系与一般的人际互动关系有共通性也有其独特性,专业关系并非礼貌性寒暄或随意性谈天,而是通过社会工作者与案主带有目的性的谈话、持续性的互动以及阶段性的目标达成,建立可以与案主协同工作、助人自助的关系,其特点主要有:基于需求与服务的情境而发展,有明确的目的利益方向与责任归属,理性与感性并存,极具机动性与时效性,互动的角色地位不平衡,动态互动,等等。

三、社会工作专业关系中的社工角色类型

社会工作者在专业关系中所扮演的专业角色与其在社会工作实务中的行为模式和功能作用相互呼应:社会工作者角色是社会工作者、案主、机构和社会等多方之间进行互动的载体,社会工作者角色的扮演过程表现为一套被行业制度规范的行为模式,蕴含着他人或社会的期待,例如对其专业知识体系、专业技巧、专业能力、具体实务操作模式等方面的期望;也可以将社会工作者角色理解为社会工作者在实务过程中被赋予的身份以及该身份所应发挥的功能效果。

社会工作者的专业角色包括协商者、咨询者、团体催化者、调解者、经纪人、协调者、教育者、发动者、赋能者、倡导者、行动者、研究者、公众发言人等(林万亿,2016:59),也有其他学者提出社会工作者还可能担任社会控制者、协助者、引导者、使能者、增能者、支持者、资源链接与整合者、专家、解构与重构者等角色

(宋丽玉、施教裕,2010;白倩如等,2018;崔君,2019)。总体而言,社会工作者的专业角色具有情境性,是与其生态栖息地中多种角色的综合(于潇,2020:51)。换言之,社会工作者需要根据实务情境、实务场域、案主、服务进程等灵活地切换或共同肩负某些角色,这些角色复杂而多元,甚至可能具有内在冲突与矛盾,所以需要社会工作者在实务过程中不断协调并提升自己的角色掌握力以寻得平衡。

第二节 社会工作专业关系的目的与意义

一、社会工作专业关系的目的

专业关系运用的主要目的在于满足案主需求、解决案主问题、激发案主潜能,以便日后案主能恢复稳定的生活。除了总体目的之外,还有许多具体目的,例如:营造安全环境使得案主能够放心地表达;营造温馨气氛使得案主能够安心地参与讨论以及协同处理;让案主体验到被关心、支持、鼓励的感觉,使其愿意与社会工作者进行持续性互动;给予案主反馈使得案主觉察到自己的成长与转变……由此可见,专业关系的目的并非单一性的,与一位案主建立专业关系时,可能抱持诸多目的,也同时设立很多目标。

目前学术领域对于专业关系主要有三个面向的目的性定义(比斯台克,1977;黄维宪、曾华源、王慧君,1985;潘淑满,2003):(1)规范性目的(normative purpose)。针对社会工作者的角色与性质,给予明确的规范,说明了应当与案主建立何种专业关系是被期待及允许的,以避免在服务过程中关系界线模糊不清,而造成对案主的伤害,更可以使社会工作者自我省思其态度与行为是否符合专业的本质。(2)操作性目的(operational purpose)。通过专业关系的建立与运用,提高了案主对于社会生活系统改变与发展的可能,在真实情境的运用中提升案主适应生活环境与解决问题的能力。(3)个人性目的(individual purpose)。每一位案主所遭遇的问题和需要满足的需求都不一样,与案主关系的建立呈现动态性的发展特点,简单地说就是随着案主进行调整与改变,量身定做每一次社会工作者与不同案主的专业关系。

上述目的凸显出社会工作专业的价值,正因有了价值的存在与判断,社会工作专业关系通过其显著的目的性,才得以有章法、有节制地发展。

二、社会工作专业关系的重要性

关系可以产生令人惊讶的力量,如果关系是自我及其所有相关感受与行为所形成的媒介,那么关系也可能是重塑自我诸多方面的桥梁(Howe,1998)。社会工作专业一直强调关系,实务的开展主要依赖于关系,关系也是社会工作服务促进服务对象改变的核心(Graybeal,2007)。

1. 对专业服务的意义

社会工作专业关系的建立与发展对社会工作专业服务的提供有巨大影响,许多学者皆强调专业关系的重要性。最早提出专业关系这一概念的学者比斯台克认为,社会工作专业关系是社会工作的"心脏",社会工作者与案主的关系是一种"媒介",适当的关系是整个服务过程的中枢神经,借由它才能够启发个人的潜能,唯有通过这层关系,人性与案主个体的知识方能被有效地发掘与运用(比斯台克,1977)。这意味着只有双方建立了良好的专业关系,社会工作者取得了案主的认可与信任,有了安全感,在这种温暖与安全的气氛下,案主才容易消除防卫心理,保持自我开放的心态,真正参与到服务中来,社会工作者也才能够进一步地了解案主的生活环境、人际关系与内心世界,从而寻找切入点,帮助案主有效解决问题、提高其应对现实困境的能力。反之,如果双方关系是负面的,有敌意、防卫、不舒服、焦虑、紧张、不信任、不和谐与心理上的威胁感等,案主就会逃避沟通,即使必须沟通,案主的防卫心理也使其无法真正开放、坦诚,容易产生批评、拒绝、报复、反击或过分敏感的心理，以至于扭曲沟通的信息。换句话说，社会工作专业关系的建立迈出了解决问题的第一步，同时决定着社会工作专业服务的成效。霍利斯（Hollis，1964）认为社会工作者与案主的关系是所有个案治疗的基础（引自黄维宪等，1985）。珀尔曼（Perlman，1979）也曾将助人关系比喻为助人工作的"灵魂"。谢秀芬（1985）整合前人学者的观点，指出专业关系在助人专业服务过程中占据着非常重要的战略地位，犹如血液之于人体，亦如人的灵魂。社会工作者需要将专业关系视为服务提供的某种媒介，借由社会工作者与案主之间某种正式的、态度与感受的交互反应，持续而动态地协助案主有效解决问题、更好地恢复功能与适应环境。专业关系的目的旨在营造一种氛围感，协助案主较适切地解决问题，使案主的人格有适当的发展与延伸，最终实现其社会功能。李增禄（1986）非常强调在社会工作助人过程中建立"关系"，借由良好的关系，社会工作者才能让案主毫无保留或者较少保留地向其陈述自身的难言之隐、苦痛经历、真实问题与现状；同时，只有在关系建立的前提下，社会工作者才能与案主共同商讨、拟定服务策略，随后推动服务进程顺利进行。不仅是社会工作者与案主间的关系，在专业服务中的人员协调、服务流转，以及资源的链接、整合与应用等方面，也都需要依靠社会工作者建立关系的能力。甚至在正式服务开始之前，专业关系就已经在萌芽了。如同碧斯曼（Bisman，1994）所述，社会工作往往始于一些短暂的接触或微不足道的小事情，在评估或一些特殊的服务开始之前，社会工作者与案主双方必须先有一些交流，可能是谈话、肢体语言、表情等，也可能体现着支持、关心、真诚等，而这些交流是很有意义的互动，为未来的沟通与合作奠定基础。

许多实证研究指出（引自张祐诚，2011），合作的助人方式与助人成效呈正相关而且是必要条件，助人关系作为一种双向的协同关系（collaborative relationship），社会工作者与案主所建立的是彼此相互支持、互惠、权能共享的联盟。尤其是社会工作所遭遇到的问题大多是极为复杂的状况，而越是复杂的境遇就越需要社工与案主进行合作（Douglas，2009）。诸多助人关系与工作同盟的实证研究也印证了专业关系的重要作用：助人关系是影响助人历程与结果的重要因素（Gelso & Carter，1985；Sexton & Whiston，1994）；助人关系对于正向的助人成效有显著且实质性的贡献（引自许雅惠，2009）；舍克和卡佛（Shirk & Karver，2003）在对 23 篇文献进行综述后总结道：治疗关系的强度与儿童、青少年、成人的治疗结果均有效度的相关程度，可见助人关系对助人成效的重要性。林瑞吉和刘焜辉（1997）发现工作同盟在咨询过程中不仅仅是咨询关系的核心，也是预测咨询效果的重要指标，更是助人者口语反应模式使用的有效性的中介影响因素。工作同盟的质量与助人效果有正向相关性，工作同盟质量也能够预测助人结果的好坏（Horvath & Symonds，1991；Strauser, Lustig & Donnell，2004；Barrett et al.，2008）。吴秉卫（2005）也指出工作同盟分数能够预测结案状况：过早结案的案主，其评定的工作同盟分数（工作同盟总分、目标分量表分数、工作任务分量表分数）比共同决议结案的案主得分明显要低得多，但在联结分量表的分数上则未显著低于共同决议结案组。

2. 对案主改变的意义

社会工作专业关系另一方面的意义在于通过为案主创造积极、正向、接纳的关系，以补偿现实中失败的经验或痛苦的内在关系，促使其向内探索、发生积极的改变。廖荣利（1984）提出，社会工作者与案主存在着内心感受与态度表现的动态交互反应关系，社会工作者通过此种交互作用以协助案主改善生活环境，增强社会生活适应能力。专业关系不仅是社会工作者用来影响案主，以使服务能够发挥成效的基础与工具，也是影响改变的关键（Nichols & Schwartz，2001）。在社会工作实务过程中，对于案主自身而言，社会工作者与其关系的建立与发展本身就是一种干预活动，良好的关系为案主的改变提供了可能，有助于案主重新认识自我与重塑自我，有助于提高面对困境、正确认识问题、解决问题、适应环境等方面的能力，有助于纾解压力、提高自信心与自我效能感，从而获得个人的成长、进步与改变（吕洁琼，2019）。

托索内（Tosone，2004）引用关系心理分析的理论提出治疗关系是案主变化的基本催化剂的观点。他认为治疗关系总是在实际关系、工作同盟与转移关系中交织作用。在关系为本的社会工作中，人际行为是一种宏观公共参与的聚焦，社会工作者与案主作为两方参与主体，在实务过程中相互作用，各自都会受到复杂的内部和外部力量的影响，通过对话，双方不断地为建立的关系"定性"与"再定性"，"演绎"与"再演绎"，在双方交往的过程中寻求"同理协调"（empathic attunement）、"人际互动"（interpersonal interaction）以及"经历学习"（experiential learning），从而在某种程度上发生由内而外或由外至内的转变。

3. 对专业发展的意义

在国家支持社会工作发展的政策指引和社会工作快速发展的趋势下，审视本土专业关系可以为推动社会工作实践专业化、提高社会工作者的专业性奠定基础（吕洁琼，2019）。回顾发展历史，社会工作一开始是以友善访问（friendly visit）的面貌出现的，而玛丽·里士满（Mary Richmond，1899：89）曾指出友善访问的方式意味着亲密与持续地了解并与这些人的欢喜、悲伤、意见、感受保持感同身受，因此慈善的工作事实上要比直接提供援助具有更多的意义。而后里士满（Richmond，1922：102）更进一步指出关系的功能是心灵的交流（mind over mind），而这样的概念则进一步影响社会工作的发展。目前，社会工作的理论研究已有关系转向的趋势，站在关系社会工作学派的立场，社会工作中的多面向主体不再作为"个体的自我"，社会工作者变为"关系中的能动者"，其身份是由家庭、人际关系、社会关系以及相互交叉的社会成员资格构成的，并在特定的历史传统、语言文化、社会政治生活关系中得以塑造。

在社会工作现代化的发展进程中，"关系为本"的社会工作也逐渐迈入学界的视野。"关系为本"的社会工作在传统自我心理学（ego psychology）的基础上运用后现代实践框架与方法，强调专业关系的重要性，注重案主的实际情形，通过关系中双方的"演绎"促进数据建立、意义整理、相互调控以及制定改变的可能性方案；强调在"此时此地"的互动交往中，双方共同参与探索案主的问题，呈现一切寻求解决方法中可能遭遇的两难状态；倡导社会工作者与案主要对"他者"

开放,形成真正的人际关系。"关系为本"的社会工作强调社会工作者将故事及相互沟通作为阐明和修复案主问题的策略,除了同情案主的直接经验,必须重视构建介入的目标和相处的方法,并持续监测双方沟通时出现的特殊情形;同时,社会工作者也要接受并习惯介入工作初始阶段的"不契合"(misalignment),而往后的互动目标就是修复社会工作者与案主关系中存在的差异和断裂,整个互动是一种共享发现问题与寻求解决方法的过程。这些观点非常符合社会工作的价值、功能、目标与承担的角色,对发展理论和总结经验起到积极作用:社会工作的"分享"不再是价值选择,而是建立契合人际关系的必须元素;"同行"不是美丽的口号,而是建立互相"演绎"的机会;"案主自决"不是追求某种宏大的理想和目标,而是任何人都不能代替案主做决定;"助人自助"不是社会工作者逃避责任的借口,而是人际关系中相互依存的必然结果。倘若社会工作要形成"去权威化","关系为本"的社会工作就是一片值得开拓的沃土。社会工作的实践研究可以从这些成果中汲取营养,利用关系转向重新检视社会工作(何国良,2021:14),由此社会工作就有可能形成新的以"关系"为中心的理论建构,从而更好地推动专业实践,促成从微观到宏观各个层次的改变(何雪松、王天齐,2021:68)。

第二章　社会工作专业关系理论论述

社会工作专业关系在社会工作服务提供过程中的重要性不言而喻,因此,在社会工作发展的历程中,对于专业关系的讨论与论述,无疑也是专业发展的一个重要组成部分。

第一节　不同学派的理论观点

理论方向就像是为助人实践提供的路线图,不同的理论观点会通过识别与阐述是什么让帮助过程起作用,来指导助人工作者(如社会工作者、心理咨询师、医务工作者、教师等)制定不同的干预方案与措施。不同的工作者可能会基于不同派别的理论视角,或在不同情况下运用不同的理论方法,以不同的方式与案主在一起工作,从而达到助人的目的。在助人过程中,不同的理论视角将为社会工作者提供一个框架来理解助人关系的内涵、本质以及其中相互作用的情况,从而指导实践中专业关系的建立与发展。一直以来,社会工作理论博采众长,在实践中不断发展与完善,形成一个综合的框架。在这一过程中,社会工作也吸取不同学派的理论观点并整合形成许多建立与维系专业关系的通用原则,但在具体基于不同学派理论的干预实践中,工作者对专业关系的认识和运用有不同的倾向与侧重。

一、精神分析学派的论述

许临高(2016)认为,精神分析学派对于社会工作者与案主关系的观点主要受心理分析的影响,注重诊断与心理动力而不太重视助人的专业关系,社会工作者与案主之间表现为专家对案主的关系,社会工作者必须保持客观、时刻控制自己的情绪,从而帮助案主顿悟和解决内心的矛盾与冲突。这主要是基于古典精神分析流派的弗洛伊德本能驱力模型与发展性倾斜等一元论观点得出的结论。然而当代精神分析运动的一种新取向是关系精神分析(relational psychoanalysis),这是精神分析学派内部逻辑在 20 世纪 80 年代诞生的发展产物,其将人际关系视为个体的人格和心理病理的主要决定因素,将患者和分析师的意识关系尤其是潜意识关系视为心理治疗效果的重点(丁飞,2013),强调在共同参与的分析情境中,建立双方安全与信任的关系,提高患者自我反思能力、情感调节能力,从而修复心身关系(丁飞、郭本禹,2014)。同时,以关系为导向的精神动力学思想在心理治疗社会工作实践领域的地位正在上升,其中许多社会工作学者(如 Chenot,1998;Borden,2000;Tosone,2004;Goldstein,2009)强调当代精神动力学思想与传统社会工作原则之间的一致性:如基于关系的实践、赋权实践、文化敏感性、以案主为中心以及人在环境中等(Segal,2013)。然而目前我国的社会工作理论或实践课程很少介绍关于当代精神分析/心理动力学的内容,还停留在"开始和结束于弗洛伊德"(Ornstein & Ganzer,2005:565)的阶段。

关系精神分析的产生与发展经历了一系列的过程。在 20 世纪 60 年代前的美国,占据主导地位的精神分析理论是古典精神分析与自我心理学(丁飞,2016),并深刻地影响社会工作理论与实践,其中自我心理学关于自我流动性的后现代思想为精神分析的关系转向提供动力，该思想以个体成长为导向，关注社会环境的影响，重视社会、文化、人际关系在人格发展和形成方面的作用，主张自我在关系的动态变化中流动性发展而非固定不变，不再强调性本能在人的心理活动和行为中的特殊重要性(何雪松、王天齐，2021)。

实际上，从20世纪30年代起不受精神分析主流派别重视的人际关系派别就在不断地蓄力积攒学术能量。1938年，沙利文(Sullivan)创办《精神病学：人际关系的生物学和病理学》杂志以推广他的人际关系理论，并影响了一大批著名的精神分析学家，如弗罗姆-赖希曼(Fromm-Reichmann)、里奥克(Rioch)、科恩(Cohen)等，他们同时也是华盛顿精神病院的核心成员，在沙利文的领导下，华盛顿精神病院逐渐以人际精神病学为主要特色并开展人际精神分析学培训课程，强调人际关系对人格及精神焦虑的影响。直到20世纪60年代，随着其他派别理论的传入和发展(如独立学派、克莱茵学派、客体关系学派等)，美国精神分析学界单调的气氛被新思想打破，酝酿着新的变革，原来主流的自我心理学阵营中产生强调关系因素的新观点，并对当时盛行的实证主义认识论提出质疑，如罗伊沃尔德(Loewald，1951)将驱力再概念化为关系现象，谢弗(Schafer，1976)运用诠释学对古典精神分析的元心理学进行批判并强调个体的主体能动性。美国本土学者科胡特(Kohut，1977)也建立起自体心理学流派，强调个体的自恋与价值，强调治疗师与患者之间的共情、移情以及信任关系。古典精神分析与自我心理学的统治在"内忧外患"的碰撞与交流中出现松动甚至瓦解，人际关系学派及其学说开始被重视。

20世纪80年代，精神分析学界的观点都呈现出多派融合的特征，风格从单一化转变为多元化(丁飞，2016)，能够从中轻易识别出诠释学、后现代主义、后结构主义、社会建构主义及女权主义等多元哲学思想的痕迹(Aron，1996：2)。米切尔(Mitchell)在客体关系学派、人际精神分析、自体心理学的基础上，创新性地提出了关系精神分析理论，认为人类心灵由关系基质(relational matrix)构成，关系基质包含一个用于容纳关系理论的框架结构，该框架囊括三个维度：自体、客体与人际互动(即自体与客体间相互作用的模式)。自体维度包含个体完整的心理结构与调节机制,既作为主体存在又作为对象存在;客体维度包含重要他人与分析(治疗)师,其行为既有可能改善,又有可能恶化个体的心理变化与行为;人际互动维度强调个体与他人发生关系的场域,包含着各种不同的相互作用模式与人际关系,个体既是施动者又是受动者(蔡智勇,2009)。米切尔(Mitchell,1988)认为不同学者的关系思想都可以运用自己的方式将其关系概念、论述整合进关系精神分析的框架之中。他打破治疗关系在中产阶级主导下的统治与服从的关系结构,将治疗行动集中于探索临床医生和服务对象之间关于服务方案的商定上,强调关系的主体间性是治疗的媒介,主体间性假设双方能够在关系中分享自己和对方的主观经验,从而共同创造一个共享的空间,在其中可以发生经验、感知、感觉、态度和行为的变化(Rosenberger,2014:14)。从而发展出一套独特的整合性理论,即关系-冲突理论(Mitchell,1988;Aron & Harris,2005),并运用关系的术语来描述冲突并强调冲突的重要性。理论中的关系-冲突模型(relational-conflict model)本质上是双向的、二元的、互动的,认为关系的建立与维持成为人的首要动机,基本成分是关系构型(relational configuration),它"是任何单一关系中不可避免的冲突性激情,是各种不同的重大关系与认同之间产生的竞争性的、必然会不一致的各种主张",而非驱力及其派生物(Mitchell,1988:10)。

　　阿伦和哈里斯(Aron & Harris,2005)认为,关系精神分析学家通常采取一种整合性的理论立场,倾向于从两种相互对立或互不相干的理论中看到其互补性,进而展开其整合性的理论建构。比如女性主义心理学家米勒(Miller,1976;1986)提出并发展了关系-文化理论(relational-cultural theory),她观察到两性关系中女性可能会因其弱势地位而依附于男性,为维持其关系而牺牲自我真实的想法与感受,并基于关系期待(relationship expectation)等概念解释女性的心理成长发展过程,为精神分析的关系理论加入了文化与女性主义的维度。在米勒基础上发展出来的关系文化治疗模式(Miller,1986;Jordan et al.,1991;

Jordan,2000)认为关系根植于文化中,关注性别、阶级等差异,关注分层、特权与边缘化,并强调关注关系的真实性、尊重文化多样性以及反压迫原则,这种治疗模式期待通过治疗师的在场、关切性回应、与患者相互共情,使其独立自主、自我关注、澄清在个体化理念下与他人建立关系的需要,推动其减轻孤独感、全面地从分离走向重新联系,从而使其体验到关系胜任或效能感。本杰明(Benjamin,2013)将女权主义观点与关系精神分析相结合,创造性地提出母婴主体间互动的概念;强调相互认可是实现主体间性的必要基础;认为内心视角和双人心理视角应该同时被重视,探讨关系应与内心维度相结合;在临床实践治疗过程中倡导引入第三方,在咨询师与患者之间构建一个心理空间,并在相包容的空间内进行平等的互动,以咨询师完整的主体性帮助患者修复其不协调的主体性及关系。

由此,关系精神分析对外部世界的影响主要体现在其对女权主义运动的声援作用上,另外还有同性恋的权利运动。结合女权主义与酷儿理论思想,关系精神分析对自身在发展以及性(sexuality)/性别(gender)相关理念的理论上加以改进,如摒弃传统精神分析饱受诟病、带有性别歧视倾向的"男子逻各斯中心主义(Logocentrism)——两性二元对立、男性主导、女性从属地位",转而倡导男女平等甚至反对一切隐含的不平等的权力叙事、权力关系与权力结构;不再将同性恋视为"倒错、错乱、变态",而是积极倡导摒弃偏见,"去污名化",更加符合时代趋势。此外,关系精神分析将研究范围进一步扩大,涉及种族、阶级、社区、城区等议题,这也使得关系精神分析与社会工作的理论与实践进一步结合起来(丁飞,2016)。

同样地,关系精神分析与社会工作的关系视角也密切相关,二者有很多相似的主要特征(Tosone,2004;何雪松、王天齐,2021)。(1)治疗和专业关系:治疗和专业关系是患者和案主变化的重要催化剂,临床医生和社会工作者不是关系中的独裁者,关系的重点不在于社会工作者个人对案主精神病理学的解释,而在于双方迭代的意义共建,还包括案主的叙事。(2)不对称性:体现在关系的层次性上,具有具体权力差异的额外维度,以及经验的不对等性等特征(Hoffman,

1999)。(3)相互性:双方都受相互作用的影响,但不一定以平等或对称的方式,同时双方反思个体社会背景的差异和价值观的冲突,在意义共建过程中强调共情、真实、真诚、开放、协作、平等、互惠和相互依赖等原则。(4)移情和反移情:工作关系中的双方不可避免地将过去生活经历中对他人的情感投射到对方身上,与传统精神分析不同的是,关系思维主张利用这种情感投射,而非一味地强调工作者需要冷静客观的判断,因为投射本身反映了彼此在经历重要关系时的主观体验,公开讨论和总结这种主观体验有利于相互成长和补偿过去经历中的缺失。(5)基于情境:关系精神分析的临床与关系社会工作的实践都基于情境开展,"人在情境中",包括工作的环境、种族、社会、文化等。(6)与自我心理学的联系:基于优势的视角建立案主的优势、同理心的运用都与自我心理学紧密相关。(7)对新理论的发展与研究、经验发现保持开放的态度。

二、系统理论学派的论述

"人在情境中",无论是关系精神分析学家还是社会工作者都意识到"内在心理"与"外在环境"的重要性,两者都是个人成长的基本要素。然而这也反映了一直以来社会工作实践的争论:心灵内部干预还是外部环境干预。在社会工作领域,"关系"一词包括心理关系和人际关系,即系统内与系统间的维度。确切地说,我们不仅需要从内部和现实化的主客体关系角度来考虑,还需要从个人对更大社会的宏观系统(即文化、经济、政治制度和社会结构等)的内化、互动和相互作用的角度来考虑(Tosone, 2004)。社会工作的特质之一就是强调人与环境的互动关系(Hamilton, 1951),而系统取向的社会工作注重案主系统内与系统间互动的意义,强调社工与案主在环境中的互动,关注中观或宏观环境的影响,如环境中的重要他人或重要因素,机构、学校或工作环境,特定的经济社会或政治结构、社会背景、文化或亚文化脉络,并且需运用动态的视角洞察到各方的变化。

生态系统理论建立了个体发展模型(Bronfenbrenner, 1979),认为发展个体嵌套于相互影响的一系列环境系统之中（微观系统—中间系统—外层系统—宏观系统），在这些系统中，系统与个体相互作用并影响着个体发展。同时布朗芬布伦纳在模型中也考虑到了时间维度，补充了长期系统（历时系统）：指在个体发展中所有的生态系统都会随着时间的变化而变化，强调各生态系统的变迁对个体发展的影响。生态系统理论根据系统对人影响的程度和方式差异，将其结构化、具体化，并建立其间的联系；这一模型对一般系统理论中过于抽象的系统观加以改进，有助于进一步分析具体问题，但是并没有给出如何运用生态系统理论指导社会工作实践、如何改善系统以解决个体问题的具体方案（卓彩琴，2013）。

于是吉特曼和杰曼（Gitterman & Germain，1976）在其基础上提出将生态系统理论应用于社会工作实务的干预模式——生命模式，并在之后不断地发展。生命模式认为人的发展是一个持续与环境各层面进行互动与适应的过程。人与生态环境之间形成一种相互依存的互惠关系，通过不断的交换实现彼此的影响。在个体的生命历程中，人们会遭遇来自生活、工作转型、人际关系以及环境等多方面的压力。面对这些压力，个体首先会评估其严重程度，然后寻求相应的资源来应对，这些资源包括社会关系、自我效能、能力、自尊、自我观念以及自我引导等。值得注意的是，个体利用人际资源的能力会受到多种社会因素的影响，如强制力、剥削力、生活环境、特定空间、生命历程以及社会时代背景等。当压力过大或资源不足时，个体可能无法有效地适应环境，从而产生问题。社会工作的核心目标在于减轻个体的压力，增强个人和社会资源，进而提升个体对所处环境的适应能力。通过有效的干预和支持，社会工作有助于个体更好地应对生活中的挑战，实现个人和社会的和谐发展。生命模式视角的社会工作干预对个体和环境的应对机制进行了详细的阐释（人在不同发展阶段始终面临环境压力，应对环境压力依赖于与环境的持续交换，个体资源不足的原因是环境中的资源短缺和社会压迫，个体资源不足导致应对能力不足，应对能力不足从而产生问题），并为社会工作者提供了清晰的干预路径：提高个体应对环境的能力与创建具有支持性、滋养型的社会环境，并指出社会工作者在干预过程中所应扮演的具体角色。然而这一模式也存在一定的局限性,如缺乏对能力和环境系统的分类,难以解释在同样境遇下不同个体应对能力和生活品质的差异性;对个体的主体性、能动性以及反思性关注不足;虽指明了干预方向却没有具体的干预策略,可操作性不强(卓彩琴,2013)。

随后迈耶(Meyer,1983)提出社会工作者要从生活变迁、环境品质和适合程度三方面评估问题并寻求解决方案:个人所处的生活空间、个人生活经验、发展时期和资源分布等。帕尔德克(Pardeck,1996)将适用于微观层面的生态系统取向社会工作干预模式的服务指南细分为进入系统、绘制生态图、评估生态系统、创造改变的观点、协调与沟通、再评估、成效评估等七个步骤,还提出社会工作者在其中扮演的六个专业角色:与会者、使能者、中介者、调解者、倡导者、监护者。格林(Greene,1999)对生态系统理论进行了系统的总结与归纳,使理论中的一些概念、实践原则、评估工作变得更为清晰、明确、可操作化,其中核心概念包含生命周期、人际关联、胜任力和生活中的问题等;实践原则包括社会工作者与案主的平等伙伴关系、个人与环境不可分离、努力提高个人的胜任力、从不同层面干预环境系统;主要评估工具为生态图;评估工作包括描述核心系统、影响案主效能的情景因素、检视案主关系的范围和品质、理解案主压力和应对能力的不平衡、洞察案主与社会工作者之间的关系、探索更大更宏观的社会系统。马蒂斯等人(Matthies et al.,2001)提出生态社会视角,认为个人-环境关系应被视为一个整体,环境应扩大到世界范围,并且引入社会排斥概念。查尔斯等人(Charles,Zastrow & Kirst-Ashman,2004)修改了布朗芬布伦纳系统观,将生态系统分为三个类型,即微观系统(处在生态系统中的个人,个人也是一种生物的、心理的、社会的系统类型),中观系统(与个人直接接触的小群体,如家庭、单位、朋辈群体),宏观系统(个体不直接接触的、比小群体更大的社会系统,如社区、组织、政府),系统间相互联系、相互制约、相互影响。这打破了个体与环境的对立关系,将个体的生态系统视为一个整体,把微观系统看作生态系统的一部分,并进一步阐述个体与社会环境间形成的多重系统以及互动关系。莫拉莱斯和谢弗(Morales & Sheafor,2004)将生态系统分为个人、家庭、文化、环境-结构、历史五个层面,并针对社会边缘或特殊群体开展了系统性的应用性研究，进行生态系统视角的社会工作实践，对妇女、女同性恋/男同性恋/双性恋、儿童/青少年、老年、残疾人、乡村人、国际上城区/郊区恐怖帮派展开问题分析研究并提出解决问题策略。

许临高(2016:132)总结了生态系统理论学派对专业关系的观点：(1)重视专业关系的建立，认为在提供专业服务的过程中，首先应建立社会工作者与案主的专业信任关系；(2)社会工作者在提供专业服务的过程中，必须尊重案主的个体差异及案主自决的基本原则；(3)在进行个案问题评估与提供服务过程中，应尽量鼓励案主参与整个过程。

系统理论最适合被用来比喻人类生活的相互关联性，然而学界对生态系统理论加以批判，认为其既不能预测结果，也不能指导实践(Wakefifield，1996)。随着基于混沌理论(chaos theory)的动态系统方法的发展，人们进一步认识到系统极具复杂性，易受随机事件影响，以至于与预测结果相违背(Thelen，2005)。从这种意义上来讲，系统可能实际上是一个巨大的关系矩阵，是"在我们彼此之间或在我们周围一系列相互定义的关系"(Gergen，2009:57)。当这样概念化时，动态系统方法为以关系为导向的社会工作者提供了一个有用的框架：试图拓宽关系矩阵，以包含个人内部和外部世界许多方面之间的关系(Seligman，2005)。

尽管学界对混沌理论应用于社会工作越来越感兴趣(Campbell，2011)，但目前社会工作的专业教育仍倾向于将社会工作者置于系统之外，提出关于干预与评估方面的系统取向理论，聚焦于"社会工作者如何影响系统中的变化"(Gergen，2009:378)。这隐含的观念仍是默认社会工作者处于引导案主的地位，推荐案主努力作出一个又一个的改变，从而使案主系统受益，双方是引导与被引导的关系。西格尔(Segal，2013)形象地以"用一个个推荐将案主淹没"来比喻这种关系。

三、人本主义心理学派的论述

虽然专业关系在诸多学派中已被视为使案主改变和成长的重要因素，然而真正开始对助人关系进行深入研究的是人本主义心理学派,特别是罗杰斯于 20 世纪 60 年代末至 70 年代初所提出的观点,使心理学界开始跳脱精神分析学派的治疗观点,将眼光放在助人者与案主之间的专业关系上,并影响后续多个学派的观念。

人本主义心理学(humanistic psychology)有别于当时主导美国心理学界的两大理论(即精神分析与行为主义)而被称为第三势力(麦克劳德,2002)。其学派创始人罗杰斯(Rogers, 1961)将助人关系定义为关系的两方中至少有一方具有下述意图:促进另一方成长、发展、成熟,改善其能力发挥的状况,以及其应对生活的能力,即此关系中有一方意图使另一方或双方都能变得更能体会、欣赏、表达,能发挥个人内在的潜能,而在人与人之间的关系中(如师生、亲子、上下级等)有一大部分属于这种互动范畴。罗杰斯(Rogers, 1961)认为一个人之所以会发生变化是因为在某种关系当中产生某些体验,如果能提供某种形态的关系,则会发现其自身的某些能力,并学会运用此关系来促进成长。罗杰斯(Rogers, 1967)假设明显而正向的人格改变只会发生在关系之中,而要产生建设性的人格改变,必须具备以下三个核心条件:(1)一致性(congruence)与真诚(genuine),即助人者在关系中是真实的,内在的体验与外在的表现一致,可以开放地表达情感、想法、回应以及态度;(2)无条件的正向关怀和接纳(unconditional positive regard),即一种非占有性的关怀,不对案主的情感、想法和行为进行评价;(3)正确同理性的了解(accurate empathic understanding),即在助人过程中,助人者需要正确且敏锐了解案主在互动过程中所呈现的感受和经验,并对案主经验中较为模糊的感受加以澄清和明确。罗杰斯视同理的助人关系为一个催化条件,认为只要能够持续一段时间,建设性的人格改变就会发生,这些条件不会因为案主类型的不同而有所差异,且助人关系仅是一般人际关系中的特例,所有的关系都受以上三个核心条件所统御。

同样,人本主义心理学视角下的社会工作理论与实践也认为关系是至关重要的,强调人与人之间的关系,因为"你我关系"可以使案主有安全感,这是案主进行"冒险行为"的必需品,影响服务效果的关键因素就是工作中的态度、个人特征以及专业关系的质量。"你我"相遇、建立并维持关系的质量提供了一个变化的背景,以促成案主的改变,其手段和目的就是创造一个环境,帮助案主接触到直接感受的体验,同时建立并维持"真实关系"本身就是目的,自我本身就是"治疗性的"(Gendlin,1973;Watkins,1978)。该学派通常不看重服务的客观性和职业距离,努力与案主建立平等、积极的关系,营造尊重、关怀、温暖与爱的氛围。能建立这种关系的社会工作者的品质包括真诚、宽容、关怀、非占有欲的温暖、恰到好处的同理心、无条件接纳与尊重,以及向案主传达这些品质的能力。专业服务中双方是一种协作关系,基于关系的质量,双方参与到自我发现的旅程中来,通过一次次的真诚接触来实现案主的成长,案主能够在服务过程中学习体验并转化为与他人的外部关系。如果案主能够体验到社会工作者所展现的这些核心条件,那么"良好的关系"也随之而来,这种体验也将是治愈性的(Gelso & Carter,1985)。因为这种方法强调"以人为本"且认为专业关系是促使案主改变的必要和充分条件,所以社会工作者以自身的"存在"和"态度"作为基础,将重点放在与案主建立专业的真实关系,协助案主将学习成果转化到其他关系上,工作目标也着重于个体的独立性和个人的统整,将焦点放在"人"身上,强调"此时此地",而非案主当下面临的问题。因此它对询问、诊断、收集个人历史等方面技术的关注度较低,而对工作者的态度、积极倾听、同理心、反思、感受和澄清等技巧比较注重。

以人为本的工作方法打破传统精神分析的方向,使服务过程以人为本、以关系为中心,而非以技术为中心,强调社会工作者与案主的积极态度、作用与责任,这是一种积极和乐观的取向,并呼吁人们注意到解释个人内在和主观体验的重要性。同时其为理解多元文化、理解不同的世界观提供了一个应用框架,以个人为中心的理念表达了对形式和价值多样性的深切尊重,并以一种接纳和开放的方式理解案主的主观世界。同理心、在场和尊重的价值观也是社会工作者面对不同文化或亚文化的案主群体所应持有的基本态度和技能(Corey,M. S. & Corey,G.,2020)。

　　但也有学者对此进行批判,包括仅注重现在,不注重早期经验;服务效果不能立即发挥,时间周期长;虽然强调关系,但关系具有高度复杂性,其本质极难掌握和考量,效果的实证检验也非常困难(Gladstein,1983);社会工作者在培养和发展上述核心条件特质的过程中,可能会遇到许多挑战,案主在人际交往过程中的暴露与开放同样有很大的冒险成分,面临着一些不可预估的风险,甚至可能产生"恶化效应"(Gelso & Carter,1985);只注重社会工作者提供的条件与环境,而忽略案主本身对于改变的准备程度等主体条件因素,过分强调人的潜能而忽视社会现实和环境对人的影响(George,2007);排斥具体诊断和评估,忽视具体策略和技术的应用,更具感性而非理性(周长城、孙玲,2012);我国有着重视家庭、集体的文化传统,且社会工作带有行政化性质与目的(陈和,2005),人本主义理论在本土化过程中的困境根植于中国社会工作实践的经验、社会环境和本土意识之中,存在本土文化和社会工作实践的双重困境(邵亚萍,2019)。

四、认知行为学派的论述

　　认知行为学派认为,如果想要进行有效干预,就需要建立一种相互信任的关系。与人本主义心理学派不同的是,认知行为学派并不把专业关系视为干预的本质,也并不认为专业关系的变化和发展会影响案主与他人的关系;而是把专业关系视为一种促进因素,认为专业关系有助于案主与重要他人产生变化,双方关系越好,社会工作者就越有可能更具说服力、更有可信度以及使其改变的能力(O'Leary & Wilson,1975:439)。事实上,这样的关系给社会工作者提供了一个权力基础,有助于适当地进行说服、强化、揭示案主问题或使用一系列特定的技术(Gelso & Carter,1985:225),但常见的问题在于服务提供者会过早地开始使用技术(Goldstein,1973:221)。

　　认知行为学派囊括多种理论视角及相对应的疗法,主要包括认知理论与治疗、行为理论与治疗、最前沿的"第三波浪潮"——正念疗法,此外还有选择理论与现实疗法等,以下将主要介绍前三种。认知行为的理论基础在心理、精神、矫正治疗以及社会工作领域广为人知,其疗法也因其可操作性、广泛适用性、有效性和易评估性而被广泛应用于多种临床和社会工作实践,涉及广泛的、多类型的客户群体。虽然认知行为方法非常多样化,但都具有以下基本观念:(1)社会工作者与案主之间是合作关系;(2)在很大程度上,心理痛苦的前提源自认知过程中的功能障碍;(3)强调通过改变认知来产生预期的情感和行为变化;(4)作为有时间限制和有教育意义的疗法,关注点放在具体和特定的目标问题上。认知行为方法基于一个结构化的心理教育模式,倾向于强调家庭作业的作用,并利用各种认知和行为技术来促进案主的改变,使其在服务期间和期外都扮演积极的角色。社会工作者希望教导案主成为自己的"治疗师",通常情况下,社会工作者会教导案主明确其问题的性质、产生原因及过程,整个治疗的过程以及观念是如何影响情绪和行为的。教育过程包括向案主提供关于其目前面临的问题、如何预防复发、如何将其所学应用于日常生活当中、如何处理届时遇到的不可避免的挫折与问题等方面的信息(Corey, M. S. & Corey, G., 2020)。

首先,笔者参考贝克(Beck, 2005, 2011)、卡赞齐斯等人(Kazantzis et al., 2017)、埃利斯等人(Ellis, A. & Ellis, D. J., 2019)的观点对认知理论与治疗及其专业关系观点进行简要介绍。阿龙·贝克(Aaron Beck)是认知理论与治疗的先驱,在理解和治疗抑郁、焦虑、恐惧等方面作出重要贡献。认知疗法(cognitive therapy, CT)基于"认知是人们如何感觉和行动的主要决定因素"这一前提,假设案主的内心对白对其行为起重要作用,心理问题源于一些常见的过程:如错误思维、基于不充分或不正确的信息作出不正确的推论,以及无法区分幻想和现实等。因而,针对认知的干预是通过转变不准确和功能失调的思维来改变功能失调的情绪和行为,目标在于改变案主的思维方式从而改变其感觉和行为方式。在干预过程中也重视双方的合作关系,工作者不断地、积极地、有意识地与案主进行互动,并吸引其积极参与干预的各个阶段,彼此通力协作努力达成目标。在这里工作者扮演"催化剂"和"向导"的角色,通过"苏格拉底式"的引导和发现的过程,运用量身定制和自我创建家庭作业等技术,了解案主的认知图式,帮助案主理解其思维、感觉、情绪和行为方式之间的联系与影响关系,教导其关于干预工作的过程与逻辑、问题的性质与产生过程等内容,以推动其发现原本对自己的误解,从而指导他们成为自己的"治疗师"。

艾伯特·埃利斯(Albert Ellis)在 20 世纪 50 年代提出 ABC 理论,并在其基础上建立理性情绪疗法(rational emotive behavior therapy, REBT)。ABC 理论认为触发事件 A 是引起情绪或行为后果 C 的间接原因,而直接原因是当事人对 A 的认知和评价产生的信念 B,负面的情绪或行为后果大多由非理性信念导致,所以意识到自身信念的不合理性并加以改变将有助于情绪的控制以及行为改变。埃利斯(Ellis, 1962)总结了人们最常见的 11 种非理性信念,其中极端化、偏执性期望、过分概括(泛化)与灾难化较为普遍。理性情绪疗法假设思考、评估、分析、质疑、实践、练习和再决断是行为改变的基础和前提,个人对自我陈述的重组将导致其行为的相应重组。生活中的事件本身不会造成影响、产生结果,而情感问题是信念的结果,所以对事件如何解释是至关重要的,非理性和不合逻辑的信念需要被挑战。REBT 的目标是消除案主挫败的人生观,减少不健康的情绪反应,并获得更理性和宽容的哲学观,帮助其实现无条件的自我接受和学习无条件地接受他人。通过诊断—领悟—辩论/修通—学习/再教育的过程,运用质疑式或夸张式的辩论技术、合理的情绪想象技术、认知的家庭作业、解决问题训练、社会技能训练等方式,帮助案主识别其潜在的错误信念及产生的原因,批判性地评估、挑战并动摇这些信念,并进一步帮助其摆脱固有思维模式,学习并逐渐养成与非理性信念辩论的方法,用新的建设性信念加以取代和巩固,从而达到控制理性情绪和行为的目的。在这里,临床或社会工作实践是一个再教育的过程,专业关系也演变为"师生关系",社会工作者也主要担任积极指导的教师一职,当开始理解老师是如何解决其问题后,案主开始积极地练习如何做到信念摧毁和重建,并将自我挫败的情绪和行为转化成理性的情绪和行为。

其次，笔者参考克拉斯克（Craske，2017）、多布森等人（Dobson, D. & Dobson, K. S., 2017）、卡赞齐斯等人（Kazantzis et al., 2017）、莱德利等人（Ledley et al., 2018）、韦丁和科尔西尼（Wedding & Corsini, 2019）、科里（Corey, 2021）的观点对行为理论与治疗及其专业关系观点进行简要介绍。行为理论与治疗假设人基本上由学习和社会文化环境所塑造，大多数有问题的案主通过新的学习可以改变以前的认知、情感和行为。这种治疗像是一种"修改过程"，更是一种"教育-学习"体验，侧重于目前的行为改变和行动计划：设立精确的、具体的、可操作、可量化的目标，并针对这些目标量身定制不同的学习策略，随后进行干预，最后对结果进行客观评估。关注点在于可观察的当前行为而非过往经历、维持问题行为的决定性因素，而非最初可能引发行为的因素、促进改变的学习性经验与策略以及严格的评估与评价。虽然该方法没有着重强调工作关系，也假设服务对象的改变有进展的主要原因是使用了特定的行为技术而非双方关系，比如放松训练、系统脱敏、体内脱敏、厌恶疗法、暴露疗法等，但良好的专业关系是有效服务的必要前提。熟练的社会工作者可以从行为上将问题概念化，并利用专业关系促成改变。在这里工作者通常扮演积极的和指导性的角色，类似"老师""顾问""问题解决者"，通过提供指示、演示和反馈来教授具体的技能，而案主则是类似"病人""学生"的角色，必须从头到尾积极参与服务过程和活动。虽然案主通常能决定要改变什么行为，但社会工作者通常决定如何最好地改变这种行为，就像学生报了自己感兴趣的课外补习班，而怎么教、具体的教学内容和计划、作业反馈都要听老师的，甚至有可能连补习班也是被迫报的，但还是要全程认真听讲、积极参与并回答问题，然后回家挠着头写家庭作业。

最后，正念疗法（mindfulness therapies）是对以正念为核心的各种心理疗法的统称，超越了传统认知-行为主义的理论范畴，被称为认知行为疗法的"第三波浪潮"（迪唐纳，2021）。正念疗法最早在20世纪70年代由约翰·卡巴特-津恩（John Kabat-Zinn）创立，在西方心理治疗发展百余年的过程中，借鉴东方佛学禅宗的传统修行文化发展而成。"正念"指"通过有目的地将注意力集中于当下，不加评判地觉知一个又一个瞬间所呈现的体验,而涌现出的一种觉知力"(Kabat-Zinn,2003)。经历数十年的发展,目前正念疗法较为成熟的手段主要包括正念减压疗法(mindfulness-based stress reduction)、正念认知疗法(mindfulness-based cognitive therapy)、辩证行为疗法(dialectical behavioral therapy)以及接纳与承诺疗法(acceptance and commitment therapy)。正念疗法被广泛应用于治疗和缓解焦虑、思觉失调、恐慌、抑郁、强迫、冲动等情绪心理问题;在成瘾、人际沟通、冲动控制、神经症、失眠症、PTSD、人格障碍、饮食障碍等方面的治疗中也有大量应用;对慢性疾病的辅助性治疗效果也在临床试验中得到证明,如糖尿病、慢性胰腺炎、关节炎以及癌症康复等;此外,在管理学领域,正念疗法也经常被运用于培养决策力和领导力(Herbert & Forman,2011;刘斌志、罗秋宇,2020)。

正念疗法的目的依旧在于强调当下、以自我治疗为基础,使个体改变一贯的思维方式与逻辑,但与传统认知行为疗法的"行动逻辑"不同的是,正念疗法从特定的场景中抽离出来,关注当下的经验,转变为一种"存在逻辑""感知与觉察视角"(童敏、许嘉祥,2018),希望通过直接感受当下的经验倒空内心,减少个人的不实感知,使其能够看清当下的现实境况,并采取有效的应对行动,从而帮助其从日常遭遇的困境中解脱,减轻苦难,提升福祉,拥有更大的精神自由(Compson & Monteir,2016)。希望在消除疾病的同时达到身心的全面健康,"修身又修心"(郝自阳,2020),这些理念与社会工作的服务宗旨(助人自助、全人发展与增能观念)不谋而合,这为正念疗法与社会工作的融合发展奠定了基础。刘斌志、罗秋宇(2020)从四个维度对两者的适应性融合与发展进行分析与探索:在理论基础方面,正念疗法和社会工作都从心理学和社会学理论中汲取了营养;在价值理念方面,正念疗法和社会工作都追求全人健康和自我实现;在服务实践方面,正念疗法与社会工作的服务范围和服务领域不断重合;在社会功能方面,正念疗法和社会工作都具有治疗和预防的功能,均致力于促进个体以更为积极的姿态提升自我适应社会环境的认知、态度和行为,以实现个体生理机能、心理潜能以及社会功能的复原与发展。他们认为前文所述的正念疗法的四种治疗手段可以作为四种模式运用到社会工作的实务操作中来。

然而保持良好的信任合作关系对于任何社会工作专业服务来说都非常重要，正念疗法恰恰具有这一成效，因而其常用于专业合作关系的维护，被视为帮助社会工作者建立专业信任合作关系的重要凭借（Hick，2008）。因为社会工作者在运用正念疗法开展专业实践时，不仅能提升自己当下的觉察意识，而且能更好地体会和表达对案主的同理（Simpson，2007）。无论是资深社会工作者还是仍处于学习实习阶段的社会工作专业的学生，都需要体验、创造并维持"陪伴空间"（accompanying place），借助正念训练来维护良好的合作关系是其关键所在（Birnbaum，2007）。

第一，社会工作者需要营造安全、信任以及开放的服务氛围，坚持非强迫性原则使案主自然地表达个人态度，并感受正念所带来的心灵自在。这是基于正念的当下性、非评判性、非抵抗性以及非分析性的需要。第二，在服务过程中，社会工作者需要引导案主秉持接纳和心灵开放的态度，如非批判、耐心、初心、信任、无争、接纳、放下等，这些态度相互依存、相互影响。因为正念疗法认为，只有当心灵处于开放和接纳状态时，学习、洞见和改变才有可能发生。第三，社会工作者与案主需要共同作出承诺，相当于双方在服务过程中订立契约，约定的具体内容为双方为达到治愈目的所享受的权利与应履行的义务（如服务的时间和地点、积极配合的态度、完成布置的家庭作业等）。但基于正念顺其自然、自愿的特点，案主在服务过程中若确实存在不适、不喜、对抗、抵触等状况，需调整服务进程与节奏（刘斌志、罗秋宇，2020）。

综上所述，认知行为取向是一种相对具有直接性、协作性、主动性、指导性、时限性、当下导向的结构化心理卫教治疗和干预方法。在开始时社会工作者会通过诊断或衡鉴以确定治疗计划，并运用是什么、如何、何时等具体化的问题来厘清干预和促进服务对象改变的目标与方向；接着利用各种认知、情绪和行为方面的专业技术，为每位服务对象量身定做一系列改变方法，通过一系列具体方式与技巧(如角色扮演、示范、行为预演、反馈等)帮助其进行练习,此外还会运用苏格拉底式的对话帮助其检视其非理性、功能失调的信念。认知行为学派认为专业关系是达到改变目的的手段与方法,而非目的本身,仅靠关系质量的提升不足以达到质变,同时否定对关系的过度强调,认为目标才是最重要的。但这并不意味着可以忽视专业关系,关系对认知与行为改变的历程仍具重要影响力,是建立治疗和干预策略的基础,是必要条件而非充分条件。而在整个过程中,社会工作者会通过功能评估来了解案主问题,并采取主动、指导式的方式,担任案主的顾问或问题解决者(如同教师的角色),增进其矫正性经验以帮助其习得更有效的观念和行为,并运用接纳、信任和鼓励等技巧对案主予以支持和帮助;案主也需主动练习、完成家庭作业以改变自我挫败式的思考习惯,发掘生活中的替代性规则或尝试新的行为,将新的思维与行为模式稳定化,并学习到"老师"教授的技术与技巧,从而成为自己的治愈者。社会工作者与案主在专业关系中都要扮演主动的角色,强调双方的觉察与参与的重要性。

五、后现代取向的论述

后现代取向以社会建构论为出发点,相信每个人都有属于自己的真实体验,重视案主个人的理念;不以社会工作者个人或普世的价值观来评判其合理性或正确性,因此社会工作者在运用后现代取向的工作方法时,摆脱了"专家"的角色,更倾向于采取更具协作性和咨询性的立场,在服务过程中将建立和维系双方专业的合作伙伴关系看得比识别和诊断问题的技术更为重要。双方都肩负解决问题的工作与责任,而非秉持类似"社会工作者为案主做事或开展治疗"的理念;在问题管理与改变的过程中,服务的最终结果不仅取决于双方的动机与能力,双方互动的质量也是至关重要的(张祐诚,2011;Corey, M. S. & Corey, G.,2020)。以下将运用表格的形式简要描述四种后现代取向的工作方法对专业关系的理解,这四种工作方法分别为焦点解决短期治疗、动机式访谈法、叙事疗法以及女权主义疗法。其中,前三种方法都是基于乐观积极的假设,即人是健康的,足智多谋并有能力制定解决方案和运用替代性故事来改善生活,而第四种方法关注多样性、性别歧视的复杂性以及社会背景在理解性别问题中的中心地位。

表 2.1　四种后现代取向工作方法的概述与假设及其对专业关系的理解

工作方法	概述与假设	专业关系
焦点解决短期治疗	● 案主是自己问题的专家 ● 强调案主自身优势、资源与能力 ● 聚焦于当下问题,确定目标并制定解决方案 ● 简单和简短的治疗过程 ● 乐观、积极的取向	关系：相互尊重、肯定、对话式的合作关系 社会工作者： ● 尊重、好奇、鼓励式的非专家性角色 ● "不知"的立场 ● 询问者 ● 反馈者 案主： ● 自己生活的专家 ● 答复者
动机式访谈法	● 人本主义的、以案主为中心的、心理-社会的、指导性的方法 ● 案主拥有产生内在改变动机的能力 ● 案主心态积极,希望改善 ● 强调案主的自我责任与改变责任 ● 尊重案主多元文化背景与价值观 ● 希望感、乐观、改变是可能的	关系：强调合作伙伴关系的建立与维系、盟友、非对抗立场 社会工作者： ● 尊重、鼓励、邀请式的风格 ● 运用同理心与反思性倾听等技巧 ● 咨询师 ● 推进者 案主： ● 自己生活变革的倡导者与主要推动者 ● 决定者
叙事疗法	● 将案主个人与问题分离,探讨问题如何扰乱、支配或打击案主 ● 识别故事中社会标准与期望内化的机制 ● 侧重于改变案主与事件相关的叙述,并邀请其从不同的角度来看待和解构自己的故事,最终共同创造出替代性的生活故事	关系：强调专业关系的质量,并在合作关系中创造性地使用技术,共同构建活跃性的替代故事 社会工作者： ● 倾听者 ● 提问者 ● 避免作出假设,尊重每位案主的独特故事与文化,邀请案主用新视角、新语言来建构自身故事和经历 案主： ● 自身经历的主要解释者、挑战者与重构者

（续表）

工作方法	概述与假设	专业关系
女权主义疗法	● 性别角色期望影响个体身份与行为构建 ● 挑战社会以男性为导向的假设 ● 鼓励案主意识到性别角色社会化在成人人格中根深蒂固的认识 ● 围绕多样性与性别歧视的复杂性背景因素来考虑问题而非只关注个人内部动态 ● 性别中立的、灵活的、互动的、生涯性的观念 ● 聚焦议题:平等、平衡独立和相互依存、自我培养、赋权、社会变革、对多样性的重视与肯定(个人变化与社会变革都是目标) ● 性别可以与文化、种族、性取向、能力、宗教、年龄等方面的歧视议题关联起来,与诸多受压迫或边缘群体的理论有很多共同点和相关性	关系:伙伴关系建立在赋权基础上,有意平衡双方的权力基础 社会工作者: ● 分析者(使案主认识到性别角色期望如何定义和影响自身及与他人的相处行为和过程,性别与权力、地位的关系等) ● 个人/社会倡导者 ● 社会行动者 案主: ● 受压迫者 ● 有潜力者 ● 有权力者 ● 对抗者 ● 个人/社会变革者

资料来源:笔者对 *Becoming a Helper*(Corey, M. S. & Corey, G., 2020)一书中关于后现代方法阐述的内容加以总结与整理并绘制此表格。

第二节　专业关系的权力议题

帕尔默(Palmer,1983)认为权力存在于各种社会工作形式的关系中,尤其是法定强制服务的社会工作者被赋予更大的权力。实际上,社会工作者日常的实务工作——事实调查、事实认定、会谈的形式、内容、记录与评估、对案主生活的介入、服务成效评估、案主法定权益的认可、角色关系等——皆蕴含着专业关系中权力运作的意涵(Montigny，1995)。同时社会工作者通常也掌握资源分配的权力,这可以使其有组织地、细腻隐晦地行使权力(Hasenfeld，1987；Montigny，1995)。权力充斥于社会工作专业关系的各个层面,且对专业关系的建立、服务的提供以及社会工作实践有深远影响(柯丽评,2009)。然而社会工作者通过一系列方式进行权力运作以促进案主改变,从而达到自身或机构所期待的结果,这样有可能会对案主产生不利的影响,但不可否认的是,社会工作者与案主间权力的不对等是社会工作介入的重要利器。社会工作专业关系中的权力议题虽呼之欲出,但社会工作专业与职业不断强调关系要建立在自主、互惠、信任的基础上,让学生和社会工作者有意无意地忽视关系中权力不对等的议题或低估权力所带来的影响(Hasenfeld，1987)；同时权力被视为有碍助人关系建立的论调,也同样使大家刻意忽视它(Palmer，1983)；此外,哈特曼(Hartman，1993)认为对社会工作者来说讨论与案主间的权力议题似乎过于沉重,因为社会工作者在协助案主的过程中常常会有挫折感(Rosenfeld，1964),并且他们碍于社会结构、资源有限、政策规定、时间限制、专业知识与技巧不足等因素也常常感到无力,较少体验到掌握权力的感觉。然而社会工作者即使很难感受到赋能,但其与案主间仍可能处于不平等的关系。事实上,传统的社会工作模式、机构资源输送的方式、对专家角色以及专业知识的界定与强调等都有可能一再强化这种不对等的关系。

一、社会工作者权力的来源

柯丽评(2009)基于对文献的梳理将社会工作者的权力来源归纳为以下四个方面:机构的资源、专家知识、人际间的权力以及法定权力。

第一是机构的资源。哈森费尔德(Hasenfeld，1987)认为由于社会工作主要以组织的形式管理社会工作实务的开展,因此机构提供的资源情况、资源输送的方式、机构如何界定资源使用的对象以及使用者相关的权利义务等,都会影响社会工作的权力运作。机构的资金来源通常是非案主的第三方,比如政府、基金会或者社会捐款,且机构提供的服务很多具有独占性,通常供不应求。所以在与机构的互动过程中,即使是利益交换的形式,案主与机构抗衡的筹码也十分有限,很难掌握选择权和主动权,因此机构的实际权力大多大于案主。

在机构与案主权力不对等的情况下,机构通常会有一些选择性倾向,比如偏好选取可促使机构获得更大社会或经济效益的案主、能为机构争取到更多资金的案主、观念和行为比较符合机构的道德期待或管理理念的案主来提供服务。在服务输送的过程中,许多机构在多重利益权衡下,可能安排不同案主分别接受不同形式或程度的服务,以维系机构最有效率的运作方式,而并非采用对案主最有利的方式。哈特曼(Hartman,1993:365)认为大部分机构都不愿意放弃其既有的控制权,并倾向于持续地维系其阶级统治的结构,使案主相对机构处于较弱势的位置。案主常常为了能得到机构的某些服务而让渡部分权力给机构,比如在没有高度意愿的情况下,许多案主还是配合机构拍宣传照片、录制视频,甚至出席机构的一些宣传场合,以帮助机构募款或应对政府的检查与评估。

社会工作者的权力经由机构资源而来,注定其很难摆脱机构的限制与约束,例如,组织的阶层结构划分了不同层级社会工作者的权力大小;管理者和高级社会工作者讨论决定机构资源如何分配、机构规则与目标如何拟定、社会工作服务如何执行等方案;与案主直接互动的一线社会工作者往往处于机构的较低层级,机构的政策会在很大程度上影响其工作目标与方向。

第二是专家知识。专家知识往往代表一种特殊的、某个个体或群体独有的知识,这种知识被主流社会认可,并可能排挤社会边缘群体的知识,带有一种优越感(Hartman,1992:483),甚至专家知识可以通过证照制度进一步得到法律赋予的权力,获得更大的强制力(Lock,1993)。同时,专家知识与权力通常会结合起来,专家知识的演变过程并非完全经由理性辩证得来,其中经常充斥着政治的角力(Smith,1990)。在知识论述的循环过程中,社会文化、结构和政治将特权送到专家手上,以知识的名义主导着多种关系,并将他人"驯服"。互动的双方关系越不对等,专家知识所建立的特权越会被强化,比如医生对病人、教授对学生。这样一来,专家的权威使其无须运用武力或威胁手段就可以获得相当程度的认同。

同时,社会工作不断地将其他学科的专业知识纳入并融合进自己的领域,这些知识共同构成社会工作者的权力来源(Hasenfeld,1987),也深刻地影响着服务过程的方方面面,包括社会工作者对自我概念、角色认知、思维逻辑、行为模式、服务方式的认识,对案主行为、需求、认知、现状与环境等方面的界定;与案主的关系和互动,等等。专家知识虽建构了社工认知与行事的纲要,但其本身是特定的、受限的,社会工作者在汲取专业知识和提升专业技能的同时,应警惕理所当然和先入为主的观念,而忽略其他"真相"与可能被专业知识的光芒掩盖的边缘群体知识和地方性知识。

此外,正如哈特曼(Hartman,1993:366)所说,一个专业在追求专业化的发展过程中,倾向于强化其优越感,并倚恃这种优越感去界定服务对象的"现实"(reality)与应接受的服务。社会工作一直以来在追求专业化发展的道路上前进,尤其是我国本土社会工作专业化的发展,社会工作最害怕被质疑不够专业,政府与学界也一直致力于社会工作者工作、服务、管理、职业资格等制度的建立与完善以及社会工作者专业形象的维护。在社会工作实务中,社会工作者也惯用各种疗法(如认知行为疗法、音乐治疗、艺术治疗)或者运用问题导向的工作方式(如问题解决模式)。社会工作专业关系强调社会工作者在关系处理中的专业能力以及专业表现,然而如果社会工作者认为自己是解决问题的专家,而忽视案主的主体性与能动性以及理解和对待自己的"专家性",则可能会阻碍建立开放、信任的关系。此外,专家知识的权力本身也易让凭借这些知识的社会工作者陷入自我验证、不质疑的情境。如果任由专业知识的排他性发展,而非以整合的视角吸纳并批判各种专业知识,则可能会限制社会工作者的学习与发展(Amundson & Stewart,1993)。

第三是人际间的权力。社会工作专业关系也是人际关系间的一种特殊关系,与一般的人际关系同理,如果社会工作者与案主的关系发展能够不断深化,案主对社会工作者的信任感、仰赖感以及开放度也会增加,社会工作者可以发挥的空间也会随之增大,其说服力与影响力也会越来越大,这代表人际间的权力也在变大,然而这种权力可能会被忽视。社会工作一直以来都非常重视与案主专业关系的建立,强调接纳、同理的态度,因为一线社会工作者通过提供服务去影响案主,而关系的建立会影响服务的质量和案主接受的情况,从而影响服务结果。然而正是因为同理、建立信任的关系一向被视为社会工作实践的关键要素,伴随同理和信任而来的权力更易被忽视(Hasenfeld,1987)。在案主处于弱势、艰辛的阶段时,社会工作者同理、接纳以及支持的态度是相当重要的情感联结与支撑来源,对案主来说这段关系是非常重要且不可或缺的。正因为这份关系的重要性,双方态度、想法、观念不同时,案主想否决或拒绝社会工作者时,想向他提出意见时,可能会考虑再三,感到更难为情和困难,比如"说了关系会不会变坏?会不会影响他对自己的印象和态度?他会不会觉得没面子或生气?服务会不会难以推动下去?"等等。而对于社会工作者来说,相对亲近的关系中所隐含的这种权力,有时反而比陌生或疏远关系中的权力更易被忽视,所以需要社会工作者敏锐地觉察,如果发现这种情况要及时引导和鼓励案主提出自己的见解,形成更加开放的关系。

第四是法定权力。社会工作本属社会结构的一环(阿德里娜等,2016),因此社会工作极为重要的功能之一就是通过服务来维护社会的主流价值观,并处理社会道德或法律规章界定的问题(柯丽评,2009)。为了确保执行的可能,国家常经由立法赋予社会工作者某种法定权力,尤其是在与保护及犯罪矫正相关的工作上(Palmer,1983;Hasenfeld,1987)。不可否认,社会工作带有浓厚的主流法律、道德与价值观念,这使社会工作无法与社会控制完全切割开来(Hartman,1993)。同时,社会工作法定权力的产生与执行,常与司法、医学、精神病理学、心理学、犯罪学等形成一个复合体,相互为用,并将案主视为应改造的对象,帮助其进行常规化(normalizing),通过惩罚或教育的方式,减少或消除其"不正常",强化其"正常"的价值、观念、行为、思想、言论等。这种常规化不仅局限于特定的场合和领域,而且随着社会工作范围的扩展,渗入社会的不同角落,包括社区、学校、家庭等(阿德里娜等,2016)。

二、对专业关系中权力的批判

现代社会对权力的剖析离不开福柯的观点。福柯认为权力存在于关系中，同时权力能引导特定的主体性，通过行动与知识来管理并形塑可能性的范围，故其具有生产性面向。权力是多重的力量关系，在生活中无所不在，每两个个体的联结既形成关系，也产生权力作用，当一方对他方施力，他方将以某种形式产生反弹力，故权力在点与点间、在关系间流动。反弹力就是对权力的抗拒，重点在于维护个体的主体性（阿德里娜等，2016）。

社会工作专业关系中，权力也在社会工作者与案主之间流动。在福柯看来，现代社会知识与话语的产生有一套控制机制，即真理体制（truth regime），该体制是知识与权力相结合的产物（福柯，2011:12）。因此，在现代社会中，知识是现代社会中权力的遁入之所，知识即权力（庞飞，2018:147）。在福柯的理论构述中，社会工作成为国家治理与社会控制的规训机制，是国家权力从外在控制向内在规训的转化手段。正如前文对社会工作者权力来源之一法定权力的阐述，社会工作（尤其是保护与矫正性社会工作）通过运用惩罚或教育等常规化技术，指导并监督个体从"不正常"向"正常"改变。在整个过程中，案主自我弱化的情境不断被构建、强化，并为新权力的产生创造条件。这一过程体现了专业知识与技术、主流话语与价值观在权力运作上的作用，而向案主贴"问题"标签则展现了权力的压迫性，而对案主话语参与权与反驳权的消解，会进一步加剧其无力感。

民众同意让渡部分自由交换安定生活，也共同将权力让渡给国家以处罚破坏安定的人，而社会工作者则被国家赋予了规训与维稳的角色与责任。相较于其他规训角色来说，社会工作者扮演的是白脸，被视为有爱心、做好事，并以伙伴关系来美化服务中的权力关系。社会工作的基调是营造温暖、安全、开放的氛围，原则是尊重、案主自决、接纳、同理，这让很多一线社会工作者（尤其是那些社会工作者新手）无所适从，感到矛盾和挣扎，不知如何与权力共舞。权力的反弹也是社会工作者经常会遇到的棘手问题。鲁尼(Rooney,1992)指出,不均等的权力关系是导致非自愿性专业关系的另一项重要因素。非自愿性案主通常因受到身体或法律强迫,或者是考虑到拒绝该关系所需付出的代价太高,而不得不接受服务,其自觉在专业关系中处于不利或劣势的地位,因此经常会出现各种抗拒行为以争取自身的权力与自由。

三、对专业关系中权力的辩证观点

福柯虽然对权力进行批判,但他的深入剖析使其辩证地看待权力,肯定权力有时反而是一种创造性力量,促进知识和话语的形成和运作,也培养、促进和鼓励主体性,从而实现生命价值最大化(Foucault,1979:29)。

梅(2013:141)认为权力代表一种影响力,也是朝向自身实现的能力。权力代表责任,逃避使用权力即逃避责任。知识分子有否认和拒绝权力的倾向,但维持社会秩序及促进发展需依赖各种专业,此时否认权力是一种虚假的无知,唾弃权力成为一种推卸责任的手段。

在库利看来,权利是形成中的权力,权力是权利的归宿。权利先于权力而存在,权力在实现权利的过程中获得(庞飞,2018:146)。帕尔默(Palmer,1983)也认为权威来自权利,指一方承诺同意另一方使用权威,权威体现于法令、制度、机构或专家知识中。权威存在于社会工作任何形式的关系中,这是必要的,因为在案主尚未认同社会工作者的权威之前并不会全然投入,这将有损社会工作成效的发挥。而当社会工作者拥有扎实的专业知识与技能,考取了职业资格证书,体现其专业感和权威感后,其能力会更易被社会认可,这可能包括来自案主的肯定,因而双方更易形成一种信任的合作关系,甚至依赖关系,从而有利于服务的开展。

罗兹(Rhodes,1978)认为社会工作者偏好站在传统权威与阶层位阶,但是案主却期待平等的关系,双方态度是矛盾的。然而帕尔默认为多数的社会工作者有意避免与权力结合、带着权威感或树立权威形象,并且他还针对社会工作者负面解读及排斥权威的情形引用戈尔茨坦的观点加以回应:案主若需要从社会工作者那里得到服务,必须把自己放在"把社会工作者视为权威"的位置(Palmer,1983:120)。换句话说,不承认不代表不存在,权力不可避免,专业的服务关系建立在案主接受社会工作者的权威或指导的基础上,如果社会工作者否认或抨击权威,不愿承担权威的责任,反而有可能忽略案主的需求。而助人关系则是有机的,权力不断在彼此间流动,关系会不断改变,社会工作者应该关注如何正确运用权威以及增进技巧而非全盘否定。首先要了解案主对社会工作者权威的反应,同时社会工作者要以开放、接纳的态度协助案主理解权威所引发的情绪,进而发展信任关系。

综上所述,社会工作者应当承认其与案主之间权力不平等的事实,谨慎地对待专业关系中的权力议题,愿意并能够有效地、妥善地运用权力,反思权力在服务过程中产生的影响以有利于案主,并且避免控制或剥夺的情形发生,对案主造成伤害。正如福柯权力与反弹力的观点,力的作用是相互的,事实上在专业关系中并非只有社会工作者在使用权力,案主也在不断试探、挑战并展现自己的权力,尤其是自身意愿较低的案主,也在通过各种方式展现自己的权力,直接或间接地左右专业关系、互动模式以及社会工作者的服务方式。

觉察到权力运作的方式并重视权力不对等的情境,是促使双方相互理解以及关系更平等的关键因素,这不仅仅是对权力产生与作用的因果探讨,而且还是对专业关系中具体情境化的建构与解释的过程。正如柯丽评(2009)强调社会工作者随时都可能处于高度不确定与复杂情境中,唯有随时反思、体察与面对自身的处境与有限性,才能与案主构建更为平等的对话环境,建立更为平等的合作伙伴关系。在发现和探讨权力关系的过程中,双方的主体性得以显现和延展。案主将有更大的空间来思考、表达自己的想法与见解,可能更易叙说受压迫或被边缘化的个体经验与故事,从而获得肯定和赋能;社会工作者也在省思中践行社会工作的核心价值观,提升服务质量与水平。

第三节　社会工作的关系思维与视角

与以"专家为本"的社会工作理论不同,"关系为本"的社会工作理论认为社会工作者同案主交谈与交往的互动过程会反映出案主在日常生活中遇到的问题,而专业关系可以帮助双方寻找问题的解决办法。所以这一取向的社会工作理论与实践聚焦于双方的关系上,认为一切的改变源于关系,关注在社会工作实践中双方关系的对等性。"关系为本"的社会工作通过采取相互负责的态度找到有意义的理解和方法,改善案主处理人际关系的经验,在这里社工不带有理论偏好和价值判断,只希望与案主真诚交往。同时,"关系为本"的社会工作非常注重互动实践中的情节与过程,强调"此时此地"(here and now),关注不同背景的社会工作者和案主之间的互动,关注双方交流的形式与内容如何影响各自的行为及心理面貌,提倡社会工作介入必须基于案主的实际情况。案主的说辞、问题的形成与理解、追求的生活目标是基石,保持双方追求一种有意义的工作关系,是"关系为本"模式的核心(何国良,2021)。

许多学者与社会工作者都已经注意到当代关系理论与社会工作价值观和实践原则间的一致性,比如基于关系的实践、赋权增能实践、文化敏感性、以案主为中心、人在情境中等。关系理论最早源于以关系为导向的心理动力观念,关注个人内化的自我、内在驱力与客体关系的相互作用,强调社会关系的调整也是里士满社会工作思想的本质内涵。关系理论吸纳了生态系统观念以指导社会工作者在其环境背景下观察个人的能力,以及分析个人内部模型如何在社会服务提供的环境中发挥作用的能力,强调案主与他人及环境的互动关系和过程。关于自我流动性的后现代思想也为精神分析的关系转向提供了动力(Segal,2013)。

在心理动力论的发展过程中,出现了围绕"一人心理学"与"二人心理学"开展的论争(Aron,1996:31)。"一人心理学"的分析单元是个体,认为任何人际关系中出现的现象，最终需要在个人过去的历史中寻找原因。社会工作者与案主互动也只是希望在这一过程中找出一些表象和内里的蛛丝马迹，建立探索目标，但最后还是将分析的焦点投放在案主的过往上。比如社会工作者在分析案主的"移情效果"时，会分析案主脑海中的智性活动；在分析社会工作者的"反移情效果"时，则追溯自己的过往。"一人心理学"带有明显的传统科学观念，相信分析工作只要客观准确，事实自然会呈现。换言之，"一人心理学"认为只有受过科学训练的实践者才能找到客观真相，也只有他们才能找到有效解决问题的方法（何国良，2021）。"二人心理学"则认为移情是基于双方参与者的互动产生出来的相互贡献（Aron，1996：50），而不应该将案主在联想或身份投射时表现出的一些看似幼稚的愿望和情绪冲突看作过去遭遇的遗留、转换或移情，从而不应将案主这样的表现视为病症，进行人为强加的干预和治疗。"二人心理学"将重点放在关系上，把这些互动出现的情况看作"反映了有独特个体取向及性格的案主与分析员之间互动的情形，其中混杂着双方所具有的独特的个人及互动特征。因此在"二人心理学"的理念中，分析员是谁很重要，需要系统地审查分析员的影响，因为这不仅决定其如何工作，其个人特质也将会导致不同的分析、影响工作关系和移情本身的性质、产生不同的服务效果。简言之，可以用以下五个方面来概括"二人心理学"的关系观：(1)以关系为中心；(2)治疗和社会工作实践是一种双向过程；(3)涉及社会工作者与案主的脆弱性；(4)反移情（counter transference）不仅用作信息，而且用于深思熟虑的披露和协作对话；(5)治疗/社会工作实践是共同建构，具有多重意义（Loewenthal，2014，引自何国良，2021：12—13）。

托索内（Tosone，2004）认为"关系为本"的社会工作实践基于具体情境。面谈时，社会工作者会在不同情景采取不同策略；自我披露的程度也与其机构背景及其自身情况有很大关联；在实践过程中也不能只局限于关注双方自身的问题，还涉及更广泛的社会经济、文化、政策、制度等方面的情况。同时，整个互动是一个双方共享发现问题与寻求解决方法的过程，重视二人关系的发展如何促进社会工作价值和目标的实现。双方的专业关系从"不契合"到修复关系中存在的差异和断裂,面对并解决案主"自决"与"依赖"的两难困境,形成双方对"自决"又"依赖"的认同与默契,走向"真正的人际关系契合"。

多纳蒂回溯社会学的关系理论,提出"关系社会学"的概念,将关系置于社会存在的根本性位置,假定任何人与任何社会制度都是在关系意义上被建构的(多纳蒂,2018:148)。关系社会学主张利用反身性来促进关系的协调一致,从而管理关系的风险和不确定性,并在贝克和吉登斯的反身性概念的基础上,划分出个体和系统这两种不同类型的反身性,个体反身性具体指的是米德的内心对话,而系统反身性是为了回答在多元冲突和复杂的社会文化结构中,自我认同是如何形成的,鼓励关系实践者开展对宏观系统的批判反思(何雪松、王天齐,2021:64—65)。

在我国,以边燕杰为代表的学者倡导关系社会学,将其作为中国学派的贡献窗口、世界关系社会学的可能蓝本(杨超,2019:141)。潘光旦提出的"社会学的点线面体"的概念可以成为构建中国社会工作理论体系的基本线索(何雪松,2015:43)。杨超、何雪松(2017a)从点、线、面、体四个层次来重新认识"关系",并提出一个关系概念的连续谱,从而将"关系"操作化和体系化并付诸实践。

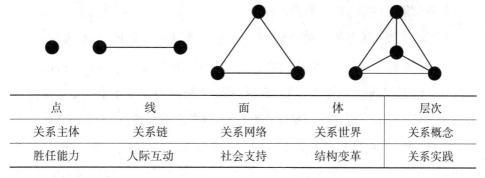

点	线	面	体	层次
关系主体	关系链	关系网络	关系世界	关系概念
胜任能力	人际互动	社会支持	结构变革	关系实践

资料来源:杨超、何雪松(2017a:137)。

图 2.1 关系概念与实践联系谱

如图 2.1 所示,杨超、何雪松(2017a)将关系具体操作化为关系主体、关系链、

048 社会工作专业关系建立与维系：理论、实务与案例分析

关系网络、关系世界四个层次，分别对应着关系的点、线、面、体。(1)关系主体：作为参与关系的个体，主体是关系性的，只有在关系中才能存在主体性；主体也具有建立关系的倾向，主体的本质因此是社会性和关系性的。(2)关系链：呈现线性关系结构，尚未形成网状，是关系主体之间沟通、互动的结果。(3)关系网络：关系链编织所形成的社会网络，费孝通先生描述中国人际关系的差序格局，边燕杰(2010)总结的中国人以"熟亲信"划圈子观点也是在关系网络层面的分析。(4)关系世界：关系网络在历史中不断生产宏观结果，它是加入时间维度的关系网络的累积。它随时间而演化，在更为宏观的层面体现为政社关系的调整与变动。关系概念的四个层次呈现递进性，对于后一个层次的讨论总要牵涉前一个或前几个层次的讨论，这四个层次共同构成了关系的概念体系，并由此将断裂的微观与宏观的关系理论脉络统一起来，形成一个整合性的关系概念，从而为社会工作的实践框架提供理论基础。

同时，杨超和何雪松两位学者不仅停留在理论分析层面，还将四个层次的关系概念在行动层面转化，开展关系面向的实践，他们对上海司法社会工作领域的四名资深社会工作者展开关系视角的实务案例分析，以检验理论在实践中的适用性。然而吕洁琼(2019)觉得美中不足的是他们未能阐释关系本身在社会工作者给服务对象提供服务时所发挥的作用。

关系的实践与关系概念的连续谱一一对应，具体包括胜任能力、人际互动、社会支持与结构变革，指明关系视角下社会工作干预的方向。(1)胜任能力：包括自我效能感、人际关系能力、动员资源、社会支持能力以及作出决定以获得其他想要结果的信心。胜任能力是综合性能力，涵盖面向关系链、关系网络和关系世界改变的能力，也是判断关系主体的主体性的方式，通过胜任能力建设，关系主体的主体性得以复归或增强。(2)人际互动：关系链形成、维持的基本方式，互动是人际关系的主要行动策略。作为人类的独特行为方式，互动也是人类社会相互联系、相互整合的纽带。互动也以胜任能力为基础，通过互动建立人际关系。(3)社会支持：在胜任能力和人际互动基础上，社会网络结构使用后的结果。

基本的社会支持体系包括家庭支持、同伴支持、社区支持等。社会支持的动员既要推进社会支持体系搭建,也要动用其中的资源,因此也包含社会资本的意义。(4)结构变革:关系世界的实践需要政策和制度的变革,代表社会结构的变革,这是宏观社会工作的价值目标。社会工作的发展体现了政社关系的历史变革,也在一定程度上展现了社会工作推动转型的宏观使命,反映了社会工作的结构视角(杨超、何雪松,2017:137—138)。

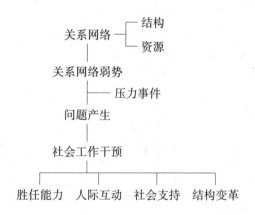

资料来源:杨超、何雪松(2017:139)。

图 2.2　社会工作关系实践框架

在实践中,社会工作者要基于关系对案主进行评估。群体的关系网络在结构和资源上表现为关系网络的弱势。在面对压力事件时,弱势的关系网络无法有效地应对风险,呈现关系网络的不平衡,从而产生了问题。社会工作者聚焦于案主的关系网络,通过展开对案主的胜任能力建设、人际互动干预、社会支持动员、结构变革来回应案主的需求。同时,社会工作对"关系世界"的关怀是适应本土政治文化和体制的行动,就这个层面来说社会工作也具有政治性意涵。此外,社会工作的关系实践也离不开特定的文化脉络。在我国,社会工作或行动中的人情、面子、权威等议题都需要被关注,关系取向以及中国独特的政治文化等情境也意味着社会工作者需要有充分的文化自觉。社会工作者需要提升自身的文化敏感性，并对习以为常的本土文化有充分的觉察，彰显自身的文化主体性，进而强化汲取本土资源、服务案主的能力（杨超、何雪松，2017:140）。

　　总之，关系思维与视角的社会工作是关系理论和关系主义发展的新领域，沿着关系社会学的脉络延伸到社会工作的实务领域，促进关系社会学的实践转向。正如杨超（2019:143）所述，中华文化的根基与关系主义密切相关，关系主义将可能作为一个连通东西方文化并汇聚内生中国本土社会工作理论的重要节点。

第三章　社会工作专业关系建立

社会工作专业关系和专业服务紧密地结合在一起,按照社会工作的通用过程模式,社会工作服务有一个从接案到结案的过程。自然,作为社会工作服务的重要组成部分,专业关系也有一个建立阶段(起始阶段)。

第一节　社会工作专业关系建立的原则

虽然国内关于社会工作专业关系已经形成多种论述,譬如有王思斌的"求-助关系"说,杨超、何雪松的"动态合宜"说,童敏的"朋友式专业关系"说,曾群的"有益无害的双重关系"说,张洪英的"专业、工作、朋友三者关系的统一承载体和多元化因素相互融合"说,等等。但是,需要清楚和明确的是,无论是哪一种论述,在具体的社会工作实践中,社会工作专业关系的建立必须持守和遵循以下五项基本的原则。

第一,专业关系的建立有助于案主自立自强而非诱使案主产生依赖。

在社会工作实践中,专业关系建立的目的是更好地开展服务,促进案主在接纳、尊重的关系氛围中习得知识、提升能力、促进选择，尽量减少对他人（尤其是社会工作者）的依赖，鼓励个人自主。在社会工作专业关系建立的过程中，案主应该被视为一个自主的个体，而"自决"是行使这种自主权的状态。社会工作者需要清醒地意识到，专业关系建立的最终趋势是分离这种关系，倘若这种关系带给案主的不是独立、自主等能力的养成而是陷入依赖、依附且不能自拔的境地，那么它就意味着专业关系的专业性缺失和专业服务的失败。

第二，专业关系的建立有利于案主的社会功能恢复而非得到案主的感激。

在社会工作实践中，专业关系建立的目的是为了协助案主解决问题和重新恢复应有的社会功能，所以，专业助人关系的建立绝不应该是为了社会工作者的需要，如完成服务指标和服务数量、炫耀专业技巧、展示个人魅力、彰显社会网络，等等，以及通过这些过程帮助案主解决问题让案主感激涕零，从而追求心理上的满足和愉悦。因此，在关系建立的过程中，社会工作者需要清醒地认识并控制自己的感受、反应，始终将案主的需要放在首位。同时，也需要明白，案主的感谢是人之常情，但是，社会工作者如果一味追求这些，则彻底偏离了社会工作专业服务的根本。

第三，专业关系的建立有益于案主的健康成长而非操纵和控制案主。

在社会工作实践中，专业助人关系应该为案主营造一个安全的环境，既独立公正又有所控制，以及由社会工作者非批判的态度、关注的倾听和不同于寻常关系的接纳等营造出来的氛围，但这种关系和氛围绝不至于导向对案主的操纵和控制。它们至少表现为三种情形：第一，利用专业关系对案主的行为进行操纵和控制，如迫使案主参加并非自愿的各种活动；第二，利用专业关系对案主进行家长式的干预，包括信息的操纵，如提供虚假或误导性信息以及隐瞒信息、利用案主给予的信任，哄骗、劝说或操纵案主接受社会工作者提出的介入方案，等等；第三，利用专业关系对案主宣称，社会工作者的干预是为了案主的自身利益，他们有资格和能力对如何确保案主的最佳利益作出判断，为了保护案主的整体和长远利益，社会工作者的介入和行为可以与案主的意图、行为、情绪状态或获得准确信息的权利相冲突。

因此,在社会工作专业关系建立的过程中,社会工作者需要明确地意识到,案主独立自主的生活是健康成长的表现,而自主是自由的行动,它意味着案主所作出的行动都是自愿的、有意的,而不是案主受到胁迫或压制的结果。

第四,专业关系的建立不仅仅是助人,根本目标是自助。

在社会工作实践中,专业关系的建立始于案主的求助(包括申请、转介和外展等各类案主)和案主问题或困难的解决。在良好的专业关系指引下,社会工作者和案主开始助人的过程。社会工作者协助案主分析问题、制订计划、学习技巧、联结资源、寻找支持,等等,最终案主问题得以解决。但是,社会工作者始终需要明白,社会工作专业关系必将随着结案期的到来而终止,所以,社会工作者在专业关系中尤其应该通过助人活动,更好、更快和更有效地帮助案主提高能力,习得智慧,以便在独立生活的状态中恰当、有效地面对和处理自己的问题。

第五,专业关系的建立是为了提供服务而非剥削案主。

在社会工作实践中,专业关系建立的根本主旨在于能够为案主提供良好的专业服务,更快地帮案主解决问题和困难,在这个专业界限范围以外的因素则需要尽量予以摒弃。因此,在这个过程中,社会工作者迫切需要避免"界限的侵犯"(boundary violation),即利用专业关系对案主进行剥削或压迫,包括利用案主的各种资源去谋取专业服务活动以外的利益、利用案主的集体力量和声音去获取或许对案主有益但同时也具有较大风险的资源,等等。

第二节　社会工作专业关系建立的促成因素

一般认为,有助于专业助人关系建立和成长的核心条件有四项,由学者罗杰

(Roger)、卡胡夫(Carkhuff)和尹甘(Egan)等人提出,分别是同理心、尊重、真诚和具体。

一、同理心

同理心可以被描述为准确地领悟和沟通现有的感受,并能感知他人经历的意义和重要性的一种能力。同理心的表达由低到高可以划分为五个层次的度量,详见表 3.1。

表 3.1　同理心表达的层次度量

第一层次	社会工作者与案主沟通时,没有留心聆听,也毫不注意他表达出来的感受与用词
第二层次	社会工作者对案主表达出来的感受只有微弱或局部的回应
第三层次	社会工作者对案主表达出来的所有感受基本上均作出了回应,表达了他与案主有同样的关切
第四层次	社会工作者对案主表达出来的感受及其含义表示理解,并协助案主把先前深藏心底的感受也表达出来
第五层次	社会工作者明显地深入挖掘出了案主的感受和意思,他能完全感知和回应案主

资料来源:秦炳杰、陈沃聪、钟剑华(2002)。

同理心的案例

案主对社会工作者说:

我真的给儿子创造了一切改正行为的机会,但是他一次又一次地让我失望,他从不按自己答应过的去做,我看事情没有希望了。

问题:

如果你是提供服务的社会工作者,你合适的回应应该是什么?

二、尊重

尊重是让案主感到作为一个人有价值、有尊严的体验和感受。尊重的表达由低到高可以划分为五个层次的度量,详见表 3.2。

表 3.2　尊重表达的层次度量

第一层次	无论在言语或行为上,案主感觉社会工作者对自己的感受不屑一顾,而且他也没有什么能力作出有建设性的行为
第二层次	社会工作者的回应很机械,在沟通中对案主的感受和潜能很少表示出尊重
第三层次	社会工作者关注案主表达出来的感受并相信他的能力,鼓励案主建设性地处理问题,同时希望案主能够有效地解决自身的问题
第四层次	社会工作者明确地表现出对案主的感受及能力的浓厚兴趣和尊重。社工也使案主感到自在、备受尊重和体现个人存在的价值
第五层次	社会工作者对案主的个人价值表示极度尊重,使案主最有建设性地采取行动,最充分地展露自己及其才能。社会工作者的沟通对案主是一个承诺:他会尽一己之力使案主实现自己的潜能

资料来源:秦炳杰、陈沃聪、钟剑华(2002)。

尊重的案例

案主对社会工作者说:

我是一个骗子,别相信我,我不会承担任何责任。

社会工作者 A:

你的确是一个骗子,你言而无信,但尽管如此,我还是想让你做一些有益的事情。

社会工作者 B:

我知道你想逃避责任,但是我仍然相信你能够做到答应我的事情。

社会工作者 C：

我不管你是否把自己看作一个言而无信的人，我仍会把你当作可以信赖的人，我毫不怀疑，如果你真想去做的话，你能完成答应我的事情，那么，我们是不是讨论一下怎么做呢？

三、真诚

真诚就是成为你自己。社会工作者的经历，对经历的意识以及与案主的沟通应该一致。真诚的表达由低到高可以划分为五个层次的度量，详见表 3.3。

表 3.3　真诚表达的层次度量

第一层次	社会工作者表达出的言词明显与案主现有的感受不相符。他只有在表达否定和非建设性的言词时是真诚的
第二层次	社会工作者的言词没有真正与案主现有的感受相符。他只是在扮演角色
第三层次	社会工作者虽然表现诚恳，但是并没有完全投入到情境之中，而是置身事外
第四层次	社会工作者在回应中带有许多个人的感受，言语出自真心，他能使自己的回应成为进一步探查与案主关系的基点
第五层次	社会工作者的回应是自然而然的，深入地表达了自我。社会工作者开放地面对各种经历，并且在发展与案主关系的同时，能有效地运用案主的回应，进一步形成新的探索领域

资料来源：秦炳杰、陈沃聪、钟剑华（2002）。

真诚的案例

案主对社会工作者说：

我非常担心我 7 岁的儿子，他现在上小学。他的老师已向我说过三次，一有人惹他他就打人。顺便问一下，你结婚了吗？你有孩子吗？

社会工作者 A：

你为什么要问这样的问题？你真的相信我的能力吗？

社会工作者 B：

我能看出你非常关心你儿子在学校的行为表现，似乎你也对我的个人背景有兴趣。

社会工作者 C：

很明显，你为儿子在学校的表现感到烦忧，你也想找个能帮你的人。我结婚了，但我现在还没有孩子。我遇到过许多类似问题的个案，依我看我有没有孩子对解决问题没有太大的影响。

四、具体

具体是指流利、直接和彻底地表达特定的感受和经历。具体的表达由低到高可以划分为五个层次的度量，详见表3.4。

表 3.4　具体表达的层次度量

第一层次	社会工作者的沟通流于抽象、笼统，而没有努力使谈话转到具体的、相关的事情上
第二层次	社会工作者对个人的一些事处理得含含糊糊，没能让案主澄清最相关的感受
第三层次	社会工作者让会谈直接围绕着个人的事情，但没能用具体化的方式来处理所有事情
第四层次	社会工作者让案主几乎能用具体的言词来充分描述他关心的所有事情
第五层次	社会工作者能有效地使案主直接和充分地讨论特定的感受和经历

资料来源：秦炳杰、陈沃聪、钟剑华（2002）。

具体示例

案主表达　　　　　　　　示范回应

我不喜欢他　　　　　　　什么因素导致你不喜欢他？

我想改变	用什么方法改变?
没人在意	你是指谁呢?

在开展服务的过程中,关于"具体"的表达,大概可以参照以下一些规则:

(1) 如果要鼓励案主谈论他的特殊经验,可以询问"到底发生了什么事?"或"你母亲到底对你怎么了?"。

(2) 如果要鼓励案主谈论行为细节,可以询问"你当时正在做什么?"或"大家有什么反应?"。

(3) 如果要鼓励案主谈论他的感受的细节,可以询问"你当时的感受如何?"或"你的上司和家人感受如何?"。

具体的案例

案主:我的人际关系不好。

社会工作者:*

案主:是和我的同事。

社会工作者:

案主:我们为了一个企划方案意见不合,吵了起来,甚至骂了对方,现在彼此已不讲话了。

社会工作者:

案主:将近一星期。

社会工作者:

案主:唉! 真难过,好不方便喔!

社会工作者:

案主:我们相邻而坐,并且共用一部电话,以前一面工作一面聊天,很有趣;

---

* 此处社会工作者的表达方式省略,可供读者熟悉案例场景,具体的回复方式可参考后面的"参考答案"。

现在有时差点忘了还会想聊天,尤其是接到他的电话更糟,叫他也不是,不叫他也不是……

具体的案例(参考答案)

案主:我的人际关系不好。

社会工作者:你说人际关系,是指和谁的关系不好?(具体化:人)

案主:是和我的同事。(缩小范围)

社会工作者:能不能告诉我,你们之间发生了什么事?(具体化:事)

案主:我们为了一个企划方案意见不合,吵了起来,甚至骂了对方,现在彼此已不讲话了。(使问题更清楚,特定的行为、经验)

社会工作者:不讲话有多久了?(具体化:时间)

案主:将近一星期。

社会工作者:那么这一星期来,你觉得如何?(具体化:状态)

案主:唉! 真难过,好不方便喔!(模糊的感觉)

社会工作者:无人理睬确实不好过。那么怎么不方便呢?(具体化)

案主:我们相邻而坐,并且共用一部电话,以前一面工作一面聊天,很有趣;现在有时差点忘了还会想聊天,尤其是接到他的电话更糟,叫他也不是,不叫他也不是……(特定的行为和感觉)

第三节　社会工作专业关系建立的路径

如上文所述,专业关系对于社会工作服务具有至关重要的意义,那么如何建立社会工作专业关系,无疑是一个同样重要的议题。但是,对于专业关系的建立途径,中西方仍有不同的看法和思考。

一、关于专业关系建立途径的观点

1. 关于信任的定义

西方学者认为,信任是专业关系建立的基础。卢曼为了简化人与人之间的合作关系,将信任分为两类:人际信任和制度信任(卢曼,2005)。人际信任的建立是依靠人与人之间的情感联系,只有情感深厚到一定程度,才可能形成信任。而制度信任则建立在人与人交往中受到规范准则制约的基础上。制度信任是普遍性的,不受个体的影响,只要这种制度系统有效实施,信任就能够建立,人与人之间的情感则并不是必需的。卢曼进一步指出,制度信任主要有四个特点。一是凝固性。环境结构的不变性使得时间对于制度信任来说是凝固的,即制度信任是相对稳固的,不受时间变化影响。二是普泛性。制度信任是普泛性的,它不受特定个体的影响。制度信任只与信任者的处境有关,而与他的历史无关。任何具体的信任者都被淹没在普泛化的系统中。三是非动机性。与人格信任对动机的高度怀疑和考察相比,制度信任的动机是无须被质疑的,因此是不受动机形态影响的。四是规范性。建立在正式的、合法的社会规章制度基础上,依靠制度系统包括法律系统的有效实施,并且拥有一致的标准保障系统行为的可识别性和可衡量性(卢曼,2005)。

社会学家韦伯则依据信任主体的归属将信任分为两类:普遍信任和特殊信任。他认为特殊信任是遵循特殊主义的原则,只有在熟人圈内或存在血缘关系的人中才能建立;普遍信任则遵循的是普遍主义原则,建立在抽象的、普遍的个体之上,是将相同的生命伦理推广到个人关系与血亲之外(韦伯,2004)。

显然,无论卢曼认为是约束人际交往的规范,还是韦伯认为是普遍主义的人格,作为制度信任(普遍信任)凭据的中介物是理性的、普遍得到共同认可的,即信任行为中的个体认为该中介物是可以依赖的。对此凭据物的制度规范或普遍人格的信任是陌生人之间建立信任的基础和途径。

在韦伯和卢曼论述的基础上,之后的学者对信任尤其是人际信任进行了更深入和更细致的研究,表 3.5 罗列了较为经典的关于人际信任的定义,以供参考。

表 3.5 不同研究者对人际信任的定义

研究者	定义
罗特(Rotter,1967)	个体对另一个人的言词、承诺、口头或书面陈述的可靠性的一般性期望
多伊奇(Deutsch,1973)	一方对另一方采取合意行为可能性的信念和预期
迈耶、戴维斯和斯库曼(Mayer,Davis & Schoorman,1995)	在另一个个体或组织不能被控制和监督时,主体仍冒着受攻击的风险接受的意愿
麦卡利斯特(McAllister,1995)	一个人对另一人的信心程度,愿意按照另一人的语言、行动和决策而行动的程度
卡明斯和布罗姆利(Cummings & Bromiley,1996)	信任是一种个人信念或者群体的共同信念。认为任何一个个人或群体都努力在行动上遵循承诺;无论承诺为何,都会表达诚意;即使机会来临,也不会占人便宜
列维奇和邦克(Lewicki & Bunker,1996)	信任是一种状态,涉及对他人动机所持有的有信心的正面期望,而他人的动机通常都会伴随着一些风险
恰恩-莫兰和霍伊(Tschannen-Moran & Hoy,1998)	信任是一方因为相信另一方是善意的、可靠的、胜任的、诚实的、开放的,从而自愿使自己处于易受另一方伤害的境地
杨中芳、彭泗清(1999)	在人际交往中,双方对对方能够履行他所被托付之义务及责任的一种保障感
鲁索(Rousseau,1998)	由于对他人的目的和行为抱有良好的积极的期望,因而宁愿接受他人弱点的心理状态
张建新、张妙清、梁觉(2000)	人际交往的一方在"或合作或竞争"的不确定条件下,预期另一方对自己作出合作行为的心理期待
萨贝尔(Sabel,1993)	合作各方确信没有一方会利用另一方的弱点去获取利益

资料来源:李晔(2007)。

从表 3.5 可以看到,虽然对信任的含义至今无法达成共识,但所有的定义几乎都有一个共同点 即"信任"与风险相连。无论信任的对象是个人还是群体,无论信任是理性决策还是非理性决策的结果,无论信任是一种心理预期还是一种行为,信任都是在有风险的情况下发生的,假如被信任者的行为不符合信任者的预期,那么信任者可能会受到某种伤害或损失。

2. 关于人际信任的分类

研究者从不同学科背景和角度,依据不同的分类标准,对人际信任进行分类。以下是常见人际信任分类。

(1) 以信任对象为标准。通过对中西方文化的比较研究,将人际信任分为两个典型类型:一是特殊信任,二是普遍信任(Weber,1951)。特殊信任的对象只包括那些有血缘或裙带关系的人,而普遍信任的对象则扩展至具有相同信仰和利益的所有人。

国内学者张建新等将信任分为泛化信任与殊化信任。泛化信任即普遍信任,而殊化信任是指对具体的交往对象,如亲人、熟人、陌生人等所持有的信任(张建新等,2000)。

(2) 以心理预期为标准。可以将信任分为三类:一是个体对自然秩序及合乎道德的社会秩序得以维持的一般性或普遍性信任;二是对承担社会关系及社会制度角色的能力方面的信任;三是对与自己有来往的人彻底承担所托付的责任与义务的信任。后面两类属于对他人的人际信任,基本上是一般性的信任,比如对邻居的一般信任,而非对特殊交往对象的信任(杨中芳、彭泗清,1999)。

(3) 以信任形成机制为标准。可以将信任分为三类:一是基于交往经验积累产生的信任,根据对他人过去行为和声誉的了解而决定是否给予信任;二是基于共同特征的信任,根据他人与自己在社会文化、社会经济地位、个性特征和价值观等方面的相似性决定是否给予信任;三是基于制度的信任,即建立在非个人化的社会规范和社会制度基础上。人们生活在各种复杂的社会关系中,信任是简化社会复杂性的机制(谢伊青,2013)。

(4) 以信任的发展过程为标准。可以将人际信任分为三类:一是谋算型信任,是市场导向的经济谋算,基于对信任维持与破坏所带来收益的判断;二是了解型信任,以他人行为可预测性为基础,基于信息交流多少和交往时间长短;三是认同型信任,基于对他人愿望、意图的理解和认同(李晔,2007)。

3. 构成信任的主要因素

信任是社会工作专业关系建立的基础,如果社会工作者和案主之间缺乏相互信任,则专业关系就无从谈起,更遑论专业服务的提供。既然如此,社会工作者无疑需要对信任及其构成或影响因素予以高度重视和深入的了解。表 3.6 列出了学者们对信任的构成因素,即被信任者特征的研究,细致分析这些因素,对社会工作者建立专业关系会有所助益。

表 3.6　构成信任的主要因素

研究者	信任的构成／被信任者的特征
多伊奇(Deutsch, 1960)	能力,行为意图
布尔特(Butler, 1991)	有效性,胜任力,一致性,谨慎,公平,正直,忠诚,开放,实现诺言,对建议的接受性
伦佩尔、霍姆斯和赞纳(Rempel, Holmes & Zanna, 1985)	可预测性,可靠性,忠诚
加瓦罗(Gabarro, 1978)	开放性,以前的结果,正直,动机,一致性,胜任力、判断力
古德(Good, 1988)	能力,意图,被信任者对其行为的许诺
阿托斯和加瓦罗(Athos & Gabarro, 1978)	正直,一贯性,善意,公平,开放
约翰逊-乔治和斯瓦潘(Johnson-George & Swap, 1982)	可靠性
基和诺克斯(Kee & Knox, 1970)	胜任力,动机
拉兹勒和休斯顿(Larzelere & Huston, 1980)	善意,诚实
米什拉(Mishra, 1996)	胜任力,开放性,人道的,可靠性
希特金和罗斯(Sitkin & Roth, 1993)	能力,价值一致

（续表）

研究者	信任的构成／被信任者的特征
罗滕伯格等（Rotenberg et al., 2005）	可靠性，情绪性，诚实
迈耶、戴维斯和斯库曼（Mayer, Davis & Schoorman, 1995）	能力，善意，正直
霍伊和恰恩－霍兰（Hoy & Tschannen-Moran, 1999）	可靠，善意，能力，诚实，开放

资料来源：李晔（2007）。

从表 3.6 可以发现，有的学者认为信任最核心的因素是可靠性，而有的学者则提出了十个因素。但是，无论持有何种观点，在众多的构成因素中，能力、善意、诚实、可靠和开放无疑是最经常被提到的五个因素。由此可见，能力、诚实、可靠等带来交往双方的信任，而信任则是专业关系形成的基础，这样的逻辑过程对社会工作专业关系的研究以及社会工作实务中专业关系的建立等都非常具有启发意义。

二、社会工作专业关系本土化建立途径

如上文所述，在西方，社会工作专业关系是建立在制度信任的基础上的，有了制度的保障，专业关系的建立就顺理成章。但在中国的现实环境中，社会工作者建立有效的助人关系（专业关系）似乎并不是那么一回事，需要在实质性信任的基础上建立专业关系。实质性信任关系是社会工作者与当事人沟通理性基础上的合作关系，是社会工作者从当事人切身利益出发的关系（王思斌，2001）。王思斌指出，中国社会求助关系的基本特点是：消极低效的求助习惯、相对主动的助人行为、伴随强烈的情感介入（王思斌，2001）。所以在我国本土化的情境中专业关系建立的特点是：社会工作者直接主动的助人行为；非专业关系（如朋友）往往先于专业关系出现；大多数情况下，当事人是通过个人关系"介绍"来

主动寻求社会工作者的帮助,求助者的亲戚、邻居或同事朋友等都会是"中间人"(闫涛,2010)。

1. 本土社会工作专业关系建立的理论模式

有学者则进一步根据台湾学者黄光国的理论提出了以"人情与面子"为核心的"本土社会工作专业关系建立的理论模式"(李爽、俞鑫荣,2014)。在该模式中,有下述几个基本观点:

第一,依据黄光国的理论,人际关系主要有三种类型。

(1)情感性关系。它是一种长期的、稳定的社会关系。情感性关系的建立可以满足人们情感方面的需要,比如爱、温暖、安全以及归属感,等等,像家庭关系、密友关系等都是情感性关系。个人和他人保持情感性关系,维护关系本身是最终的目标。"需求法则"是情感性关系中的交换法,即"各尽所能,各取所需"。处于情感性关系中的人会表现得更加真诚,彼此间一般不会玩"人情与面子"的游戏。当然在情感性关系中,也会产生人际矛盾,引发此类冲突的情境被称为"情感困境"。

(2)工具性关系。个人与他人在生活中为了获取他希望得到的物质目标而建立这种关系。在中国,"公平法则"是工具性关系的交换法则。这一法则具备普遍性,凡是工具性关系中的个人,都会一视同仁、无区别地进行交往。情感在工具性关系中所占比例甚小,个人与他人交往时,都是按照实际境况,依照"公平法则"进行,并作出较为利己的决策。这种关系基本上都十分短暂且不稳定,同样也不是中国人利用"人情"和"面子"玩"权力游戏"的范畴。

(3)混合性关系。它指双方有一定程度的情感性关系,但这种关系没有深到随便表现出真诚行为。另外,双方通常可能认识相同的人,由此构成了人际关系网,对中国人的社会行为产生了深刻的影响。在混合性关系中,双方都会预期将来彼此有再次进行情感交往的可能,同时考虑到人际网络内的其他人会了解他们之间的联系状况,并根据社会的标准来判断。混合性关系中的交换法则是"人情法则"。"人情法则"指中国社会中人与人应该如何相处的社会规范,它包含两大类社会规范：一是平时个人应当采用馈赠礼物、互相问候和拜会访问等方式与关系网内的其他人保持联系和良好的人际关系；二是关系网内的某个人遭遇困难时，其他人应当同情和体谅他，并尽力帮助他，"做人情"给他。

第二，从西方国家社会工作作为制度存在的情况来看，按照"人情与面子"的人际关系理论模式，社会工作专业关系从功能角度来说更倾向于工具性的人际关系。但在中国，从情感与工具的功能比例来说，社会工作专业关系与混合性人际关系比较契合。正常的社会工作专业关系应该介于工具性与情感性之间。

第三，社会工作者为了建立良好的专业关系就需要先"拉关系"，图 3.1 为依据黄光国的"人情与面子"理论模式而建构的社会工作专业关系建立的理论模式。

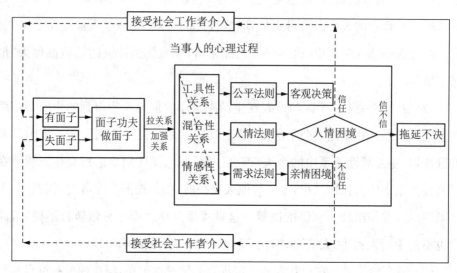

资料来源：李爽、俞鑫荣(2014)。

图 3.1　本土社会工作专业关系建立的理论模式

在实际操作过程中，"情"为判定"接纳"的标准，在这样的本土情境下，工具性关系由于其不稳定性及缺乏情感因素，不太适合成为社会工作者与案主的关系类型。因此，社会工作者与案主在建立专业关系的过程中，倾向于情感性或者混合性关系的建立过程。

第四，基于上述模式，"情感"优先于"专业"影响甚至决定专业关系是否顺利建立。在中国的实际情形中，要想发展出专业关系，首先要做到的就是社会工作者与案主之间有"情"。"情"分两种情况，一是"感情"，二是"人情"。在本土情境中，社会工作者在与案主建立专业关系之前，双方常常需要进行情感或人情、面子等工夫的投入。如果是感情，那么两者之间首先要建立起情感性的关系，如果是人情，那么首先是混合性的关系。如果是工具性关系，意味着社会工作者与案主之间没有过多的情感成分，这种工具性关系中专业关系的建立只能依靠制度信任，在中国很难实现。根据图 3.1 的理论模式，专业关系建立的策略是从工具性关系与混合性关系之间的虚线入手，首先需要通过"拉关系"，将工具性关系转换为混合性关系，具体有两种方法。方法一是从"缘分"入手。中国文化中有很强的宿命观念，在人际关系上非常注重"缘分"。社会工作者可以以此入手，把与案主的萍水相逢定义为一种命定或前定的"机缘"，拉近与案主之间的关系，这是建立混合性关系的第一步，也是建立专业关系的起点。方法二是"谋划"。社会工作者可以通过关系人的引荐，和案主"串联"关系。一旦"串"上关系之后，案主"不看僧面看佛面"，双方就不再是工具性关系，而是混合性关系，便有了进一步建立专业关系的可能。

第五，专业关系建立过程中，"给案主面子"在中国人际关系中至关重要，直接关系到双方关系发展。如果在人际交往中，一方不给另一方面子，就会影响双方关系的亲密程度，严重的会导致双方关系彻底破裂。因此，给不给面子是案主判断社会工作者是否接纳自己的一个标尺，这也将直接影响案主对社会工作者的信任，以及继续与社会工作者合作的意愿。为此，社会工作者需要学会善用"人情"手段。人情在社会交往过程中可以作为一种资源来馈赠对方。具体有两种表现形式。一是平时个人应以礼物、拜会、问候等方式与关系网内的人增加联系，保持良好关系。二是当关系网内有人碰到困难的时候，应当有同情心，体谅他并帮助他，即"做人情"。对方接受了恩惠，欠了人情，就会想着回报。

2. 本土社会工作专业关系建立的基本路径

在我国本土专业关系特点的现实基础上，不同学者提出了建立专业关系的路径。

路径一：沟通基础上建立合作信任的关系。中国社会求-助关系存在消极低效的求助习惯、相对主动的助人行为和强烈的情感介入的特征，同时助人关系中存在着情理法，因此中国社会工作应发展与中国文化相适应的专业社会工作和人文主义的社会工作模式，即以积极主动的帮助取向，从案主的角度出发，在沟通理性的基础上建立合作信任的关系（王思斌，2001）。

路径二：建立多重关系。中国文化处境下，专业社会工作服务过程中，社会工作者与案主的关系开始于一般的业务关系或专业关系（西方知识），但最终会发展成朋友关系，这种关系可能会持续保持并发展下去，这与中国传统文化中的互动关系相关，即互动过程中人情、面子、关系和情感相关。因此，在人情社会的特殊背景下，社会工作专业关系是一种"多重与多种关系融合的关系"，体现为"专业关系、工作关系、朋友关系"三种关系的混合。这种意义上的"专业关系"是本土化的专业关系，也是本土化的社会工作专业关系知识。这种关系的发展趋向与社会工作专业理论上所论及的专业关系知识相悖。社会工作专业关系有其不同于其他专业关系的独特性，它除了强调社会工作者所提供的服务是专业性的，同时也突出了社会工作者与案主的关系，即助人与被助的关系，这是一种职务关系，而非私人关系，它不允许社会工作者在此过程中获得个人的心理满足。这两种知识都是知识，没有对与错之分，只有处境化运用之警觉（张洪英，2007）。

路径三：坚持专业伦理价值和原则，建立良好的专业关系。民间助人系统中"熟人关系"的求助模式"错置"到社会工作助人系统中，会影响社会工作者的工作效率和效果，且与社会工作专业价值理念相冲突。因此，社会工作者应坚持社会工作价值伦理和专业原则，用熟练的专业技能取得案主的信任，从而与其建立良好的专业关系（马志强，2014）。

　　以上三种路径是我国学者对建立本土的社会工作专业关系的初步探索,不难看出,它们都强调在沟通的基础上建立信任的关系是建立专业关系的必经之路,同时,它们都在抽象层面思考建立本土专业关系及其路径,缺乏实际可操作的实务经验和具体的实施方法。

　　3. 本土社会工作专业关系建立的具体方法

　　在实际的社会工作实务领域,不少社会工作者已经开始探索符合真实场景的社会工作专业关系建立的具体方法,在一份对服刑人员家庭开展社会工作服务的研究报告中,提到了以下七个工作原则(赵冬雨,2020)。

　　第一,巧用案主已有的信任关系。已有信任关系主要包括学校老师、社区人员、亲戚朋友等已经与案主存在信任关系的人员。不同的服刑人员家庭存在不同的情况,需要社会工作者在服务前期对案主尽可能全面了解,寻找突破口。当找到已有信任关系的人员后,可以通过与他们联系,介绍自己的身份来意,让已有信任关系的人充当中间人,将社会工作者介绍给服刑人员家庭。这样做往往能够得到案主对社会工作者身份的认可,为进入其家庭开展服务打下基础。

　　第二,抓住合适的契机。合适的契机主要指社会工作者可以利用节假日(如儿童节、端午节等),通过亲子活动等方式接触服刑人员家庭。具体而言,如社会工作者可以在端午节时购置小礼物,慰问服刑人员家庭,以此为契机与案主建立关系;通过亲子活动等方式邀请案主参加,使其对社会工作者有初步了解,这会对之后进入家庭开展服务有所帮助。换句话说,合适的契机就是需要社会工作者具有一定的敏锐性,通过某种方式,让案主对社会工作者有所了解,建立起初步的人际信任,之后再逐步与服刑人员家庭建立联系,开展服务。

　　第三,服务过程中的关系维系。在与服刑人员家庭建立起初步的专业关系后,社会工作者需要时刻警惕急于求成的心理。因为服刑人员家庭对自身的经历十分敏感,如果直接询问他们的经历会使服刑人员家庭成员内心产生焦虑和紧张感,使得他们认为社会工作者的到来具有很强的目的性,甚至会因此而拒绝服务。社会工作者可以通过聊天的形式，从与其经历不太相关的话题入手，逐步了解案主家庭的基本情况，即在建立了一定信任关系的基础上，再进行深入的了解。

第四，以案主为中心开展服务。以案主为中心，是社会工作者开展服务的一个基本原则。由于服刑人员家庭对外信任度低，社会工作者在面对服刑人员家庭时，以案主为中心可以在建立关系时产生更好的效果。他们通常没有接受过他人的正式帮助，当社会工作者进入他们的家庭，使其感受到社会工作者真诚的态度，确实在设身处地地为他们着想时，服刑人员家庭的感激心理就会被激发，从而促进社会工作者与服刑人员家庭关系的建立。同时，在时间和场所的选择上，社会工作者也应该尊重案主，以案主为中心，选择能够使案主感到舒适的服务场所和时间安排。这样能够增加服刑人员家庭在接受服务过程中的舒适度。因为服刑人员家庭中成员的工作时间一般都不固定，所以社会工作者在与他们协调时间时，需要考虑时间的安排是否会给案主增添麻烦；同时，由于服刑人员家庭的信任度普遍较低，场所的选择也至关重要，寻找一个舒适、安全的场所能有效缓解案主内心的不安和紧张情绪，对专业关系的建立也会起到增益效果。

第五，及时澄清服务项目。社会工作者需要及时向服刑人员家庭澄清所提供的服务项目的目的、计划和内容等信息。因为社会工作者所能提供的服务通常是有限的，而服刑人员家庭的需求多种多样，有时难度也较大，社会工作者如果没有及时进行澄清，就很容易产生无法达到案主期待的情况，从而导致案主对社会工作者的专业性产生质疑，使已经建立的专业关系质量大打折扣。若要挽回这种局面，则是难上加难。需要注意的是，及时澄清不仅要注重澄清，还要注重及时性。当在服务过程中发现案主对服务项目的期望过高或产生偏差时，社会工作者应及时进行澄清。另外，澄清并非一劳永逸，随着服务的开展，社会工作者要随时遇到问题随时作出解释和说明，这样可以对专业关系的建立起到一定的稳定作用。

第六，实现服务与需求相匹配。满足服务对象的需求，是社会工作者服务开展是否有效的关键因素之一。当社会工作者所提供的服务能够与案主的需求相对应，则彼此之间的关系能够建立。在实务过程中，社会工作者需要协调好项目目标和案主的需求之间的关系，如果二者产生冲突，则需要社会工作者以案主为中心，在不损害案主利益的基础上，尽可能地协调项目与案主需求之间的矛盾。当提供的服务与案主的需求相匹配时，社会工作者开展的服务才有可能得到案主的接受和认可，从而促进社会工作者与案主之间关系的建立。

第七，注重保密原则。在我国，受到传统文化的影响，往往存在"家丑不可外扬"的思想，使得服刑人员家庭十分关注服务的保密性，社会工作者应该及时向案主进行解释说明，强调保密性在工作中的重要性，从而打消案主在保密问题上的顾虑。这样案主才有可能愿意将自己的问题和情况向社会工作者倾诉和展现出来，为彼此之间专业关系的建立打下一定的基础。相反，如果没有得到案主的信任，服刑人员家庭拒绝向社会工作者透露自身的情况，服务则很难进行下去，专业关系也无法建立起来。

还有一些学者通过对具体的社会工作服务过程的深入研究，提出了社会工作者建立和维系专业关系的实践策略（吕洁琼，2019），它们包括以下几个过程。

第一，以行动和话语进行专业澄清。通常情况下，案主对社会工作认可度低、不信任社会工作者个人并质疑其专业权威，以及由此引发的诸如人情互动等问题，其根源在于对社会工作的不认识和不了解，因此澄清"社会工作是什么"这类问题是开展专业服务的前提，也贯穿于整个专业关系实践的始终。在不同的专业关系发展阶段，社会工作者可以采取不同的策略，用行动和话语向案主展示自己真实的一面，让他们理解真正的社会工作者。在关系建立初期，社会工作者通过主动的专业行动让案主开始了解自己，并吸引案主参与社会工作的服务活动。例如，可以通过开展社区宣传，深入社区居民的生活，主动了解社区居民的生活现状；通过观察发现社区存在的可能资源，评估社区的活力和内生力量，为后续活动的开展做准备。这一时期，社会工作者主要通过自身的行动向案主展现社会工作"在做什么"。在关系维系的中期，社会工作者可以采用有效的沟通来逐渐澄清社会工作"能做什么"。在开展活动的过程中，及时评估并发现案主的需求变化，在满足他们部分需求的同时也要尽早与案主沟通，告知他们自己的能力范围，并想办法帮助他们衔接资源，时刻反思所涉及的宏观层面的制度问题。在这一时期，社会工作者也要能够通过行动和沟通来向案主解释社会工作的专业边界、专业原则，让他们更深层次地理解社会工作者。在关系的后期，社会工作者要在总结前期澄清工作的基础上向案主做进一步的澄清，尤其是通过行动来表明自己并不是简单地帮助案主解决问题，更重要的是要帮助案主增强自信，明确自身的价值，展示自身的优势。这一时期，社会工作者重点向案主澄清社会工作的"目标是什么"。需要说明的是，社会工作者要关注案主的多元化和差异性，在实践中不断反思，可以依据实际情况适当调整澄清的方式和内容，有效利用澄清来开展服务。

第二，巧妙借助关系中介的力量。在建立和维系专业关系时，社会工作者会运用关系中介（政府人员、居委会、楼组长、志愿者、案主的重要他人）的力量来接触案主，并通过这些力量减少对自己的警惕、质疑，甚至通过关系中介加强沟通和增加信任。以这样的方式加强与案主的接触和联系虽然有效，但是却模糊了社会工作者的专业角色，也会间接产生人情关系，为了让案主对社会工作有更清晰的定位，可以采用以下的方式来避免这些问题。

（1）借"权威之口"进行澄清。社会工作者在与案主初次接触、欲借助政府和居委会等人员的帮助来获得案主的基本认可与认同、从而建立关系时，要提前向这些工作人员进行澄清，然后由这些工作人员先就社会工作向案主做一个基本介绍，可以尝试告知案主一些社会工作的原则、理念等，让案主对社会工作有个初步了解，在后续过程中，社会工作者可以通过进一步关系的建立逐步让案主详细地了解社会工作。

（2）加强服务过程中的直接接触。社会工作者在为案主开展具体服务的时候,要尽可能地直接与案主接触,如通知案主相关服务活动或者其他类似的实践等。此时,应尽量减少通过关系中介来传递信息的方式。社会工作者通过频繁的接触互动来增加对彼此的了解,向案主展示自己的形象。

（3）提前向案主的重要他人澄清。社会工作者在维系关系面临困难要借助案主的重要他人的力量时,第一步就是要对这个重要他人做社会工作的专业澄清,让他对社会工作有个基本的了解之后再来帮助社会工作者做沟通的桥梁,以此来减少案主及其重要他人对社会工作更深的误解。

第三,提升专业服务的有用性。我国现阶段的社会工作在提供服务时主要依托个人信任,认可度较低,在这样的状况下,案主与社会工作者的关系较为复杂,很难只存在单一的专业关系,但如果能够实现由个人信任到制度信任的转化,促进认可度的提升,那么关系的复杂性相对变低,关系处理也就没有那么复杂,专业规范也更容易建立,但如何提高认可度,实现从个人信任到制度信任的转换却是另外一道难题。制度绩效是促进案主对社会工作从个人信任到制度信任的关键。制度信任有两层含义,即社会工作所提供的服务是否回应了服务对象最紧迫的诉求（这也可被称为"回应能力"）,以及提供的服务是否真正地解决了案主的问题。案主考量"绩效"会从社会工作者的专业技术资质、工作业绩、感知到的服务效果等方面,尤其是公众对绩效的感知有时还来源于"比较"。当社会工作的表现优于民政工作时则更容易获得信任,而且这种信任会扩大到对社会工作的信任。换句话说,当社会工作者提供的服务更有用时,案主会增加对社会工作者的信任和认可,并且这种认可会在服务传递的过程中形成广泛的认可,也就是实现从个人信任到制度信任的转变。事实证明,当提供的服务是案主想要的,对他有意义且供求匹配时,他就会积极参加并积极与社会工作者互动,专业关系更容易建立,也更容易获得案主的认可和信赖;同样,在维系专业关系层面,当服务对案主有用时,并不需要维系专业关系,案主参与活动和互动的积极性依然很高。所以,提升专业服务的有用性对于实现从个人信任到制度信任以及专业关系的维系和处理具有重要意义。

第四节   社会工作者一方的关系强化因素

在社会工作专业关系建立的过程中,社会工作者自然是主导的一方,所以,社会工作者正确及适宜的行为举止及应该具备的专业技能,无疑就成为强化专业关系建立和维系的重要因素。西方学者科米尔等人(Cormier,W. H. & Cormier, L. S.,1985)总结了三个关系强化要素的行为表现(详见表3.7)。

表 3.7   专业技能、吸引力和值得信任的描述性提示和行为提示

	专业技能	吸引力	值得信任
描述性提示	● 相关的教育 ● 专门训练或经验 ● 证书或执照 ● 资历 ● 地位 ● 工作场所的类型 ● 专业学识的展示 ● 装束 ● 声誉 ● 社会认定社会工作者的角色	● 令人愉快的外表 ● 适宜的装束 ● 适当的体重 ● 良好的个人卫生 ● 衣饰整洁	● 社会工作者的角色为社会所接纳 ● 有诚实正直的名誉、没有不可告人的动机
行为提示	非语言的行为 ● 眼神的接触 ● 身体前倾 ● 流利地表达 语言行为 ● 相关的引发思考的问题 ● 语言表达出的关切 ● 直截了当、有信心地陈述 ● 解释 ● 具体	非语言的行为 ● 眼神接触 ● 身体直接面对案主 ● 身体前倾 ● 微笑 ● 点头 语言行为 ● 组织好口头上的回应 ● 适度的自我披露 ● 自我披露的内容与案主的经历和观点相似	非语言的行为 ● 表里一致(非口头) ● 接纳案主的披露(非口头) ● 回应/有动力(非口头) 语言行为 ● 提供准确可信的资料 ● 准确地释意 ● 言行可靠一致 ● 保密 ● 开放、诚实 ● 非防卫性地接受"信任测试"

资料来源:Cormier,W. H. & Cormier, L. S.(1985)。

一、专业技能

专业技能也即能力，它让案主感觉到社会工作者对解决问题有所帮助。案主的这种感觉源自社会工作者表现出来的处理问题的技巧，社会工作者所受的相关教育、专门训练或拥有的专门经验，社会工作者的证书或执照，社会工作者的资历、职位，社会工作者工作机构的类型，社会工作者过去解决他人问题的成效以及社会工作者担当的助人角色，等等。拥有专业技能并不意味着社会工作者要高高在上，独断专行，相反，有专业技能的助人者会让人感到他有自信、充满关切并能够为案主解决问题，实现工作目标。

二、吸引力

吸引力表现为案主感到社会工作者友善、可亲，与他在兴趣和经历上有相似之处。社会工作者可以通过适当的自我披露来增加吸引力，尤其是披露社会工作者解决问题的专业技能和确实可信地解决他人类似问题的经历来增添吸引力。社会工作者也可以通过营造气氛，引导案主进入交互作用的助人情境来增加吸引力。因为营造良好的气氛可以让社会工作者树立起愿意助人而且能够助人的形象。要营造适宜的气氛，首先要考虑与案主会面场所的实际环境，即环境布置和座位安排。如果社会工作者与案主之间隔着一张大桌子，这种安排会给双方造成心理上的距离。对社会工作者来说，应该表现出专注和接纳的态度。除了显得友善、诚恳和自然外，也要树立起有自信心、有能力的形象。

三、值得信任

案主感到社会工作者值得信任，是因为社会工作者所担当的角色，所具备的诚实正直的声誉，真诚和开放的态度，以及社会工作者没有不可告人的目的。开始的时候，信任是建立在一些外在因素上，如社会工作者的声望与角色，在随后的交互作用中，还需要社会工作者采用适当的行为去强化所担当的角色和所具有的声望，以增进案主的信任。

对于专业关系建立而言，开始阶段特别重要，因此，尤其需要社会工作者竭尽全力并高度关注以下一些重要因素。

第一，社会工作者力求与案主准确沟通想法和感受。社会工作者如果没有感同身受地理解案主的想法和体验，那么即便建立起来了专业关系也不会很牢固。

第二，社会工作者力求与案主全方位沟通他们之间的资料。为了做到全方位沟通，社会工作者应该真诚并有适当的自我披露。

第三，社会工作者力求在与案主沟通时充满亲切感和关怀。即社会工作者的沟通应该给案主正面的感受，如此案主才会觉得受尊重和被接纳。社会工作者也应该让案主感觉到他关怀和保护案主福利的真诚态度。

第四，社会工作者力求使自己的角色与案主的角色互补，从而有益于一方促进另一方为实现互动目标而作出贡献。如果角色不能互补，助人过程便不会有效，专业关系也难以为继。比如，个案中案主想有更多的参与，而社会工作者却指导性太强，干预太多；或者个案中案主想得到情绪上的支持，但社会工作者只关心要完成的任务。类似这样的情况，都不利于助人进程，也不利于专业关系的建立与发展。

第五，社会工作者力求与案主建立信任，使自己和案主都高度关注各种责任。要建立信任，社会工作者必须开放、真诚并能够向案主证明自己是负责的、有能力的专业人员。此外，他们也会受制于社会工作的专业守则。

第五节　社会工作专业关系正向发展的表现

既然社会工作专业关系对于专业服务的开展以及案主的改变具有至关重要

的意义,那么社会工作者就需要清楚地了解经过努力,专业关系朝向正面发展的种种迹象或表现。

一、从探讨到信任

在开始的助人阶段,极为常见的是案主会有"试探"性行为,以确定社会工作者是否值得信任。案主可能会问:"你遇到的人是否有像我一样乱糟糟的?"而他的潜台词是:"你真能理解和帮助我吗?"也有一些案主常常对社会工作者以这样的说辞作为开场白:"我想与你探讨这样一种现象,你对此怎么看?"(或者"你会怎样处理这样的事情?")经过一段时间,当案主真切地感受到社会工作者的真诚帮助时,他就会放弃试探并表现出对社会工作者的认同、对服务的认可和对教育、建议等辅导方法及内容的接受。当出现这种信任的迹象时,就意味着良好的专业关系开始建立起来了。

二、从周围的事到个人的事

如果案主与社会工作者讨论事情,常常是非个人化的,与自身离得较远,那么两者关系的性质就是非常表面化的。例如,案主常以"我的一个朋友最近家里发生了这样一件严重的事情"或"我替一个朋友问问你,如果碰到了这样一件倒霉的事情该怎么办"之类的说词与社会工作者交谈,它说明案主对社会工作者的信任还未完全建立起来,甚至对社会工作者的能力尚存疑虑。当某一天案主对社会工作者说"我以前常跟你提及的朋友家里发生的事情,不瞒你说其实就是我家里的事情"的时候,往往意味着案主对社会工作者已经有了较大的信任,两者之间的专业关系也开始建立起来。因为只有当社会工作者与案主的关系到达一定的深度时,案主的个人感受和案主个性中可能存在的不为人知的各方面才有可能透露出来。

三、从被动参与到主动参与

在许多情形中，案主迫于外力（如家庭、父母、单位、学校老师、制度规定，等等）接受社会工作服务，他们见社会工作者只是为了应付，参加相关的活动也会极不情愿，尤其是在一些强制性的社会工作服务中，如矫正社会工作、禁毒社会工作等，案主更是如此。当案主通过发展有效的助人关系减缓了焦虑，驱散了不确定感时，他便会有较多自发的、积极的行为。随着社会工作者在整个助人过程中对助人关系的推进，案主与他人口头上的沟通、交互影响及主动精神都会得到改进。如果案主一改以往不情不愿、推诿拖延等行为表现，主动与社会工作者接触并积极询问下次面谈或活动的时间和地点等信息时，那么这是一个良好的信号，表明案主与社会工作者的专业关系具有相当可观的发展。

四、从负面回应到正面回应

大多数情况下，在社会工作服务刚开始的时候，案主对社会工作者的态度往往是有距离的甚至是冷漠的，尤其是一些强制性的案主对社会工作者的服务有更多的怀疑甚至作出侵略性回应和行为。一旦案主带有挑战、攻击和怀疑意味的行为开始减少，即使偶尔出现，社会工作者也更适合和更可以理解其行为。同时，案主对社会工作者的回应越来越具有正向性和积极的回馈，这就表明两者之间的关系有了正向的发展。

五、从违规到遵从

一些案主特别是非自愿的案主往往以失约或违反规则来表示不配合和不合作，如在小组服务中，常常迟到早退或有意违反小组事先制定的契约、公开拒绝社会工作者的指令,等等。如果案主开始听从社会工作者的安排,自觉地遵守服务要求的各项规定,积极配合个案工作或小组工作的各项程序,此时往往意味着社会工作者与案主良好的专业关系逐渐形成。

六、从抗拒到合作

案主的抵制、阻抗可能会阻碍社会工作服务的顺利开展,而顺从、合作、配合是表明建立了正面关系的一个重要指标,着重表现为案主愿意合作并努力完成约定的各项任务。

第四章 社会工作专业关系维系和关系困境

社会工作专业关系的建立对社会工作服务的开始阶段具有非常重要的作用,它直接关系到社会工作者接案、预估等服务过程的开展和实施。同样,在社会工作专业关系初步建立的基础上,专业关系的维系和进一步良性发展,对社会工作者与案主一起制订服务计划、社会工作者为案主及家庭和环境提供介入服务等重要环节起到至关重要的作用。当然,在专业关系维系和发展的过程中,"双重"或"多重"关系的出现及带来的影响,是需要社会工作者予以高度关注的一个问题。

第一节 社会工作专业关系维系

随着社会工作服务的开展,社会工作者和服务对象的专业关系从初步建立进入下一步发展的阶段。在良好的专业关系初步建立的基础上,推动助人关系的正向发展,这对后续专业案主的改变和社会功能的发挥具有重大意义。

一、社会工作专业关系维系及作用

专业关系是助人过程的一个必要媒介,关系的质量决定案主改变的可能性,是成功助人的关键。如果说专业关系的建立是社会工作者和案主在服务初期通过双方的努力和协商,初步达成案主同意及有案主赞同的目标、服务内容和一系列角色规范与角色期待的助人关系,那么社会工作专业关系维系则是在上述基础上,社会工作者与案主之间在动态的、持续的互动过程中保持一种助人关系,它的发展是社会工作者与案主感受与态度表现交互反应的一个过程。换言之,社会工作专业关系维系是指在良好的专业关系建立的基础上,社会工作者和案主双方持续地基于相互接纳、共同合作、平等协商、互相尊重以及一起努力的精神和理念,继续发展正向、积极、包容的助人关系,其目的是完成关注任务,满足案主的需要或解决案主的问题,最终恢复案主的社会功能。

因此,专业社会工作关系的维系与发展在后续的社会工作服务过程中仍然占据着重要的位置,其明显的作用主要体现在以下三个方面。

第一,鼓励案主投入。良好的专业关系是社会工作服务的"催化剂"。通常情况下,社会工作专业服务开始阶段和专业关系刚刚建立的时候,案主是犹豫的、观望的,对社会工作者的信任度与认可度尚在不高的水平,尤其是非自愿的案主对社会工作者更是怀疑甚至是抗拒。而包容、彼此信任、接纳、以案主为本的社会工作专业关系的发展与维系则有助于促使求助者更快地进入案主角色,澄清案主的期望和目标,引导案主更加正视自己的问题及进一步投入改变的情境之中。

第二,激发案主潜力。专业关系是人与人之间沟通的桥梁,是引发一个人有新思想、感受和行为的主要原动力(周永新,1994)。良好的专业关系可以形成一种轻松、舒适、温暖、和谐的气氛,使案主产生安全感和自我开放的心态。这一方面可以消除案主的焦虑与防卫，降低信息交流的扭曲程度，让彼此的沟通更加顺畅有效；另一方面可以增加对案主的影响，激发案主的潜能，从而提高其改变意愿。

第三，树立示范作用。在专业服务中，社会工作者与案主之间的专业关系是在双方情绪和态度的互动中形成和发展的。他们继续发展的正向互动关系，可以进一步协助案主肯定自我的价值，让案主感受和学习良好的互动经验，并运用到其他人际关系或相似的情境之中。

二、社会工作专业关系维系和发展的策略

就社会工作专业关系形成和发展的一般历程而言，在社会工作者刚开始与案主接触，即专业关系建立的初期阶段，需要以社会工作者为主，运用同理、真诚、尊重等表达，并通过专业技能、吸引力等内在与外在元素的展示，带领案主更好、更快地进入专业关系建立的过程之中，以便更迅速地激发案主对自己问题的思考和对问题改善与解决的投入。

随着服务的推进，社会工作专业服务内容可能已经从接案期、预估期进入到比较深入并需要案主更多、更好地配合、参与和投入的服务计划制订阶段以及介入、干预阶段，社会工作专业关系也从初步建立迈入发展及维系阶段。此时社会工作专业关系的建立需要由只是以社会工作者为主或由社会工作者引领，转变为社会工作者和案主共同努力，尤其是社会工作者需要全面、深入地激发案主，引导和促进案主充分发挥主动性，或者催化案主以己为核心更加积极地投入专业关系营建和发展的过程中。这是因为社会工作专业关系产生和维系于社会工作者与案主之间，二者是社会工作框架之内的角色，社会工作专业关系产生和维系的目的是帮助身处不利处境的人们走出困境。专业关系的建立和发展首先要获得案主的认可，要在充分理解案主的同时，让案主获得心理支持，并积极参与到服务活动中来。

因此,在社会工作专业关系维系和发展阶段,社会工作者不仅需要自己的努力,更需要案主行动起来,主动和积极参与专业关系的营建,对此,社会工作者需要着重考虑下述几个方面。

1. 强化案主的信任是专业关系维系和发展的推动力

专业关系的好坏对于社会工作实务的开展具有重要的意义,而信任是专业关系的第一个特征(曾群,2009)。信任是社会工作者与案主之间关系的核心,缺乏信任,助人专业无法有效开展工作。社会工作者与案主之间的信任是建立在专业关系基础上的一种人际信任,在这种信任关系里,案主愿意冒着自己隐私权、自主权等被利用和侵犯的风险,将私人信息(包括家庭、朋友、经济状况、面临的问题及其他秘密等所有有意义的生命重要部分)分享给社会工作者,相信他们会以适当、真诚、合乎专业伦理的态度谨慎处理这些资源与信息。

既然信任与同理心是社会工作专业的灵魂,相互期待、彼此间完全信任是社会工作者与案主关系的最佳状态,那么如何激发和提升服务对象对社会工作者的信任? 主要包括两种策略。

第一,激发案主的自愿性。自愿的案主更容易接纳社会工作者,更愿意在社会工作者面前自我袒露,也更愿意与社会工作者一起工作,合作性与配合度相对都比较高,若社会工作者与案主存在专业关系,无疑更容易发展与深化。但是,并非所有的案主都是自愿的案主。实际上,在具体的服务场景中,仍然有不少非自愿包括强制性的案主。此时,社会工作者就需要激发案主的自愿性以实现案主对社会工作者的信任和案主对服务的投入。具体有两种方式方法。

一是促使案主进入角色。如果案主要同社会工作者订立和维系专业关系,案主就要去接受因这个角色而带来的一些行为期望,以及明白社会工作者期望他以什么方式参与改变过程。帮助案主接受其角色的过程称为"角色诱导"。大量的专业服务经验表明,帮助案主进入角色的工作做得越好,案主越容易信任社会工作者,两者的专业关系也就越容易维系和发展,从而介入的效果就越好。让案主能更好地接受所承担的角色最主要有两种方法:角色澄清和角色训练。

所谓角色澄清是社会工作者协助案主明白和理解自己的角色及助人者的期望、权利和义务。这种澄清有助于识别各方存在的差异,以便采取合适的步骤,如协商、合作、妥协等来减少差异和增加信任。从社会工作者角度而言,当案主与社会工作者建立和发展专业关系时,不管案主是主动向社会工作者陈述自己的问题和需求,还是对社会工作者充满抗拒和排斥,社会工作者都应首先主动澄清自己的专业角色身份,并在人际互动中设身处地地站在案主的立场,积极挖掘案主的需求和最关注的问题,真诚地表达自己的关怀,用语言和肢体行为给予案主贴切的回应。当案主感受到社会工作者的尊重、接纳、认可与支持时,会因为社会工作者一直以来的真诚关怀和耐心服务而感到"不好意思",也会慢慢对社会工作者产生好感,产生"这个人还不错"的想法。然后他们会慢慢改变对社会工作者的态度,从戒备、不接纳、排斥、观望,到愿意给社会工作者"卖面子",主动采取一些"示好"行为。比如,案主会向社会工作者真诚地袒露自己、讲述一些实质性的内容、积极参与社会工作者的活动、主动提供帮助、支持和赞同社会工作者、真诚地感谢社会工作者的服务、当面赞美和夸奖、有问题也会主动寻求帮助等。当案主产生社会工作者不会损害自己利益的正向期望和信心时,就逐渐转变成一系列信任行为。

角色训练则包括展示助人过程,详细说明案主应有的适当行为。训练方法包括观看录像、直接观察其他案主的服务过程,以及与以前的案主开展分享活动,等等。

二是遵循非自愿案主服务的十条准则。西方学者基斯特和霍尔(Kirst & Hull, 1999)曾经提出十条相关建议,可以作为专业关系维系阶段进一步增进案主信任和投入的服务准则:

(1)不要生气或持防卫性的态度,要清醒地认识到自己的反应,要记住这是工作上的问题而非个人的问题。(2)专注于案主的敌意性行为,而非给案主贴上敌人的标签,要分析这些敌意性行为及其发生的原因。(3)允许案主在短时间内发泄自己的愤怒。有同理心,能从案主的角度去理解其处境。(4)强调案主自身的力量,不要攻击案主。要在沟通中弥合案主与社会工作者双方的裂隙而非拉得更开。(5)了解案主的真实情形,帮助案主面对现实,因此,社会工作者必须首先知道这个现实是什么。(6)关注现在和未来,避免让案主沉湎于过去。应该从正面强调能够做些什么而非从负面来说已经发生了什么和什么不能改变。(7)把各种不同的选择呈现给案主,告诉他们结果,帮助案主去评估每一种选择的优劣。(8)不要说教(通常很少有人愿意聆听和接受别人自以为是的教训)。(9)小结在面谈或服务中已经发生的事情,以及一些相关建议。有时候这样行事能够帮助案主不偏离正道。因为社会工作者试图帮助案主解决现实生活中的问题,而不是转移到情感爆发的岔道上去。(10)建立一个短期的初始目标,它能够帮助案主平静下来,思考与讨论特定的问题以及让社会工作者与案主达成一致的意见。

第二,展示社会工作者的助人能力。助人能力是最容易直接衡量案主信任的一个标准,属于被信任者能力层面的核心要素,体现专业服务的有效性和可靠性。它是指社会工作者能够切实有效地帮助案主解决问题,给其带来直接的利益、福祉、好处的能力。社会工作者能否有效解决问题,直接影响案主是否继续接受服务,以及再次主动来求助。社会工作者解决问题的能力越强,能够给予案主的切实利益越多,案主越愿意相信他,越愿意继续接受社会工作服务并再次向社会工作者寻求帮助。特别当案主遇到紧迫问题时,社会工作者如果只是从善意的角度给予关怀、安慰与支持,而不能从实质上改善案主的处境,就往往不会得到案主的信任。

2. 适度的情感投入是维持专业关系的重要保障

适度的情感投入是指在建立和发展专业关系的过程中,社会工作者与案主产生一定的情感联系,并能使案主体会到支持与温暖。适度的情感互动不仅可以让社会工作者进一步了解案主情绪上的变化,了解其真实需求,也可以让案主感受到来自他人的关心与支持,进而对社会工作者产生信任,从而有助于提升服务成效。

3. 合理运用案主家庭系统是发展专业关系的重要途径

家庭是成员成长与发展的重要保障和支持系统,一个完善良好的家庭环境十分有助于成员人格完善、品格养成及心理性和社会性健康。因此,在社会工作服务过程中,社会工作者需重视家庭的支持作用。一方面,社会工作者需加强案主和父母或重要他人的互动,促成父母或重要他人对案主的关注和关心,给予案主心理支持和物质支持;另一方面,社会工作者还需通过家庭参与来增强案主的信任,增加他们对社会工作者职责与身份的认可与信任,进而增加专业关系的进一步发展的进程。

第二节　社会工作实践过程中的双重或多重关系

社会工作专业关系无疑对社会工作服务具有重要作用,但是,相伴专业关系维系和发展的一个重要问题在这个阶段也随之产生,即社会工作双重及多重关系的出现及带来的影响。

一、社会工作服务过程中的双重或多重关系

在社会工作专业关系中的双重或多重关系(为了方便叙述,以下均称"双重关系",但实质包含了多重关系)主要是指:专业人员在同一时间段内与当事人可能会有不只一种关系,由于居住和工作小区的性质,社会工作者与当事人除了专业关系,还可能会有一些社会上的、生意上的、经济上的、宗教上的或者其他方面的角色关系(闫涛,2010)。赵芳将双重关系的概念认定为,社会工作者与服务的时间无关,与案主、案主亲密关系等产生的社会、生意、宗教等其他方面的角色有关(赵芳,2013)。

关于助人专业双重关系的讨论最早始于美国心理学领域,1958年版的《美国心理学会伦理守则》(以下简称《伦理守则》)中第一次将双重关系作为一个伦理问题单独列出。在1977年修订的《伦理守则》中,第一次明确提出禁止咨询师、治疗师与来访者发生性关系。1992年修订的《伦理守则》将双重关系作为一项规范单独列出,并且在"滥用心理学家的影响"和"剥削关系"中提及双重关系。2005年修订的《伦理守则》则将双重关系纳入"咨询关系"一项列出,并界定如下:当咨询师、治疗师与来访者发生专业关系时,同时与其发生其他关系,或同时与该人有亲密关联的人发生专业关系,或承诺在将来与该人以及该人的亲密他人发生其他关系时,双重关系或多重关系就产生了。

这样的讨论或规定也出现在社会工作领域中,1996年版的《美国社会工作者协会伦理守则》将双重关系界定为:"社会工作者同当事人有了不只一种关系,不管这种关系是专业关系、社会关系还是商业关系,都存在双重关系或多重关系。"双重关系或多重关系可以在同一时间段出现也可以在不同的时间段连续出现。

二、社会工作双重关系的基本特征和类型

社会工作实践和研究发现,双重关系具有以下三个特征:

(1)在关系性质方面,专业关系、社会关系和商务关系均可能在双重关系中出现;(2)在时间方面,双重关系可以在专业关系存在期间发生,也可以在专业关系结束之后发生,甚至包括对未来非专业关系的承诺;(3)在人物关系方面,包括与来访者本人发生专业以外的关系,也包括与来访者的亲密他人发生关系(李扬、钱铭怡,2007)。

在心理咨询领域,学者布莱恩(Brian)和尼克(Nick)根据双重关系发生、发展的不同方式,将其划分为五类:(1)境遇性多重角色,如一位咨询师去牙医那儿拔牙,而牙医是他的来访者,或咨询师的孩子与来访者的孩子成了朋友;(2)结构性

多重专业角色，如咨询师和来访者同时又是老师与学生的关系；(3)专业角色的转变，如来访者变成了合伙人；(4)专业角色与个人角色的冲突，如先有专业关系继而产生个人关系，或者先有个人关系继而产生专业关系；(5)剥削性的专业关系，如专业人员迫使来访者成为其性伙伴，或专业人员利用专业关系获取个人经济利益(李扬、钱铭怡，2007)。

在此基础上，西方学者雷默(Reamer)将社会工作的双重关系进一步分为五个类型，包括亲密关系(与案主形成专业关系外的亲密关系)、利益关系(社会工作者从专业服务关系中获取额外报酬或额外信息)、情感与依赖关系、利他关系(社会工作者为案主提供专业关系外的特别帮助)以及突发关系。以上几种关系都模糊了社会工作者与案主专业关系的本质，或多或少都会给社会工作专业服务带来一定的影响(亓迪，2018)。

经验表明，在助人的领域中，只要涉及"人"及较为持久的接触，双重关系或许就不可避免。在社会工作探讨的范围内，双重关系究竟有何利弊以及是否需要规则等，历来是社会工作争论的焦点，各方的意见相持不下。在对此议题做深入讨论之前，需要对专业服务的"专业界限"这一问题进行扼要分析。

三、社会工作关系的专业界限

双重关系的产生有很多时候源于人们对专业界限判断不清，由此产生两种主要的探索观点。

1. 奥利里的专业界限模型

学者奥利里等用同心圆的形式直观地展示了专业界限的特征要素，并将专业界限划分为"可渗透的界限"(permeable boundary)与"不可渗透的界限"(impermeable boundary)两类(O'Leary, Tsui & Ruch, 2012)，如图4.1所示。

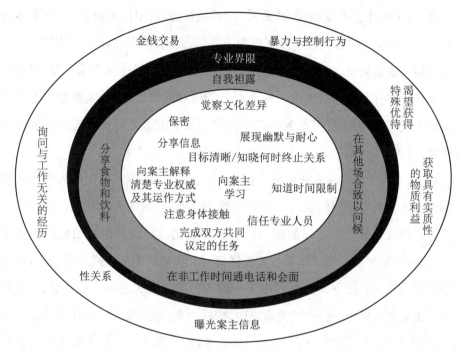

资料来源：赵芳（2013）。

图 4.1　社会工作专业界限

图 4.1 表示，社会工作的专业界限至少可以划分为三个相互关联的部分，其中，灰色部分和最里面的白色部分代表可渗透的专业界限，在可渗透部分，如果社会工作者采取相关的行为，则有可能产生或不产生双重关系，是一个较为模糊的地带；灰色部分比白色部分更为模糊，在操作时需要更加小心谨慎和时时警觉，也需要在具体操作过程中，根据当地文化和具体的实务情境作出更合理的判断。黑色圆圈代表专业界限，而黑色之外的圆圈部分代表不可渗透的界限。如果社会工作者在不可渗透部分采取了相关行为则会突破社会工作专业界限，一定会产生双重关系，这是被严厉禁止的。

2. 社会工作专业关系的动态性

在国内的社会工作实践过程中，不少学者和实践工作者认为需要动态地、情境化地看待社会工作者与案主的专业关系，理由有三。

第一，中国社会可以被视为"关系导向"的社会，对中国人而言，维持团体内的和谐与团结似乎比强调公平分配更为重要（黄光国、胡先缙，2010），因此，不仅要与当地人建立关系，还要与其他利益相关方和地方当局建立关系。唯有如此，社会工作者才有可能顺利地进入专业服务的场域或情境之中，或接近案主并为其提供专业协助，也才有可能为有需要的案主及案主服务寻找及连接相应的服务资源，等等。

第二，不同于西方专业领域所主张的共情或同理，中国人期望的人情是一种长期的互惠关系（翟学伟，2011），而非短暂的、泾渭分明的人际互动。因此社会工作者必须认识到社会工作的知识和实践的文化差异以及由此引起的现实张力，这意味着需要建构知识体系与实践框架对真实情境中的实践进行指引，而这样的知识体系与实践框架势必扎根于中国人的思想模式之中。具体而言，社会工作者需要深入思考，在一个"关系导向"的社会里，专业服务如何让关系成为社会工作的动力而非障碍。还可以进一步思考，以关系为核心的文化及社会制度如何在社会工作（或求-助关系）中具体影响甚至决定求助者和助人者行为的指导思想，它们又是在什么样的框架中（或怎样）实施求助、助人行为的。在这个过程中，需要社会工作者反思两个方面：其一，主动积极地以文化自觉的态度反思社会工作理论与实践背后的文化意涵；其二，正因为中国的人情是一种社会规范，所以需要反思甚至警惕人情超越专业的限制，或者对专业造成不良影响。

第三，关系视角下的社会工作需要进行如下思考：行动者与结构并非分离和分割的，它们不是预先存在或自我生成的，而是通过彼此之间的相互作用产生的。对此可以借用潘光旦先生"点线面体"的思想做一形象化的诠释，在以人为中心的社会工作框架下，"点"代表具有能动性的主体、"线"代表人际互动、"面"代表社会网络、"体"代表关系世界（杨超、何雪松，2017），它们构成了相互联系的关系体系。一些西方社会工作学者也表达了类似观点，奥利里等人（O'Leary et al.，2013）认为，传统的社会工作专业界限强调边界的不可逾越性，是一种静态的和分离的概念，难以有效解决社会工作中的实际伦理问题。因而，奥利里等人对传统专业界限及相关论述进行了反思,强调专业界限应该具有渗透性、动态性和弹性,在不同的情境中,界限的大小和范围是可以伸缩和渗透的,而不是静止和一成不变的。专业理论或模型应该连接社会工作者与案主,而不是将两方生硬地分开;应该使社会工作者关注到如何管理自己的关系,而不是如何与案主保持距离。简单地强调专业关系的"分离",可能不会回应专业关系的实践形态。

在一个较长时期强调集体主义意识的文化环境中,尤其难以将个人与他人、个人与单位的关系区分得清清楚楚,对此,国内有学者提出社会工作专业关系的"动态合宜说"来看待与处理社会工作实践中的专业界限和多重关系问题(杨超、何雪松,2017)。在实践操作中,"动态合宜"既有方法的灵活性,也有坚持的原则。方法的灵活性暗含的策略是融合科学知识和实践智慧,注重科学知识学习与实践的领悟。在专业关系的实践中,默会知识显得尤为重要,而这种实践智慧聚焦于历史概念和可能性。坚持的原则就是节制和遵守现存的社会规范。节制是对自我与他人关系的一种考虑,不能只关注自我利益,也要考虑他人的利益。这一点与专业关系实践中的"非伤害原则"是一致的。遵循现实的规范则表现为社会工作者遵守目前施行的法律。在坚持的原则下,社会工作者灵活地处理专业关系,在动态中寻求最合宜的做法。

进一步而言,"动态合宜"摒弃了二元论的思维方式,体现了关系主义的视角。中国的思维和行为方式是在关系的脉络之间拿捏分寸,在彼此心照不宣的阴阳默认体制内运作(邹川雄,1998)。而在专业界限上,情理并重是鲜活的文化传统(翟学伟,2007)。案主与社会工作者的互动中,有时会不得不卷入情感。然而,这种情理并重受到了社会工作制度以及社会政策因素的限制。在现实中,我们可以观察到,在制度化程度不同的社会工作服务领域,比如社区社会工作领域和医务社会工作领域,后者的情感因素卷入度就小于前者。这是因为医疗政策或者医疗制度相对完善。由于社会工作服务领域的多样性,这种专业界限合宜的取舍只能依据具体情境来进行。在建立专业信任的路径上,社会工作者通过问题干预来建立专业信任。既有的社会工作制度和社会政策一方面提供了解决问题的资源，另一方面又不充足，社会工作者不得不依赖个人人际资源取得专业信任。社会工作的职业有着特定的伦理要求，就现实而言，非伤害原则、坚持法律底线似乎是社会工作者坚持的两个重要准则。由此可以看出，社会工作者在建立专业信任时对这种结构内交互关系进行合宜判断，在为建立与他人共同体的关系留有空间的同时，既承认个人的自由人格，又认可与他人的关系。

上述"动态合宜"专业关系论述可以对社会工作的实践带来三方面的思考。

其一，在中国的文化情境中必须意识到专业关系和专业界限的动态性。中国的社会工作正处于发展与建构之中，专业关系形态尚未定型，西方成熟社会工作的经验并不完全适合中国社会。在本土实践中，要根据人、时间、地点、事情的不同，动态地建立、维系和结束关系。理性上说，这是注重在整全观念下不断调整，寻求合宜的行动（杨超、何雪松，2017）。

其二，注重专业关系的"关系性"。专业关系的界限是必要的，但需要强调其内在的关联性，不一定是简单、清晰明了的。因此，在社会工作实践或教育中也要在西方社会工作教科书的基础上，讨论专业界限的动态性和建构性，注意在符合法律底线、伦理原则的前提下专业关系实践的弹性空间。

其三，强调专业共同体应该对弹性空间内可以作为和不可以作为的事项进行专业判断，以此发布相应的专业关系实践指引。它们充分考虑本土制度与文化特色，展现社会工作的文化自觉（何雪松，2014），融合社会工作的科学知识与实践智慧。

第三节　社会工作实践中双重关系产生的伦理困境

一、社会工作伦理困境和社会工作双重关系伦理困境

伦理困境始终是社会工作领域中研究和实务的一个核心问题，西方学者班

克斯和威廉斯认为,社会工作伦理困境是指在存在伦理因素的同时又需要在两个同样不受欢迎且难以预期的选择中作出决定(Banks & Williams,2005)。曾华源等人指出,社会工作伦理困境指的是面对案主问题处置或需求满足时,有两种以上的价值、规范或伦理守则同时存在,因而不容易作出适当抉择(曾华源等,2006)。赵芳则强调,所谓社会工作伦理困境是指在实务过程中,社会工作者面对一种复杂的情境,这种情境涉及明显的、不同道德责任间的冲突,令抉择陷于两难,无法作出非此即彼抉择的情形。因为任何一种选择都意味着某种失去或损害(赵芳,2016)。

由上述社会工作一般的伦理困境可以引申到社会工作实务过程的具体方面或具体内容中所出现的特定的伦理困境问题,如因专业关系而产生的伦理困境等。社会工作者与案主建立专业关系,要求双方遵守伦理守则和规范。但在具体实践案例中,专业关系的界限可能会被打破,可能会发展出专业关系以外的关系。西方学者雷默(Reamer)建构了一个专业界限与双重关系的分类模式(详见表4.1)。

表 4.1 双重关系的主要类型和涵盖内容

主要类型	主要形式或内容
亲密关系	性关系;身体接触;为以前的异性伴侣提供服务;亲密姿态
个人利益	获取金钱;提供财务或劳务;提供有用的资讯
情感或依赖需要	扩展与案主之间专业关系以外的关系;鼓励案主依赖;个人与专业生活的混淆;与案主互换角色
利他行为	提供特别的帮助;提供非专业的服务;赠送礼物;随时提供额外服务
无法预期的环境行为	社交性与社区性的活动;一起参与社团组织当会员;彼此有认识的人与朋友

资料来源:转引自曾华源等(2006)。

由以上的讨论大致可以归纳出双重关系伦理困境的含义,即在实务过程中,社会工作者由于双重关系的影响或制约,而陷入不同规范、不同道德责任或者多重伦理原则相冲突的复杂情境，因而无法作出一种令人信服和令人满意的抉择。

二、双重关系伦理困境的表现

已有研究表明，双重关系的形成有以下两种情况：第一种情况是"界限的侵犯"（boundary violation），主要指双重或多重关系对案主构成伤害，如剥削、操纵、欺骗或强迫案主等情况出现，这些明显违背社会工作伦理原则和职业准则的行为，是需要严厉制止的行为，故而不在本章讨论的范围之列。

第二种情况是"界限的跨越"（boundary crossing），这种情况并没有剥削、操纵、欺骗或强迫案主，但它仍然是一种超越专业界限的行为和超越界限的关系，如表4.1所列的"利他行为"或"无法预期的环境行为"以及伴随而生的相应关系。虽然，并非所有的双重关系都不符合伦理原则，有学者甚至提出了"有益无害的双重关系"的概念（曾群，2009）。但是，不管怎么说，专业关系外形成的双重或多重关系或多或少侵犯了社会工作者与案主之间的关系界限，模糊了社会工作者的角色（Banks et al.，2005），在实践过程中伦理困境也由此而生。社会工作者"界限的跨越"类的双重关系带来的伦理困境，主要有以下四种表现。

1. 非专业服务手法运用带来的困境

在有些情形中，社会工作者面对不同生活方式和文化背景的案主时，透露一些个人资料或个人喜好，有助于拉近彼此的关系。因此，社会工作者或许会投案主所好，给予案主一些非专业范围内的忠告，如经济投资或者推荐一个宗教治愈的形式，或使用心灵读物或占星，等等。虽然如此行事可能有助于关系建立与发展，但也模糊了社会工作专业关系原有的本质。

2. 案主对关系的偏好带来的困境

在中国，人们习惯依靠人情关系处事，所以案主可能喜欢和社会工作者建立特殊的关系，以为如此自己才能获得较好的服务，受到特殊的照顾。从费孝通"差序格局"的理论视角来看，案主与社会工作者接触几次，建立较好的关系之后,可能会想将专业关系变为朋友关系,希望在接受服务过程中有些特殊待遇。如果社会工作者对此顺其自然或者不抱有清楚认知,就有可能在某些情境中陷入困境。

3. 中国传统文化带来的困境

中国人讲求礼尚往来,因此,社会工作者协助案主解决问题,案主基于感恩的心态,总希望以送礼甚至金钱作为回报。如果社会工作者无视这样的过程或者任由这种关系的存在和发展,无疑就会进入伦理困境的"泥淖":社会工作者如果婉拒或不接受案主的回礼,他可能担心这会让案主以为社会工作者瞧不起自己,但如果收了却又违背专业关系建立的原则,同时也违反社会工作者避免与案主产生利益冲突的信托义务。

4. 专业角色不明确带来的困境

目前,中国社会工作作为一种专业制度尚在建设之中,广大民众对"社会工作者"究竟是什么并不完全了解和普遍知晓。因而,一方面社会工作者不得不选择以一种案主能够接受的方式提供服务,如选择在一种自然的日常生活情境中与案主进行交流、用街道或居委会工作人员的身份介绍自己,等等;另一方面,中国传统的助人角色对广大百姓的影响深入人心,如居委会、妇联干部等都把自己定位为"娘家人""老娘舅""亲人",等等。由此,很容易让案主对社会工作产生许多不适宜的、超出社会工作专业范围的期待。案主把社会工作者视为"家人""亲人"或者"朋友",要求社会工作者承担一些家人应该完成的事务,但社会工作者基于专业规范并不能如此从事。同时,社会工作者为了维护与案主的良好关系,避免案主对社会工作产生怀疑或从专业关系中退出,又必须努力通过其他关系的帮助将案主继续留在专业关系中,于是,不可避免地产生了伦理困境。

三、双重关系伦理困境产生的原因

社会工作一般的伦理困境通常是指在专业服务过程中,由于多重规范或准则在具体情境下的不相容和相互抵触，社会工作者无法作出有效的抉择或者陷入无所适从的境地。而社会工作双重关系伦理困境是指，由于双重关系的存在和影响，社会工作者在具体的服务情境中同样难以作出有效、合理的选择，或陷入无论怎样抉择都违背社会工作伦理规范和损害专业服务这样一种状态。

造成社会工作双重关系伦理困境的表层原因无疑是与社会工作者在提供专业服务的过程中，超越了专业关系所产生的冲突有关，但从更深层次来探究，其根本原因有以下三个方面。

1. 中国特有伦理文化的影响

在长期的日常生活、生产实践以及社会管理等各个层面中，中国人早已发展出一套与"情"有关的待人处事方式，社会的立足点在于"情"而非"理"，理在情中，因此，这种情形会要求人们针对不同的"情"作出不同的行为选择。为了建立、培育、维系和发展各种"情"，几千年来中国社会不断发展与逐渐完善出一套与之相配合的繁复的"礼"的体系，进而成为影响中国人日常生活和行为的非常重要的非制度性规范，让中国人长期生活在一个无处不在的"情""礼"互动的人际关系网络之中，由此孕育出中国典型的伦理文化。相比而言，西方社会工作提出专业关系问题以及制定相应的伦理规范，事先已经预设了在社会工作专业服务中，社会工作者与服务对象的关系是分离的，这样的设计理念完全基于西方社会"个体主义"的主流文化，它强调公私界限分明的"团体格局"，在这种文化的长期浸淫下，大多数人在很大程度上认可专业关系是正式的、非个人性的甚至是冷漠的（多戈夫等，2008）。用费孝通先生的话来描述，即中国社会是公私界限模糊、范围可以视情形缩放的"差序格局"，"在西洋社会里争的是权利，而在我们却是攀关系，讲交情"（费孝通，2001）。

2. 社会工作者伦理判断陷阱的影响

社会工作者在提供专业服务的时候，常常会陷入一些陷阱或认知方面的误区，从而导致伦理处置上的失误或陷入伦理困境，这种情形同样也适用于由双重关系带来的伦理困境。这种伦理判断陷阱主要有以下四种情形。

第一，"普通常识和客观"的陷阱。如认为社会工作者是有伦理的人，当他面临双重关系伦理困境的时候，会运用重要的个人特性作为指南，所以如何面对和处理伦理难题的意见是普通常识和客观的，很容易解决。如此，就陷入了"普通常识和客观"的陷阱。利维曾经指出，人在助人的光环下，会自觉自己所做的事情不会有错，最后就不会质疑自己行为的正当性（Levy，1976）。因此，当社会工作者以自己的价值取代甚至凌驾于专业价值判断之上时，那么在达到专业上对社会工作者的要求，以及实现向社会大众作出的会保障案主最大权益的承诺时，将会产生重大危机。

为何此类想法是陷阱的理由有二。其一，有些专业服务和伦理难题需要依据法律作为指引。但是如果决策涉及保密，除非很了解其缘由，否则案主隐私权和处置方式甚至有些伦理标准，都不会让当事人觉得会受法律的影响，可能在双重关系下更是如此。其二，在真实生活中，所谓的客观性是一种理想状态，事实上很难做到。绝大多数人会带着基于他的生活经验而产生的价值与观点，进入专业服务过程中。但是，需要反思的是，我们的经验都是普适的吗？其实人的社会认知是刻板印象或偏见的重要来源（转引自曾华源等，2006），所以，必须认识自己和诚实地检验自己的"真实面"。因为不可能完全客观，所以在服务过程中碰到诸如双重关系、双重关系下的决策等议题，尤其需要运用专业的督导系统等资源来协助处理相关困境。

第二，"价值"的陷阱。日常生活中个人价值、道德标准和宗教信念等都是个人行为重要的影响力，但是这些均非专业伦理守则。如果社会工作者以这些影响代替专业伦理，无疑就陷入伦理的价值"陷阱"。这种情况也出现在双重关系下的专业服务过程中，以双重关系的其他信念取代专业伦理，最终会导致服务和抉择上的困境。其实，在专业服务中，不论来自何方的信念，均应该以专业伦理为基础。近年来越来越多的专业活动受到法律制约，有时法律或规则会与专业伦理的要求和宗教道德守则发生冲突。此时，社会工作者一定要谨慎处事，多向督导或相关的法律界人士咨询。

第三，"视情况而定"的陷阱。相信任何伦理议题与决策没有所谓"对""错"之分，因为在做服务决策时，要看面对的是何种情况（而非行为本身）来决定。这是一种"视情况而定"的陷阱。例如，有些社会工作者强调中国是一个人情社会以及中国文化的特殊性，因而认为专业关系的建立要视情况而定，可以是朋友关系，也可以是专业关系加朋友关系，甚至是亲密的伙伴关系，结果令社会工作者在实务中陷入不同程度的困境。虽然有些情况下没有违反伦理，但是并非事事如此。事实上行为对错的准绳并不是依据何种情况而是必须根据专业伦理守则。

不少社会工作专业服务的情形其复杂和困难程度常常超越特定的情境，而专业伦理守则提出专业所属成员的何种行为是被允许或不被允许的。这些伦理守则或法律不是一种选择或建议，而是必须遵守的，违反就要受到惩罚或被议处。此外，应该充分了解造成行为的环境因素是什么，在此前提下，社会工作者基于一定的人类共识，依据整体环境因素进行抉择（赵芳，2016），而非社会工作者依据情境随意给出完全个人化的判断。

第四，"对谁有利"的陷阱。社会工作者在实务中常常会认为作出判断或决策会导致谁对谁错或者谁输谁赢的结果，即解决案主问题是从双方或多方冲突利益中选择一边，这常常让社会工作者陷入困境。这种情形在双重关系的背景下尤其突出。但是，从效益主义来说，做判断或处理困境所考虑的不只是从效益角度加以考量，就长远角度来说，除了要注意是谁的利益外，更需要考虑长期或短期的利益，并以实现人性整体的价值为依据（Steinman、Richardson & McEnroe，1998）。

3. 实务情境中利益冲突的影响

社会工作者在专业服务中，存在内在化权威和外在化权威的冲突。前者强调内在自我，对自我决定、选择和行为负责，而后者强调服从机构政策、社区规范、法律法规以及其他外在个人的权威（Holland & Kilpatrik，1991）。由此观之,社会工作者被要求以案主的利益为中心,但是作为一名员工又要关注机构利益,同时还不应该侵犯社会利益。因此,社会工作者要同时忠诚于案主、机构、职业和社会,但是,这四者的利益以及对忠诚的期望与要求有时并不一致,对社会工作者而言,冲突或困境由此产生(详见图4.2)。

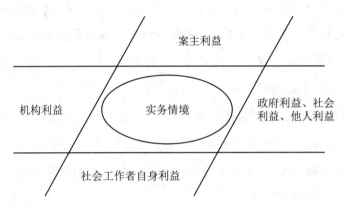

资料来源:摘自赵芳(2013)。

图 4.2　实务过程中社会工作者面对的利益冲突

图 4.2 表明,在实务情境中社会工作者至少会遭遇四种利益冲突。第一,机构利益和政府利益之间的冲突。机构接受政府提供的资源,就要接受政府的管理,提供一些行政性服务,以及接受各种合理或不合理的评估,等等。这种情形会导致机构的角色与政府角色在行为标准、规范、期待等方面不一致,有时甚至发生冲突。社会工作者如果在这种压力情境中开展服务,困境自然在所难免。第二,案主利益与机构利益之间的冲突。在真实的服务情境中,案主通常相对弱势,依赖社会工作者为他们争取权益;社会工作者的工作岗位由机构提供,相对于所服务的机构,社会工作者也是弱势的。当案主的利益与机构的利益发生矛盾时,在实际抉择中,社会工作者是维护案主的利益还是机构的利益? 这往往会给社会工作者带来难以调适的困境。第三,维护案主利益同维护法律法规以及维护社会利益、他人利益的冲突。社会工作者的专业行为应该遵循国家的法律、法规和政策,这是社会工作者承担社会责任和义务的重要体现。由于案主的情

况复杂多样，服务的情境也在不断的变化中，因此，社会工作者会面临案主的需求和利益与国家法律、法规及政策规定不一致的地方。那么，社会工作者应该是维护案主的利益还是维护国家及社会的利益？这种冲突也会使社会工作者陷入困境。第四，案主利益和社会工作者自身利益之间的冲突。通常情况下维护案主利益优先，但是有时候可能遇到案主利益与社会工作者自身利益相冲突的情况。例如，社会工作者会因为需要完成服务数量或不让案主从服务过程中流失，而考虑是否需要与案主建立朋友关系？经验表明，这种类型的冲突是造成双重关系伦理困境的主要原因之一。

除了上述三种情况之外，社会福利资源的短缺、服务情境的不确定性等，都可能是导致双重关系伦理困境的原因。需要重申的是，上述讨论仅仅针对"界限的跨越"这样的双重关系，而对于"界限的侵犯"所产生的双重关系，则需要在实务过程中严加防范和严厉杜绝。

四、专业关系界限模糊的可能后果

虽然国内有学者通过研究发现有些社会工作双重关系具有一定的正向作用，并称之为"有益的双重关系"，但是，无论是双重关系还是多重关系，无论是"界限的侵犯"还是"界限的跨越"，它们都是对社会工作专业关系的一种模糊甚至是一种混淆。这种状态长期存在于专业服务过程中，可能会带来下述一些负面的后果。

第一，可能损害案主的相关权益保障。这些权益包括自主权、非恶意伤害权、公正权、善待权和忠诚权等。

第二，可能削弱社会工作者的义务责任。这些义务包括照顾的义务、通报的义务、预警的义务、适当服务的义务、诚实告知的义务、适当转介的义务、评估的义务、谨慎处理结案的义务、不与案主利益冲突的义务以及公正对待案主的义务，等等。

第三,可能减弱案主自我成长和自我决定的能力。国内不少社会工作双重关系刚开始的时候都以"家人"的面目出现,有些词语如"亲如家人""给予家人般的关怀和温暖"等都是描述或标榜这种关系状态的。但是,久而久之,这种关系极有可能演化为相互的依赖关系,尤其是案主对社会工作者的倚靠,部分社会工作者也会在"为案主着想"的理念下,处处替案主筹划和包办,逐渐形成"家长主义"式服务方式。这样一种服务方式完全可能抹杀案主自我决定的能力并忽视案主自我成长的需要与培养。

家长主义式服务是出于对被干涉者利益的维护而实施的强制或干预,涉及对案主自由、自主或自决的干预及限制(尹新瑞,2020),它在社会工作中的表现还存在以下几种形式,即直接干预、信息操纵或通过与案主之间的关系实现对案主的干预。

无论家长主义具体表现为何种形式,都蕴含了相似的假设、观点或干预正当性的主要理由,即他们的干预是为了案主自身利益,他们有资格和能力对如何确保案主的最佳利益作出判断,为了保护案主的整体和长远利益,可以与案主的意图、行为、情绪状态或获得准确信息的权利相冲突。但是,需要深思的是,家长主义式干预是否真正维护了案主的利益或者防止案主受到伤害,这是复杂和难以清晰界定的问题。这涉及什么是案主利益,这些利益包括哪些,谁能够对利益作出最终评价。社会工作者应该反思自己的行为是否真的是出于对案主利益的维护,或者他们的行为是否潜藏着对个人或组织利益的维护。《国家作为父母》的作者在书中指出:"我们天性中的一些悖论引导我们,一旦我们让我们的同胞成为我们启蒙利益的对象,我们则会继续让他们成为我们怜悯、智慧最后是强迫的对象。"(Rothman,1978)

第四,可能降低社会工作服务效率。国内不少社会工作双重关系最初均以"朋友关系"的形式呈现,因为是朋友关系,所以双方可以讨价还价,尤其是案主更可能凭借朋友的身份或角色,在服务中随意修改服务内容,拖延服务期限,不遵守服务规范和要求,等等;社会工作者也可能降低服务标准,缩短介入过程,不以科学的方法开展服务,忽视案主的真实需要,等等。所有这一切,最终都会对专业服务的成效和效率带来严重影响。

第五,可能伤害专业发展。无论是哪一种类型的双重关系,处理不当的话最终伤害的是社会工作整个专业的发展,它主要表现在下述两个方面。

首先,社会工作者与案主的相互关系和亲密程度是双方互动的结果,并在双方互动中形成相互关怀和互惠的关系,这样的双重关系可能会导致社会工作者与案主的资源互惠,虽然这种互惠并不是物质上的交换,但对社会工作公平的理念构成威胁。

其次,由于社会工作在国内尚不被广泛认知和熟识,所以在具体的实务情境中常常被他人误读。社会工作者或者被居民视为居委会干部,或者被当成政府部门工作人员,或者被认为是志愿者。在多次澄清无效和解释无用的情况下,久而久之,不少社会工作者失去了解释的耐心,更有部分社会工作者为了方便开展工作,积极与案主建立熟人关系,以熟人关系促进工作开展。如此,真正的社会工作就有可能被民众所知晓的其他职业所遮挡,至少民众对其知晓度会受很大的影响。

专业界限是一把"双刃剑"。在为案主服务的过程中,社会工作者拥有特殊的专业技能和资源,为了保护服务对象的权利和更好地提供服务,必须对专业关系进行限制。这种专业界限的保护是针对案主和社会工作者双方的。就案主来说,专业界限能够保护案主的隐私,增加信息的安全性,为提供服务营造安全的氛围;对社会工作者而言,专业界限的设置使其免于过多压力和倦怠,保持角色清晰,明确工作目的和内容,并减少案主对社会工作者的依赖,为有效的服务提供保障,等等。

但是,需要清醒认识的是,专业界限会在两个方面影响服务的效果和体验。首先,影响与案主建立合作式的关系;其次,影响案主的积极服务体验。对此,本书以下章节还将展开进一步探讨。

第四节　社会工作专业关系伦理困境的处置和抉择过程

国外社会工作领域都制定了社会工作伦理守则规范,用以规范服务过程中社会工作者的行为举止,包括对社会工作双重关系的限制。如英国社会工作伦理守则明确指出,社会工作者应当以可靠、诚实、可信赖的方式做事,需要清楚自己的职业角色,不能带有企图欺骗、操纵案主的行为。美国社会工作者守则也清晰地表明,社会工作者不应参与姑息、不诚实、欺骗、虚伪或假冒等事情;不应该让自己个人的问题影响到专业判断和案主的利益;不可以利用专业关系来获取个人私利;社会工作者应将社会工作的专业性视为首要的服务目标;应遵守并提高专业价值、道德、知识与使命,等等。显然,各国社会工作领域都对社会工作者行为及专业关系做了明确的规定,目的就是保证社会工作专业的科学性、严肃性和纯洁性,使案主的利益得到维护并在服务的过程中不受伤害。

一、专业关系伦理困境处置原则

由于专业关系及双重关系的复杂性、多变性,所以,有关因双重关系而产生的伦理冲突的处置原则或方法并不多见,也鲜有固定的、供参考的成功案例。但是,国内外社会工作领域对于社会工作伦理困境均有较为深入的探讨和较为成熟的意见。无疑,它们可以成为探讨社会工作专业关系伦理困境处置的重要参考。国外对该方面的论述较多,本书择其主要原则予以阐述。

1. 生命伦理四原则

比彻姆(Beauchamp)和柴尔德里斯(Childress)两人以"共有道德理论"为基础提出生命伦理四原则。所谓共有道德指的是经社会认可的人类行为标准以及在社会制度、社会习俗中可以学习到的道德规范。生命伦理四原则包括自主原则、不伤害原则、善待原则、正义原则（赵芳，2016）。

2. 社会工作伦理抉择七原则

洛温伯格、多戈夫和哈林顿（Lowenberg、Dolgoff & Harrington，2005）提出了社会工作伦理抉择优先顺序的的七项基本原则：第一，保护生命原则；第二，差别平等原则；第三，自主自由原则；第四，最小伤害原则；第五，生活品质原则；第六，隐私守密原则；第七，真诚原则。

3. 社会工作伦理抉择六指南

西方哲学家格瓦兹（Gewirth）认识到人有时对各种责任与权利会有冲突，而需要从中做选择，因此，他最后宣称人类有自由的基本权利（类似于社会工作所说的自决概念）和幸福权。在幸福权中，人类应有基本善、维持善、累加善，这三种"善"包括幸福权。由此，格瓦兹认为冲突的责任可以排出优先顺序，或以善为基础排出行为抉择的优先顺序，包括以下一些基本原则（曾华源等，2006）。

其一，如果某人或群体侵犯另一个人的自由与幸福权时，采取预防措施或终止这种侵犯行为是适当的。

其二，由于每个人都有职责去尊重他人行动所必要的行使善的权利（如自由、幸福），如果他人行动有善在其中，则是必要的行动，并且此职责的权利无法在不侵犯到后者的职责时得到保护。

根据曾华源等人的解释，上述第二条原则指个人的幸福权优于他人自由与幸福权利，也是指一个人的自由权不能影响他人的生存。所以，保护案主的伙伴免于受到伤害优先于案主的隐私权。因为善包括在前者的职责中（保护免于受身体伤害），所以人们表现善的行为与功能比维护隐私权更为重要。

其三，在某些特别的情况中，限制人们互动的规则优先于不强制别人的职责。

社会工作专家雷默认为在社会工作专业服务中，格瓦兹的伦理架构对研判伦理难题的服务具有相当大的参考价值，尤其基本善的概念与社会工作长期持有的基本人性需求观点相符。基于这一点，雷默提出了六项指南来协助处理价值伦理与职责的冲突。

第一，基本上防止伤害人们的生存行动（健康、食物、心理平衡、保护和生活）之规则优先于说谎、泄密、威胁和累加善（如娱乐、教育和财富）之规则。

第二，个人基本幸福权利优先于另一个人的自由权。

第三，个人自由权优先于他自己的基本幸福权。

第四，个人在自愿与自由下同意遵守法律、规则和规定的义务凌驾于违反这些规定的权利。

第五，在冲突时，个人幸福的权利是超越法律、规则、规定和自愿组织的安排。

第六，防止如饥饿等基本伤害与推行如房舍、教育及公共救助等公共善的义务优先于保护个人财产。

二、专业关系伦理困境决策过程

由于助人情境的复杂性，因专业关系而产生的伦理困境与冲突有时往往难以避免，而专业关系伦理困境的抉择也是一个十分复杂的过程和事项，尤其需要谨慎对待和小心处理。国内外因专业关系带来的伦理困境的研究成果相对较少，但是有关社会工作实务过程中伦理困境的讨论已有不少成果，它们可以成为很好的借鉴与参考的标准。

1. 约瑟夫的伦理决策模式

美国社会工作伦理守则起草人之一的约瑟夫（Joseph）认为，在处理伦理决策时，可以先从实务环境或机构里分析实务情境存在的难题或困境。就情境的事实、相关的实证资料或伦理研究等方面，收集完整的背景资料，同时从事实层面、实证资料层面、伦理层面、法律层面与伦理守则予以分析，提出赞成或反对的观点，进而作出价值判断。在这个过程中，应该同时界定个人专业价值观，并将对这些价值观的评量排出优先顺序，检视其中是否有偏误及有怎样的偏误。至此,社会工作者才可以给出如何选择的原则,利用这些原则提出赞成或反对两方面的证明,或者提出辩证其选择合理性的说明。最后,表明立场,陈述理由,并提出合理的辩解说明。这个过程详见图4.3。

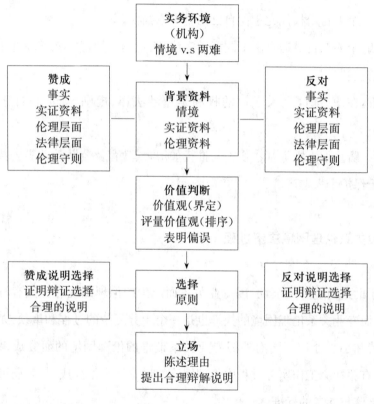

资料来源:曾华源等(2006)。

图4.3 约瑟夫的伦理决策模式

2. 马蒂森的伦理决策模式

基于实务情境的种种情形,马蒂森(Mattison)认为伦理决策的第一步,是社会工作者了解个案资料所汇集的全貌(包含个人与环境)。第二步则是由社会工作者将分析推展至仔细地辨别个案的实务层面与伦理的考量因素。第三步,即明确指认对立的价值。第四步,社会工作者必须参酌伦理守则来指认与评鉴哪些义务是伦理守则所要求的,以及社会工作者一定要执行的特定义务有哪些。第五步是进行伦理的评估。决策者将那些看似合理的与具有潜在影响效果的行动方针标定出来,并进行衡量与加权。第六步是社会工作者在评估的基础上,挑选一个行动,并且一定要为辨明此决定来做准备。具体的过程详见图 4.4。

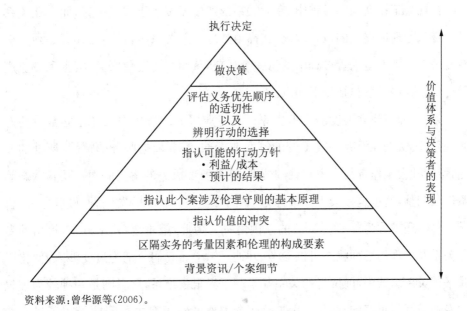

资料来源:曾华源等(2006)。

图 4.4　马蒂森的伦理决策模式

3. 雷默的伦理决策模式

雷默认为系统性的伦理抉择过程可以包含七个步骤(转引自曾华源等,2006)。第一,厘清伦理议题,包括冲突的社会工作价值与职责。第二,找出所有可能被伦理抉择影响的个人、团体和组织。第三,尝试找出各种可采取的行动与参与者,并评估每种行动的利弊得失。第四,审慎地检视每一种行动赞成或反对的理由,考虑相关的伦理守则与法律原则、伦理理论原则与指导方针(例如义务论和目的论、效益主义的观点及其衍生伦理守则)、社工实务理论与原则、个人价值观(包括宗教、文化、种族、政治,尤其注意与自己价值观相冲突的部分)、机构政策。第五,征询同侪及专家意见。第六,做决策并记录抉择的过程。第七,监督评估与记录伦理决策所带来的影响。

三、专业关系伦理困境处置过程的专业反思

在社会工作助人的过程中，专业关系的建立无疑居于重要位置，而专业关系又会带来伦理冲突或困境。因此，在谨慎处理专业关系时，社会工作者必须反思专业关系伦理困境处置过程中的每一个环节，从而尽量避免服务、案主和专业遭受损伤。这些反思包括以下四点。

第一，如何建立适度的专业关系。在专业服务的过程中怎样建立合适的专业关系，事实上并没有一成不变的答案或标准，需要依据服务的情境、所处的文化背景、社会工作者与案主相处的位置，甚至所要服务的案主的问题及其状态等条件而调整，这也是社会工作被称为"一门专业""一种职业""一种制度""一门科学"之外，还被称为"一种艺术"的原因之一。为此，戴维森（Davidson）提出的专业关系及处理的三种状态可供参考（亓迪，2018）。它们分别为过度涉入、僵化以及平衡关系。其中，前两者的关系都不利于界限的维系，后者则是一种较为理想的专业关系。过度涉入的关系是指社会工作者对于案主的问题投入了过多情感，从而导致专业关系边界不清晰。过度涉入会强化案主的情感依赖，削弱案主的自我决定，抑制服务对象的能力发挥和潜能挖掘，容易引发双重或多重关系的发生。僵化的关系是指社会工作者处理问题时缺乏弹性和"艺术性"，不会变通也没有回旋余地。社会工作者不考虑案主的特殊性和情境的特殊性，对案主的需求缺乏一定的敏感度，同时过度夸大社会工作者的权力地位，将会造成关系的僵化。僵化的关系会降低案主对社会工作者的信任度，容易使案主形成较低的自我价值感，进而影响专业服务的效率，并可能造成对案主利益的忽视甚至对案主的压迫。因此，过度涉入或僵化的关系都不利于专业关系和适度界限的维系。

在平衡的专业关系中，一方面社会工作者能够倾听案主的声音并了解案主

的需求,适度表达对案主的关怀和同理心,而非冷冰冰、机械刻板地对待案主,造成关系僵化,同时也不会因过度表达情感或者关怀造成关系越界或者关系不当,而产生可能的伦理冲突;另一方面,社会工作者能够反思自己的权力地位,尽量避免权力越界对案主造成的潜在伤害。要建立和维持这种平衡的专业关系,社会工作者需要以专业判断和自我反思技巧及时进行关系的评估和判断,认识到自己承担的责任和角色地位,能够以负责的、可靠的和诚信的方式为案主提供服务,维系与案主之间的专业关系。要达成这种良好的专业关系及其状态,社会工作者成为两种反思类型的专业人员就显得至关重要,即反思型社会工作者和反身型社会工作者。反思型社会工作者能够对行动进行反思(reflection-on-action),也能够在行动中反思(reflection-in-action),还能够辨别工作中遇到的伦理难题及其冲突的根源。这类社会工作者对于自己与案主的关系角色、各种价值观冲突都有清晰的认识,同时能够整合自己的知识、技巧和经验来解决伦理问题,在面对伦理难题时更加自信,也有能力承担决策所带来的风险。反身型社会工作者,不仅具有反思和决策自信能力,辨认出各种伦理决策对各方产生的影响,并且能够批判性地分析价值冲突。不论处理专业界限问题,还是处理价值冲突难题,反思型和反身型社会工作者会更加自信,更容易与案主形成平衡关系,也能作出更为恰当的伦理决定(亓迪,2018)。

第二,如何避免社会工作者在服务中失当在先。通常社会工作者在讨论有关实务工作中的伦理难题时,往往会直接套用专家学者的伦理抉择模型,逐步厘清和思考,以作出适当的伦理决策,从而尽到最大的维护案主利益的义务。表面上看这样做似乎符合伦理决策的原则,但是深究社会工作者应负的专业职责和角色义务时,就会发现在不少实务工作中的伦理困境或专业关系服务难题,很明显都与社会工作者服务失当有关。譬如,因为害怕失去案主而过多地向案主承诺;因急于帮助案主处理相关问题或遭遇的困难,而过多、过深地涉入案主的情感或个人生活;因需要利用案主的力量从事一些专业活动而发展出专业关系以外的关系,等等。因此,社会工作者在为案主服务的过程中,始终需要思考甚至警觉,是否因其个人的价值偏好或疏忽造成的行为失当而产生伦理问题或双重关系服务困境。

第三,如何确认双重关系在专业服务中的必要性。双重关系会对专业服务带来危害,但是,双重关系在专业服务的情境中有时又在所难免,因此,有专家提出在确认双重关系前需要深入地询问自己有关双重关系的八个问题,以进一步确认是否需要建立双重关系。在心理治疗领域,杨格伦(Younggren)提出了八个需要思考的问题(吕洁琼,2019):(1)双重关系是必要的吗? (2)双重关系是剥削性的吗? (3)谁是双重关系的受益方? (4)双重关系是否有伤害案主的风险? (5)双重关系有破坏治疗关系的风险吗? (6)我是在客观地评估这件事情吗? (7)在治疗记录里我充分地记录了做决定的过程吗? (8)关于双重关系的风险,案主是否知情?

在社会工作实践方面,格里浦冬(Gripton)和瓦伦蒂奇(Valentich)提出了决定双重关系时应考虑的十个因素:(1)案主的脆弱性;(2)社会工作者与案主之间的权力差异;(3)案主面临的风险;(4)专业人员/社会工作者面临的风险;(5)为案主带来的好处;(6)为专业人士/社会工作者带来的益处;(7)清晰的专业界限;(8)专业角色的特殊性或分散性;(9)替代资源的可获取性;(10)社区价值观和文化规范。

此外,雷默通过调查和自身的经验反思,提出六个要素来应对专业界限的风险,这六个要素是:警觉潜在的和实际的利益冲突;告知案主潜在的和实际的利益冲突并探索合理的补救方法;咨询同事和督导,并查阅相关专业文献、规章、政策、伦理守则来明确有关的界限议题和建设性的选择;设计解决界限问题的行动计划并最大程度上保护相关人士;记录所有的讨论、咨询、督导和其他解决界限问题的步骤以供证明;有督促行动计划的策略。

第四,如何在维持专业关系界限中保持理性与感性的平衡。专业关系的形成是为了协助案主解决问题,因此,它是一种有目的的,兼具情感和工具性、暂时性、不平等与非自助的关系。在中国,社会与文化讲求人情和关系,社会工作者不论是与案主、案主家属(重要他人),还是与跨专业团队成员、部门同事、决策者等,都需要建立良好的专业关系,因此,社会工作者可能的伦理决策是"关系"取向的。也就是说,如果社会工作者是以关系好坏为优先考量因素,那么在伦理抉择上关系(可能包含人际关系和专业关系)和谐与否对社会工作者就是最大的影响因素,因而社会工作者多倾向于诉诸柔情感性,因此欠缺理性思考和判断。对此,社会工作者需要谨慎地加以平衡与行动。

　　更具体而言,上述所谓关系也可被视为"个人价值的判断标准",由此可能导致四种服务的状态。第一种奉行"消极无害原则",社会工作者与案主没有任何关系,前者只是"依规行事"提供消极服务,此时理性判断就可能大大超出感性。第二种奉行"消极有利原则",社会工作者与案主也无任何关系,但是前者在"依规行事"提供消极服务的同时,善尽社会工作的助人角色义务。第三种奉行"积极无害原则",社会工作者与案主具有"同"字辈(如同事、同学、朋友等)的关系,前者可能会尽心尽力,积极服务,此时感性判断会大于理性判断。第四种奉行"积极有利原则",社会工作者与案主属于"我"字辈(如家人、亲戚、配偶等)的关系,前者则可能全力以赴,全面服务,此时感性判断会完全超出理性判断。

　　上述因关系引起的专业行为和产生的伦理抉择,以及在专业服务中如何平衡理性与感性的因素,需要社会工作者在具体的情境中和在持守社会工作专业价值观的前提下仔细审视和谨慎选择。

第五章 社会工作专业关系在实务领域的
运用（上）

社会工作服务是和具体的领域结合在一起的，而不同领域的案主具有不同的特征，因而，社会工作专业关系的建立势必需要与不同领域案主的特征与需求紧密地结合起来。就最传统的社会工作领域——儿童、青少年、老年人而言，社会工作专业关系的建立各具其特点。

第一节 儿童服务领域社会工作专业关系

儿童保护和发展的重要性已成为全世界的共识，也是社会工作实务领域的关键。社会工作作为中国社会福利体系中的重要环节，在儿童保护、救助、服务等领域取得了突出成绩。但是，其中仍有许多值得进一步探索的问题。

一、儿童服务领域社会工作专业关系概述

由于儿童的年龄、智力、需求、生存等诸多因素不同于其他年龄群的人群，故

而,社会工作介入的方向和内容显然与其他人群有差异,进而建立专业关系的途径、方法也有其自身的特点。

1. 儿童身心特点、需要和可能遭遇的问题

儿童期是人生发展的起点也是基础,它的发展状态直接影响个体未来的人生道路。研究发现,儿童期的个体发展往往具有如下基本特点:

(1) 快速性,儿童的身心发展快速且全面。

(2) 阶段性,不同儿童在同一发展阶段,具有相似的生理发展特点和社会心理发展的任务。

(3) 顺序性。这里的顺序包含两个方面:第一,儿童的身体生长具有一定的顺序性,通常规律是由上到下(如先头部发育、然后躯干发育),由近到远(如从臂到手),由粗到细(如先学会手握然后用手拿、拾取等);第二,儿童的社会心理发展同样也是按照顺序发展的(详见图 5.1)。

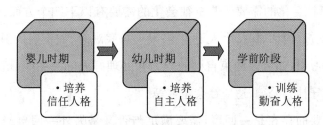

图 5.1　儿童社会心理发展的阶段性特点

(4) 不均衡性,儿童身体各系统的发育是不均衡的,表现为:儿童生长发育速度在不同年龄阶段快慢不一;机体各系统发育有先后之分;学前儿童身体各部分增幅不均。

(5) 个体差异性,儿童呈现个性化的特点,具体表现为发展水平的差异、表现早晚的差异、结构的差异以及性别的差异。

(6) 分化与互补性,儿童的各种生理和心理能力的发展、成熟,虽然依赖于明确分化的生理机能的作用,但在总体发展水平方面,又表现出一定的机能互补性特点,这种互补性以协调人的各种能力,使其尽可能地适应自己的生活环境为目

标。这种协调性，是具有生理缺陷的儿童发展的重要保障，使这些儿童不至于因某种生理机能的缺陷，而严重阻碍其整体发展水平的实现。这一规律也是对残疾儿童进行教育的重要依据。

正因为存在上述特点，所以儿童的需要也异于成年人：

（1）生存的需要。儿童生存的需要包括生命存在的需要和社会存在的需要，前者是指获得基本生活照料的需要，后者是指获得社会身份，包括姓名、户籍和国籍的需要。

（2）发展的需要。儿童发展的需要有家庭生活的需要，即获得父母的爱与管教的需要；受教育的需要，即获得良好教育环境的需要；获得休闲娱乐的需要，即获得适合、安全娱乐场所的需要。

（3）受保护的需要。儿童有免遭伤害的需要，常见的儿童虐待有身体虐待、情感虐待和性虐待，此外还有被忽视和被剥削。

（4）儿童社会化的需要。儿童社会化的需要有以下四个方面：学会生活技能，如穿衣、吃饭、说话、保持个人卫生等；发展自我观念，如正确认识和接纳自己等；养成生活习惯，如可以约束自己的行为并处理好人际关系等；培养良好的道德品质，如遵守社会公德、适应社会角色等。

但是，需要的存在是一回事，需要满足与否又是另外一回事。在现实生活中，囿于资源和环境等因素的影响，部分儿童的需要并非始终能够得到满足。由此，儿童成长过程中有可能产生如下障碍或问题：

（1）儿童生存的问题，主要有新生儿的健康和儿童营养。

（2）儿童发展的问题，主要有贫困和辍学等。

（3）儿童保护的问题，主要有被遗弃、被虐待、被性侵、被忽视、缺少监护等。

2. 儿童社会工作主要任务和内容

问题和困难的存在是社会工作专业服务的前提。针对儿童，社会工作的核心任务就是在良好的专业关系建立的基础上，通过多种专业服务方法的运用与资源连接，切实解决儿童的问题、保护儿童的权益，促进儿童的发展。

具体而言,儿童社会工作的服务内容主要包括以下三个方面:

(1)儿童健康成长的推动。包括传播理念和知识,如婴儿早期喂养理念和实践、幼儿早教和科学育儿理念等;提供家庭支持服务,如亲职辅导、婚姻辅导、家庭辅导、亲子关系辅导等;开展儿童支持服务,如儿童问题辅导、儿童的娱乐和休闲、儿童的社会化引导等。

(2)儿童家庭状况的改善。包括改善家庭经济状况,如连接现有政策资源、就业援助等;完善家庭监护状况,如亲职教育、家庭外部支持系统建立等。

(3)儿童救助和儿童保护。儿童救助包括儿童收养服务,如儿童收养服务的环节和程序的告知,收养家庭的招募、评估与培训,送养儿童与收养家庭适配,项目追踪和结案评估等;家庭寄养服务,如寄养家庭招募、筛选、评审和培训,儿童与寄养家庭适配,寄养监督与支持即寄养结案等;机构养育服务,如儿童福利院或社会福利院对象尤其是病残弃婴或孤儿的服务。

儿童保护包括三个层面的工作:一是通过立法从制度上规定和保护儿童的各种权利;二是在实际生活中通过具体手段切实保护儿童的合法利益,如生命权、被抚养权、健康权等;三是保护儿童的成长,与各种相关的社会力量(家庭、学校、警署、法院、青少年保护专设结构等)合作,与一切危害儿童身心健康和成长的行为做斗争。

此外,儿童社会工作也需介入儿童的照顾和教育过程之中,前者是指在家庭、托儿所、幼儿园、学校等环境中给予儿童在生活、学习、成长等各方面的呵护和关怀。后者是指通过各种手段和途径使儿童学会认知、掌握必要的知识和思维方式、具备生活中必需的能力、习得初步的社会规范、培养基本的道德品格的过程。

3.儿童社会工作专业关系的特征

因为儿童在生理、心智、行为等方面尚未成熟,个人社会化的进程刚刚开始,个人社会关系处于建设的雏形阶段,所以,儿童社会工作专业关系的建立方式、路径、手法等,一定与其他年龄群社会工作专业关系的建立具有较大的不同,由此产生的专业关系的特征也不尽相同。

除了前述的社会工作专业关系的一般特征,如目的性、工具性、以案主利益为本、时效性、权威性等,儿童社会工作专业关系还有其自身的特征,它们主要表现为:

(1) 不平等性。此项特征具备两个方面的含义。其一,儿童在年龄、心智、经验、阅历等方面的明显不足,社会工作者在建立专业关系时更需要主动、积极,更具有引导、带领的成分,尽管社会工作者在此过程中仍然需要坚持平等、尊重等专业的价值原则。其二,社会工作者是经过专业训练的人士,与服务对象儿童相比较,他们具备专业知识和技能,具有更为丰富的社会经验与人生阅历,因此在专业关系建立时,社会工作者的指导性可能更为明显和强烈,虽然在这一过程中社会工作者仍然需要坚持案主自决等价值原则。

(2) 控制性。由于儿童的困境往往容易引起普遍的同情、怜悯,尤其是那些被性侵、被遗弃、被压榨等悲惨遭遇更加容易引发助人者的情感投入甚至代入,此时专业关系的建立更需要客观、冷静和科学,而社会工作者也同样需要高度的克制和清醒的专业判断。

(3) 浸入式。由于儿童的生理、心理和社会能力等相对弱小,所以社会工作者在与儿童建立专业关系的时候,明显不同于成年人,需要更多地与儿童相陪伴,需要投入更多的感情和时间,需要全心全意地予以关怀,在亲人般的关系上建立起社会工作专业关系。

二、儿童服务领域社会工作专业关系的建立方法

1. 陪伴式

众所周知,儿童社会工作的功能主要有三大方面:救助、预防和发展。从传统的儿童社会工作发展历程来看,儿童问题的救助及预防历来是专业服务活动的重点,比较严重的儿童问题的早期表现有与照顾者依恋关系的缺失、机体健康

问题、心理发展不平衡(包括发展滞缓、发展失调、发展违常)、儿童自闭症、儿童攻击性行为、儿童受虐等;中期的表现有学业挫折、人际关系不良、校园霸凌及亲子冲突等。上述许多问题都需要社会工作者介入,或者需要社会工作者和学校老师一起合作,共同为有需要的学生提供帮助与支持。

由于儿童尚处于身心和社会功能发展的初期阶段,所以社会工作者在为儿童提供专业服务之前及过程中,始终要把建立和维系良好的专业关系放在一个重要的位置上,对儿童关系的建立采用"陪伴式"和额外的社会支持是一个重要的选择。前者指在为儿童提供服务的前期以及关键时刻,社会工作者始终陪伴左右,与儿童风雨同行,为儿童出主意、连资源、想办法,倾听儿童的叙述,理解儿童的境遇;后者指在儿童照顾者、老师、班级同学、朋辈的支持下,社会工作者成为家庭、学校之外重要的社会支持力量,而这种支持也是"陪伴式"专业关系建立的重要形式。

2. 教导式

由于儿童的知识习得和储备有限,以及社会阅历的缺乏,所以在专业关系的建立上,更需要由经过专门训练且具有一定人生阅历的社会工作者带领,同时需要社会工作者循循善诱,充分运用教育、导引、建议等社会工作技巧,以及基于尊重、接纳等社会工作价值原则,让儿童更快地信任社会工作者,更愿意接受社会工作者的服务,更加自觉和主动地投入改变的行动与过程之中。

3. 吸引式

儿童的理性思考能力尚未充分发展,尤其是儿童中期,按著名心理学家皮亚杰所述,该阶段儿童在认知发展上属于具体运思阶段。"具体"是指其思考限于以实物,无法以逻辑做正式运思,无法将理想与现实进行比较且无法做假设性思考。故此,社会工作者在与儿童建立专业关系的时候,一定不能像成年人那样以说理或运用理论概念论述等方式为主,而是要以直观、感性、形象等为抓手,如充分运用室内外活动、绘画、阅读、视频、工艺美术、体育竞赛,甚至游戏电竞等方法吸引儿童参加,推动儿童投入,由此建立起儿童与社会工作者的彼此信任关系,最终推动专业服务目标的达成。

三、儿童服务领域社会工作专业关系案例分析

1. 案例阐述

某乡镇地处偏僻，附近除了农业没有其他产业，周围的青壮年全都外出打工谋生，因而乡里唯一一所小学学生的留守率高达 80% 左右。由于较长时间不与父母亲在一起，这些留守儿童中不少人或多或少均出现了行为或心理问题，如学业困难和学习缺乏动力、同学关系不良甚至发生冲突、游戏成瘾，部分同学心理封闭、不愿与人交往、自卑，有些学生甚至还有抑郁倾向，等等，他们迫切需要获得帮助与支持。

红枫儿童青少年服务中心的社会工作者在一次农村社区健康知识宣传活动中发现了该乡留守儿童的问题，在获得民政部门公益创投基金经费资助后，他们组成了一个服务小队进驻该乡，决定为就近 5 个村中的 38 名留守儿童提供社会工作服务。

刚开始的时候，社会工作者在乡社区活动中心前的广场上设摊，宣传他们提供服务的宗旨、目的、内容、形式等，同时通过乡村的广播站广播，希望留守儿童踊跃参加社会工作者提供的服务，但始终应者寥寥。对此，社会工作者通过会议商议决定改变策略，在村干部的带领下向那些留守儿童家庭发放调查问卷，初步接触留守儿童。在村干部和社会工作者的再三要求下，少部分留守儿童答应前来参加活动，但是，真到活动举办的那一天，参加的留守儿童仍然是极少数。在服务小队召开第二次工作反思会议之后，社会工作者决定彻底放弃走马观花的工作方法，以进入家庭深入探访的方法走访留守儿童家庭，尤其是探访留守儿童的监护人、所在学校的班主任老师和村委会相关干部，并深入、全面了解留守儿童的自身问题、困难及服务的需求。与此同时，在力所能及的范围内尽可能地帮助留守儿童解决眼前的困难，如文具用品的缺乏、需要功课辅导等。经过一段时

间的接触,留守儿童及监护人与社会工作者建立了初步的信任关系,后者乘势而
上,根据留守儿童及家庭的需求,将 30 余名留守儿童分成若干小组,监护人及社
会工作者一起制订服务计划。主要内容包括:联络大学生志愿者为留守儿童补
习功课,社会工作者带领开展绘本阅读和科学实验兴趣活动以激发留守儿童的
学习动机,设立"春苗"行为和心理辅导室以帮助留守儿童疏导消极情绪并解决
同学之间的冲突,邀请专家开设讲座和个别辅导以解决个别留守儿童较为严重
的心理问题,开设倾诉热线协助留守儿童与远在外地打工的父母亲进行亲情交
流,等等。在这个过程中,社会工作者不仅真诚地接纳每一位留守儿童,平等地
对待每一位留守儿童,而且千方百计地为留守儿童连接各种资源,以解决留守儿
童遭遇的实际困难。社会工作者因此获得了留守儿童的普遍信任,不少儿童还
成为社会工作者开展服务的得力助手。经过 6 个月的社会工作服务,该乡留守
儿童的不少问题得到了解决或缓解,大部分留守儿童的学业成绩有了进步,不良
的心理状态获得改善,与父母亲及监护人的沟通更加和顺。尤其可贵的是,在服
务的后半阶段,留守儿童及监护人自己成立了"同心圆"儿童服务小队,逐渐独立
自主地为周围乡村有需要的留守儿童提供帮助,真正体现了社会工作"助人自
助"的核心意涵和重要功能。

2. 案例分析

从上述案例大致可以看到社会工作专业关系建立及发展的过程,大致可以
划分成如下几个阶段。

(1) 专业关系建立初期:社会工作者投入和案主敷衍。它是社会工作者对留
守儿童的主动投入和留守儿童被动参与的阶段。在该阶段,社会工作者输入信
息与资源,留守儿童被动回应。因个体心理特征及对社会工作了解的有限性,留
守儿童未能形成对社会工作者的信任,对社会工作者接纳度低;社会工作者因信
息收集有限,未能与留守儿童共情和发展更深层次的理解。整体而言,该阶段由
于基本信任未建立起来,所以专业关系是一种流于表面的浅层联结关系。它的
外在表现为案主情感疏离、态度排斥和行为逃避。一般而言,由于长期缺乏情感

关爱,留守儿童自我防卫倾向较强,对于突如其来的陌生人的关怀感到不知所措,并对其背后原因多端揣测,对社会工作者形成戒备心理,并排斥社会工作者的接近。同时,在初期阶段,社会工作者与留守儿童因对对方的了解程度有限,双方的沟通互动呈现程式化特点。

(2)专业关系建立中期:外部支持系统建立和案主接纳。外部支持系统包括以老师为代表的行政系统支持、以村庄和村干部为代表的社区支持,以及以监护人为代表的家庭支持。通过建立健全外部支持系统进而连接到留守儿童系统和留守儿童本人,这是专业关系建立中期的显著特征。这一阶段是社会工作者与留守儿童逐步开始双向互动的阶段。此阶段的发生轨迹大致如下:社会工作者走访学校老师,获得信息与支持;联系村干部,获得支援与协助;探访监护人,获得允许进入家庭与连接儿童。随后,在信息资料、资源和监护人等的支持下,社会工作者运用专业技巧、尊重和接纳的理念与原则,主动与留守儿童进行一对一的深入交流,并诚恳邀请留守儿童及监护人一同参与服务方案的制定、实施,由此,逐步得到留守儿童的信任,进而实现助人目的。

该阶段的专业关系开始涉入社会工作者和留守儿童的中度情感卷入,两者之间有了较多共同的心理领域,融合程度较高,显示出自发交往关系。这一时期的专业关系主要表现为情感上的依恋,即留守儿童与社会工作者建立感情上的联结,信任社会工作者并主动与他们分享生活趣事;态度上的信任,即随着社会工作者情感投入的增加和专业技能的应用,留守儿童越来越接纳社会工作者并被介绍到他们的"朋友圈",在相处过程中彼此越来越像是亲人和朋友,没有疏离感;行为上的排他性,即留守儿童尤其关注社会工作者对自己及自己行为的关注与反馈。当社会工作者表现出对他人的关心时,案主就会感觉社会工作者不在意自己,有被忽略的感受,表现为不配合、闹情绪等消极行为。

(3)专业关系建立后期:社会工作者与留守儿童建立起朋友式相互信任。这种信任建构起社会工作者与留守儿童间的一种包含友善和亲密的深层次关系,体现为深层的情感联结。朋友式信任为留守儿童提供了成长空间,同时也为社会工作者成功干预奠定了基础。社会工作者与案主间的关系越来越紧密,案主也越来越主动参与服务过程。这一时期的专业关系主要表现为情感上的高融合、态度上的高信任和行为上的不舍。因为对留守儿童可能出现的依赖情绪与行为的警觉,社会工作者在这个阶段有意识地降低活动的频率,极力推动留守儿童及监护人运用自己的力量处理和解决所面临的问题,直至他们自己成立了自助性的"同心圆"儿童服务小队。

在上述的留守儿童服务中,专业关系经历了一个从无到有、从疏远到亲密的动态变化历程。这种专业关系是在长期的服务互动过程中建立的一种信任关系,也是在本土的现实情境中建立的促成留守儿童自主性和参与性的专业关系。

3. 案例反思

上述案例至少可以带来以下四个方面的反思:

第一,针对性地提供服务是建立专业关系的基本前提。充分了解留守儿童的困难与问题,以他们的需要为出发点,急儿童所急,想儿童所想,这样提供的服务才能满足留守儿童的需要,并激发留守儿童的兴趣,也才能为良好的专业关系建立打下坚实的基础。

第二,适度的情感投入是维持专业关系的重要保障。适度的情感投入是指在建立专业关系的过程中,社会工作者与留守儿童产生一定的情感联系,并能使留守儿童体会到支持与温暖。适度的情感互动不仅可以让社会工作者进一步了解留守儿童情绪上的变化,了解其真实需求,也可以让留守儿童感受到来自他人的关心与支持,进而对社会工作者产生信任,有助于专业关系的建立和服务成效的提升。

第三,合理运用留守儿童的外部支持系统是建立专业关系的重要途径。监护人、班主任老师及社区相关人员是留守儿童成长与发展的重要保障。在社会工作服务过程中,社会工作者需重视这些外部因素的支持作用。一方面,社会工作者需加强留守儿童与重要他人的互动,促成这些重要他人对留守儿童的关注和关心，给予留守儿童心理支持和物质支持；另一方面，社会工作者还需通过监护人、班主任老师、村干部等的参与来增强留守儿童的信任，增加他们对社会工作者职责与身份的认可与信任，进而加快专业关系的建立。

第四，合理的角色抽离是专业关系正向发展的重要方式。在专业服务过程中，社会工作者与农村留守儿童间的信任关系，引导工作进程往良性方向发展，促成案主的成长。随着专业服务的深入和结束，社会工作者与留守儿童之间的联系与互动往往会不断减少，专业关系会发生变化。所以，此时社会工作者需明确自己的责任与义务，从角色中抽离出来，处理或平衡好专业关系中的入场与出场，更多地将留守儿童及监护人推至"前场"，鼓励他们运用自己的能力来自主地处理自己的问题。一方面，社会工作者需要与留守儿童讨论并结束专业关系，另一方面，专业关系结束后社会工作者仍需持续关注留守儿童的成长，巩固服务成效。

第二节　青少年服务领域社会工作专业关系

青少年所处的人生阶段具有独特性，但快速发展和成长无疑是核心或根本特征，无论是生理与心理的特征与需求，还是自我探索、自我意识、自我认同、角色认同与发展以及人际关系与社会网络，等等，都处于极易变动与发展的时期，因此青少年服务领域的社会工作者需要了解青少年成长和发展的规律与专业知识，根据青少年的身心特点、动机需求、兴趣爱好，以专业的理论、方法与技巧，帮助青少年排忧解难，恢复功能，适应并改善家庭与社会生活，维护权益，激发潜能，促进青少年全面健康发展。同时，了解青少年群体的特征以及青少年服务领域社会工作专业关系的特征，也有利于社会工作者建立专业关系，开展专业服务。

一、青少年群体身心特征与基本需求

根据施佳薇(2012)与张良驯(2022)对青少年群体特征的分析,可以概括出青少年最基本的身心特征。

青少年群体最直观的变化表现在生理上且具有突变性,其体形、体态、骨骼、身高、体重、面容、毛发等会发生较为显著的变化,由于生理素质发展的独特性,青少年的身体不断成长发育,行走、爬高等身体活动能力不断发展,速度、力量运用等身体素质不断增强,内分泌机制与神经、运动、生殖等生理机能逐步完善,第二性征开始出现且发展尤为迅速,这也会影响青少年的自我认同与心理特质。

青少年的心理特征源于其心理发展的独特性,它包括感觉、知觉、注意力、记忆、思维、情感、意志力以及性格等个人特质的发展。青少年求知欲强、记忆力强、学习能力强、认知能力提升与发展得快,思想观念较为前卫,较易接受新兴事物;其情绪情感较为丰富多变,性格与气质不断发展并容易转变,喜欢刺激、冒险与挑战,满怀激情与活力,但正因其情绪不稳定,相对容易冲动、激动,甚至出现一些过激行为。由于人生经历与社会阅历较为缺乏,青少年对未知事物充满好奇,对未来充满向往与憧憬,乐于探索与追问,其抽象、逻辑与辩证的思考能力不断发展,善于自由思考、推理与判断,有能力听取他人意见,尝试自我批评与自我反思,处理问题时能考虑更多的可能性,思维活动的数量和质量都有很大提高。但也正因青少年知识面与社会经验的缺乏,其人生观、价值观与世界观尚未成熟,行为规范尚未养成,青少年对人、事、物与社会的认识具有一定的主观性、局限性,易产生幻想与偏差,易出现意志不坚、盲目攀比、网络与校园暴力等行为,甚至可能产生更加严重的越轨与违法犯罪行为。

青少年身心发展之所以具有快速且不平衡的特点,是因为在青春期随着身体的快速发育与明显变化,青少年不仅需要不断适应发展中的新自我,还需要适

应他人对于自我新形象所表现出的反应。青少年的心理、想法、态度与观念很难跟上身体发育的步伐，因而产生滞后性。

同时，处于快速成长与发展阶段的青少年群体有实现同一性的需求，主要包括实现自我的同一以及道德意识和价值观念发展的同一体系。其一，随着身体的变化和性成熟，青少年会逐渐产生一些前所未有的体验，对他人和自己的反应与看法更加敏感，力求发现自己当下的真实自我情况与他人眼中的自我。新社会关系的产生与来往，使青少年扩大对自我活动、自我探索、社会探索、世界探索等方面的空间，在这种不断认识与探索的过程中，青少年心中"理想的我"与"现实的我"逐步接近，自我意识渐渐统一。其二，青少年早期的价值观念与道德标准主要来自原生家庭，其自尊基本上来自家人的看法与意见。当进入学校这样更为广阔的世界后，同伴群体的价值观、老师与周遭他人的评价与看法日益重要起来。青少年会对自己原先的道德标准、价值判断以及社会观念等进行重新评估，并试图把多元性的价值、评价与看法整合起来，在自己身心与认知成长的过程中不断发展，最终形成一个相较稳定的体系。

此外，在青少年成长发展的过程中，另外两个状态也表现得非常显著。其一，自我意识高涨，渴望独立的愿望日益强烈，可能会对父母的权威产生怀疑，于是青少年希望摆脱家长、老师和其他成年人的监护，摆脱由成年人规定的条框与束缚，产生逆反心理，易与家长、老师等成年人的管束产生矛盾与冲突。其二，青少年对家庭的依恋逐渐转向同辈群体，并易形成亲密的伙伴关系。在缺乏安全感的意识下，青少年同伴群体的作用会不断凸显，个体对伙伴的信任与依赖胜过家长或老师，从而获得认同感与归属感。通常，同伴之间的相互支持与鼓励、对某些共同问题的讨论以及正反面的经验等能够帮助青少年个体解决很多身心问题，因此在社会工作专业方法方面也更强调在促进青少年自我认同与发挥群体示范性效应方面的整合性应用。但同伴群体处理不当，也容易出现小团体孤立个人、聚众越轨、校园暴力等现象。

二、青少年服务领域社会工作专业关系的特征

1. 社会工作者与服务对象不对等的权力流动

在青少年社会工作专业关系中,社会工作者与案主的关系属于成年人与未成年人的关系。"青少年""未成年"的概念凸显社会建构的性质,社会通过设置"童年禁忌"(childhood taboo)来划分两者的边界,维护并强化这种由成年人"统治"的二元社会秩序。顾名思义,"童年禁忌"指的是"在特定的社会和历史环境中,成年人基于特定的童年观及对儿童成长的文化期望、价值要求等所建立并存在、渗透、体现于儿童日常生活中的种种禁制的统称"(方卫平,2011)。成年人在日常生活中通过不断提出和强化诸多童年禁忌,建构出一个成年人认为适合于未成年人的"纯真世界",使得未成年人既能暂时避开"成年人世界不可接触的秘密",又能按成年人的期望与标准成长发展。

这种未成年人与成年人权力不对等的关系延伸到社会工作领域,演变为成年社会工作者与未成年案主的权力不对等关系。对青少年个体选择和自由意志的尊重是写在社会工作守则与价值观中的理想形式,然而在实务过程中,青少年在服务问题、案主自决等方面很难享有与成年人同等的权利与尊重。同时在我国根深蒂固的"家长主义"文化传统观念的熏陶下,青少年社会工作者很容易陷入伦理困境,尤其是在青少年越轨、犯罪、保护等议题上,社会工作者的"社会控制"作用就更加明显,这种权力不对等的表现也更为鲜明。在社会工作中,家长主义是指社会工作者在助人活动开展时借助自身在与服务对象专业关系中的支配地位及其专业优势、实务经验,以维护服务对象权利为由,对个体决策和行为实施干预。实务层面上,家长主义有多种表现形式,通常有以下三种类型:对个体的决策及行动造成干预;有意掩藏相关信息;传达不实内容(尹新瑞,2019)。未成年人是法律上限制行为能力人,社会工作者很多时候以保护未成年人、预防犯罪、维护社会稳定等为目标的技术理性思维,帮助其矫治、行为干预,要求其配

合、接受安置，也可能替案主做决定。

权力总是表现为制度的形式，制度建构着成年人在权力关系中的优势地位（王璐琴，2018：32）。在传统福利思维中，未成年人常被预设为脆弱和被动的依赖者，青少年也常被视为叛逆、乖张、可能引发社会问题的高风险群体，许多与青少年相关的法令与政策也从保护和预防角度出发，侧重弱势救济和偏差行为的防治。社会普遍认为青少年的重要任务之一就是养成对于既有文化价值与角色模式的认同，因此不符合社会规范的种种行为会被视为个体发展的偏差与社会融入的失败。这种风险和个人病理取向可能会让社会工作者不自觉地通过"标签"的方式，将刻板印象加之于青少年，对其进行分类，以专家的姿态进行分析和诊断，并采取补救和治疗方式，使得案主本身的感受和声音未能受到重视（魏希圣，2012）。青少年要听成年人（家长、老师、社工等）的规训与教化的这种理念，强调成年人的权力与权威，却忽视了青少年的权利与主体性，反映出青少年社会化中的"成人本位"的思想困境（刘小龙、吕志，2014）。

然而正如福柯的权力观所述，权力会在关系间流动（福柯，2010），当社会工作者对青少年服务对象施力，青少年服务对象将以某种形式产生"反弹力"，即对权力的抗拒，重点在于维护其自身的个体主体性。青少年对于既有体制的冲撞和背离，以及集结形成的反叛次文化，也可以被看作深具主体意义的抵抗行动（魏希圣，2012）。鲁尼（Rooney，1992）指出，在实务过程中，"不均等的权力关系"是导致非自愿性专业关系的重要因素。尤其当青少年受到身体、法律或社会规范上的强迫时，会察觉到在自身专业关系中处于劣势地位，同时考虑到拒绝该关系所需付出的过高代价，而不得不接受服务，因此青少年经常会表现出各种抗拒行为以争取所欲获得的"自由"和"权力"，这也是对社会工作者权力的挑战（Egan，1994）。例如，案主可能以消极、隐蔽、逃避、表演或是与社会工作者"玩游戏"的方式来抗拒专业关系的建立以及治疗和辅导过程所引发的改变，也可能采取哭闹、辱骂、摔砸、暴力等激烈的反抗行为。案主在会谈中可能总是谈论一些安全的、不重要的问题，或是经常表现出一副不知道、无所谓的模样，案主也可能过度配合,或制定一些不切实际的目标作为无法达成改变的借口,迟迟不愿自我负责,将困扰、问题与责任归咎于他人、外在系统或整个社会制度。布雷姆(Brehm)和史密斯(Smith)的反弹理论(reactance theory)回应了当案主在压力情境下产生抗拒行为的原因,可能拥有自由而不受拘束的行为是个人的基本期望,当个体感受到自由被忽视或受到威胁时,就会产生心理上的反抗,并极力采取某些行动以争取重新获得自由(Garvin & Seabury,1997)。

这些在权力规制下的青少年行为,无疑都会对青少年社会工作专业关系的建立与维系产生不同的影响。虽然社会工作者作为成年人在专业关系中占据着权力优势的地位,但作为权力关系另一方的青少年案主,有着自身的主观能动性,并在压力环境中创造属于自己的空间以维护其主体性。这就使双方的边界左右摇摆,此消彼长,维持权力流动的动态平衡。

2. 社会工作者、青少年服务对象与监护人的三元专业关系

青少年服务领域社会工作的复杂性在于它不仅涉及青少年自身,而且与其所处的家庭环境息息相关,监护人的态度与行为也至关重要。所以社会工作者通常不仅要与青少年案主建立良好的专业关系,也需要将监护人纳入工作关系范围之内,由此形成社会工作者、青少年案主与监护人的三元专业关系。

通常情况下,社会工作者从接案开始就需要与青少年案主的监护人取得联系,在评估问题与需求阶段、介入与干预阶段都容易受到来自监护人方面的影响。具体而言,对青少年的帮助要求一般由家长提出,而社会工作者的直接服务对象是青少年,所以"究竟谁才是案主"这个问题是许多青少年社会工作者经常面临的困惑。在实务过程中,社会工作者不仅要与家长和孩子两方分别打交道,而且可能需要协调、改善双方的亲子关系,对双方都要负责,双方的利益都要兼顾,这对社会工作者的专业能力提出了很高的要求。同时,许多青少年的问题与需求产生的背景都与原生家庭有关系,比如家长的家庭教养方式、理念与态度,所以很多时候社会工作者不仅要对青少年案主进行干预,还要设法转变家长的观念、改善家庭环境,双管齐下才能抓住解决问题的症结,所以在青少年社会工

作服务领域的专业关系，往往是复杂的三元关系，不能顾此失彼。

此外，在这种复杂的三元专业关系中，经常会涉及一些伦理议题。其一，保密原则与监护人知情权的冲突。保密原则是社会工作实务伦理守则中的重要条例，这不仅对案主很重要，也是社会工作作为一门助人专业获得专业权威、取得社会信赖的必要条件，所以社会工作者应当时刻保护案主的隐私。但是孩子的隐私权与家长的监护权时常发生冲突。在面对案主时，社会工作者努力争取与案主建立良好的专业关系，真诚交流，尽可能毫无保留地分享自己的观点、看法、思想，这是达成服务目标的关键，但通常也涉及案主内心不愿意向家长吐露的小秘密。社会工作者应该帮其保守秘密，但在遵行伦理守则时经常会遇到来自家长的压力，如家长认为自己享有合理、合法的监护权，甚至在传统家庭思维逻辑中，认为孩子是家长的所属品，对孩子的一切享有知情权，社会工作者也应当在自己的监督下开展服务。如果社会工作者不告知家长，家长可能会愤怒、不配合，拒绝再接受社会工作者的介入，但如果将隐秘信息传达给家长，案主可能也会对这种"叛徒、告密"的行为生气，从而拒绝后续的服务，这都会对三元专业关系产生负面影响，并妨碍后续的工作进程。面对这种两难局面，社会工作者如何维护青少年案主的隐私权？会谈内容在多大程度上可以向家长透露？判断青少年案主的秘密是否让家长知道的依据与标准有哪些？在"告密"前是否要得到案主的许可？如何减轻公开秘密所带来的负面影响？这一系列问题都十分棘手，需要社会工作者具有很强的判断能力与处理能力。在建立专业关系阶段，社会工作者尤其需要考虑上述问题的处理方式可能会对专业关系的建立及后续服务的提供等带来影响。

其二，社会工作专业自主与家长权威的冲突。青少年案主对家庭的依赖性决定了在青少年服务领域中，社会工作者无法回避与家长的接触，在整个服务过程中如果能与家长建立良好的专业关系，争取到他们的积极参与和配合，将会大大提高工作效率与服务效果。同时，社会工作者可能受到来自家长的负面影响和干扰，尤其是年轻的新手在与比自己年纪大的家长交流沟通时显得没有"权威感""说服力"。在有一定年纪的家长看来，年轻的社会工作者自己还是个"孩子",虽然可能具有一定的专业知识和技巧,但在如何教育和养育孩子的问题上尚不具备真正的经验与权威性。尽管家长出于无奈(没有时间或屡次失败)而寻求社会工作者的帮助,但仍时常以"挑剔"的眼光和"不信任"的态度从旁干预,不放心让他们独立开展工作。年轻的社会工作者往往因家长在年龄或社会地位上的优势而不敢与之抗争,或担心如果挑战家长的"权威"会把关系弄僵,同时他们也担心家长过多干涉专业工作,影响自己的专业判断,这使得青少年社会工作者在服务过程中比其他服务领域的工作更难实现专业自主。所以如何树立专业权威? 如何具备专业自信? 如何协调家长期待与专业要求? 这是每位青少年社会工作者都会面临的难题(罗肖泉,2007)。这需要社会工作者在提高专业能力、掌握专业知识的基础上把握好专业关系与专业服务间的边界,保持专业关系的平衡感,以免倾轧了专业服务的自主性。

其三,案主自决与家长主义的冲突。家长主义又称为父权主义,它是指通过个体意愿、善意、价值需求、福利资源等理由来干预个体的行动自由(Dworkin, 1972)。这一说法在很大程度上只限于对个体行动的干预,在此基础上,对于个体情绪状态、资源获取等方面的干预也应包含在父权主义的概念之内(祝奎,2022)。当家长的愿望和孩子的愿望发生冲突时,社会工作者如何协调案主自决与家长期望间的张力等,也会影响到专业关系的建立与进一步的发展。比如,案主出生于钢琴世家,父母从小就强迫案主练习钢琴,长大后好子承父业,但是案主不喜欢弹钢琴,而是喜欢打电竞游戏,希望长大后能成为一名电竞选手。于是,亲子间矛盾产生并日益恶化直至孩子离家出走。这种情形使得社会工作者在案主自决原则与家长主义间遭遇两难抉择,一边是坚持自身意愿并寻求认同的青少年案主,一边是以爱为名担心案主决策对其不利的案主监护人。如果社会工作者仅关注案主自决权利能否实现,而忽略青少年案主监护人的意愿、权利与感受,可能导致案主家庭关系更加紧张,引发难以调和的家庭矛盾,使得案主的问题与需求难以争取到足够的家庭资源来解决。所以,在服务过程中,社会工作者一方面需要保证案主的人身安全,尽力保障案主的自决利益,请案主静下心来好好考虑电竞是不是自己真正热爱的事业,还是为了表达叛逆、反抗父母安排的借口。另一方面向父母介绍电竞产业和我国电竞行业发展的真实情况,祛除游戏污名化的标签,向其说明青春期少年的心理特点,鼓励父母尝试改善亲子沟通方式与教育模式,避免以爱为名利用孩子满足自身期望的道德绑架。在此基础上,鼓励双方平心静气地交心对谈、换位思考、互相让步,了解对方的想法与目的,共同制定新的目标与方案。在这个过程中,社会工作者需要把握和审视专业关系的位置和走向,避免因专业关系的不当影响专业服务甚至伤害案主。

三、青少年服务领域社会工作专业关系建立的途径

社会工作者主要通过三种途径接触到青少年案主,包括主动求助、转介和外展。所以,在青少年服务领域中通常有三种建立专业关系的途径。

1. 主动求助的青少年案主及专业关系建立

主动求助是指青少年主动联系青少年服务机构或学校社工站,上门寻求服务。与非自愿或强制服务的青少年相比,与主动求助的青少年建立关系会相对容易一些,因为后者有求助和改变的动机、意愿与积极性。通常由于信息不对称或可获取资源有限,主动寻求帮助的青少年可能无法确定机构的服务是否对口并符合其需要,所以机构需要在接案会谈时进行筛选和预估,把不在服务范畴的对象及时转介并连接相应资源。对于主动求助的青少年案主,社会工作者可以根据其基本的身心特点和问题状况,与其建立正常的社会工作专业关系。

2. 转介的青少年服务对象及专业关系建立

转介包括单位的正式转介与由认识青少年的人提供的非正式转介。正式转介包括来自政府机关、社区、居委、学校、其他社会服务机构等的转介;非正式转介包括来自父母、朋友、社会工作者、老师或邻居等的转介。具体而言,转介的青少年案主又可以划分为两种基本类型:自愿型的案主和强制型的案主。对于前者,社会工作者可以依据其问题、环境、资源等因素,正常地与其开展专业关系的

建设工作。对于后者,由于是非自愿甚至是被迫的,社会工作者在建立专业关系和开展服务的过程中,一定会遭遇案主非常大的阻抗。所以,在具体建立关系时,除了运用一般的方法外,社会工作者还可以利用法律、行政等权威性或社区的自然性力量来协助专业关系的建立。

案主有多种多样的情况与需求,术业有专攻,个人、单位或机构也许不能为其提供完整的、有针对性的服务,所以需要将案主转介给其他更适合的机构或同机构更擅长处理其问题的经验丰富的社会工作者,以提供更好的服务。因此,在转介机制中,社会工作者也需要有同转介来源建立良好合作关系、保持良好沟通的能力。

3. 外展的青少年服务对象及专业关系建立

外展是指社会工作者以外展服务队的形式在青少年经常聚集的场所(如网吧、游戏厅、球场、台球室、街头、娱乐场所等)寻找、接触、结识那些通常不大参与传统社交或青少年活动且易受不良影响的青少年,以及逃课逃学、深夜流连街头不愿归家的青少年,为其提供服务、辅导与指引。外展的概念可以有所延伸,还可包括在街头设立的爱心或便民服务站点、推广社会工作服务的摊位等。并非所有青少年都有动机和意愿主动寻求帮助或有被转介给社会工作机构的机会,没有动机或机会的青少年并不意味着不需要服务,反而可能更需要社会工作者的支持与帮助,因此社会工作者会主动接触并辨识有潜在服务需要的青少年群体。对于此类案主,建立专业关系的方法和途径明显不同于前述两类,它需要社会工作者离开办公场所深入青少年活动的空间,也需要社会工作者与青少年案主的行为举止保持一致,更需要社会工作者充分理解青少年的思想与行为及其背后的动机。唯其如此,专业关系的建立才有可能。

四、青少年服务领域社会工作专业关系建立的方法

1. 秉持青少年社会工作实践原则与专业价值观

2019 年民政部与共青团中央发布《青少年社会工作服务指南》,规定了青少

年社会工作服务的三原则:(1)主体性原则,尊重青少年主体地位,承认与接纳青少年的独特性与差异性,充分照顾青少年的特点和需要,开展有针对性的服务;(2)发展性原则,坚持用发展的眼光看待和理解青少年,强调青少年自身蕴含的发展潜力和成长的内在动力,重视经济社会发展对青少年福利的影响;(3)整体性原则,重视青少年与其家庭、学校、社区、朋辈及服务机构等因素的相互作用,全面系统地识别青少年的需要,提供整合性社会工作服务。

同时,下述社会工作专业原则(Biestek,1957)也是与青少年建立良好专业关系的基础:

(1)接纳原则:指对青少年群体的多元化与主体性的尊重与接纳。接纳原则在于无论案主的身份与行为如何,都要尊重和接纳整体性的个人,但这并不代表社会工作者需要接受或赞同其行为与价值观。例如青少年案主经常吸烟,社会工作者并非接受并认可他未成年吸烟的行为,而是接纳包容他自身,不将个体自身与其行为混为一谈,也不能为案主打上类似"吸烟的孩子就是坏孩子"的标签,同时也要继续评估并尝试阻止其破坏性行为。

(2)案主自决原则:最重要的是社工要相信青少年案主有能力改变与成长,当青少年有自由抉择的空间时,他们会更投入也更有动机去作出改变。在此之前,社会工作者应对案主的能力进行评估,以帮助他们锚定方向或采取建设性的行动。不同派别的社会工作者可能对专业关系的建立有不同的看法:一些可能认为社会工作者比案主更有知识,所以前者应该更具权威性和指向性;一些可能认为助人关系中的社会工作者角色更应该是伙伴,案主应当有更多的自由;另一些则可能介于两者之间。

(3)保密原则:指保守与案主有关的、在服务过程中透露给社会工作者的秘密资料,社会工作者应告知案主获取资料的目的以及如何运用这些资料。例如,出于行政上和专业上的原因,获得的某些资料可能要与督导分享。同时,社会工作者应保护案主的资料不被泄露,比如在不受保护的环境或同不相干的人讨论案主的情境。而且,社会工作者应告知案主,保密权利并非绝对,遵照法庭的命令,社会工作者必须向警察或法庭提交相关资料。另外,当牵涉人身性命安全时,保密将不再起效。

(4)非评判的原则:社会工作者不应对案主进行"是非对错"或者"有无罪过"的评判,也不应对其贴标签。当社会工作者把自己作为衡量一切事物的尺度时,就容易把自己的价值倾向、判断与感受施加于青少年案主的身上。如果青少年在社会工作者身上捕捉到了类似大众态度的信号,可能会害怕、抗拒或厌恶这种责备与批判,从而逃避、封闭内心、不愿表达自己或者拒绝与社工沟通,那么专业关系势必难以建立并维系。

(5)有控制的情绪涉入原则:指社会工作者面对案主时必须尽量保持冷静、理性与客观,在专业服务中尽量不带入个人情绪,比如被校园霸凌的青少年案主在倾诉自身痛苦经历的时候,社会工作者需要做的是设身处地理解其感受,进行同理与情感支持,并运用专业知识与技巧帮助引导、处理其认知与感受,而非被案主带着只能一起痛哭,或因相似经历与境遇的投射产生反移情的消极影响。只有在服务中理性地控制与表达个人情绪,社会工作者才能与青少年案主建立理解和信任的专业关系。

(6)有目的的情感表白原则:指案主有自由表达其内心感受的需求,尤其是消极性的感受。社会工作者应该营造合适的环境、引导其披露、宣泄并有目的地聆听,而非对案主加以阻止或责难。同时,社会工作者需特别留意案主的情绪反应(包括身体、语言、神态的表达)和言外之意以及案主隐而未说、欲言又止的艰难时刻等,尽可能避免移情与反移情发生。

(7)个别化原则:该原则认为每个人都是独特的个体,青少年需要被当作独立的个体和具有独立的人格来看待。他们每个人的遭遇不同,不能凡事只有一种解决的办法。依据每一个青少年案主不同的问题、需求及目标,运用不同的原则和方法,协助他们做最好的适应。社会工作者应该秉持开放的态度并不断进行自我思考与反省,尊重青少年发展的个体差异,以案主为中心,平等地对待每一位服务对象。同时要关注每个问题的特殊性,考虑问题背后依托的背景与具体情境,选取更为契合的专业理论、技巧与方法。

总体而言,社会工作者需要基于上述原则与价值观念,并运用专业知识与态度来判断自身的行为或开展的行动是否恰当,不要以成年人的姿态自居,不要轻易运用说教的方式,这样才能更易与青少年案主建立相互理解、信任的专业关系。

2. 运用专业的媒介与技巧

(1)打造良好的初始印象。因为"首因效应",与人交往时,第一印象非常重要,可能起着先入为主的作用。社会工作者与青少年的初步接触也不例外,青少年可能在一个比较短的时间内,通过粗浅观察社会工作者的样貌、谈吐、气质、仪态以及与青少年交流时的语言、肢体、眼神、表情等方式,已经在心里偷偷为社会工作者打好了分数并简单将其归到"好大人"或"坏大人"、"喜欢"或"不喜欢"、"愿意交流"或"不愿交流"的分类之中。所以初次交流时,社会工作者一定要整理好自己的仪容仪表,表现得亲切、和蔼、真诚、有耐心,不能对青少年展现带有傲慢、高高在上、不屑、轻蔑、讥讽、否定、漠视等含义的神态、动作和语言。当然,这些不只是初次相识的禁忌,而是在整个服务过程中社会工作者都应由心而发,真诚地接纳、尊重、平等对待青少年案主。

(2)提前进行心理彩排。社会工作者如果能够获取案主的一些资料与信息,在接案前根据了解到的案主情况制订有针对性的预备计划,比如案主性格喜动,社会工作者可以以相对活泼、热烈的方式打招呼和沟通,喜静则可温和、亲切地接待;案主爱好音乐,社会工作者可以提前做好功课,以其感兴趣的音乐话题或音乐小游戏切入,调动其积极性,缓解紧张情绪。根据即将前往的场景(比如学校、机构、青少年家中、网吧等)或遇到的情境(比如出外展看到青少年街头对峙、斗殴、偷盗等),提前在脑海中思考与规划一系列问题:如何上前搭讪? 如何打开话题? 如何介绍自己? 如何把握接触、交谈的时机? 有哪些备选的议题? 有哪些周边的道具可以利用、可以作为谈资? 怎样说服青少年留下联系方式进一步沟通? 遇到危险情境及时报警,等等。

(3)灵活的互动与回应。在互动的过程中,青少年可能有一系列刁钻的问题等待社会工作者应对,而如何回应、如何处理青少年不回应或过度回应、如何处理青少年的测试行为、如何与青少年建立"感情"等问题都可能令社会工作者头痛。应对这些可能会发生的情况,没有固定的答案,靠的是社会工作者的专业判断与日积月累的经验。举例来说,青少年可能会考验社会工作者,例如,青少年可能会向社会工作者借钱吃饭。此时,社会工作者需要根据经验作出专业判断。首先,观察青少年的外表和穿着,是否面黄肌瘦、衣服是否泛白等。若青少年真的是没钱吃饭,则可以某些条件交换,比如说明缺钱原因、交换联系方式或者吃完允许社会工作者护送回家等。其次,直接向青少年说明社会工作原则,如暂时借钱,待有钱后见面或微信归还,为进一步沟通服务做铺垫。当然,在借钱或请吃饭前可观察该青少年的社交网络情况,寻找其身边资源予以协助。当社会工作者评估青少年只是想考验自己、令自己难堪或者知难而退的话,社会工作者要随机应变,可以幽默的方式作出回应,拉近与青少年的距离。比如说:"谢谢你向我借钱。"青少年一定好奇社会工作者为什么会这么说,从而进一步追问,社会工作者可用幽默的语气回应:"因为你让我知道了不止我一个人穷。"或者说:"我好感动! 你是第一个觉得我有钱吃饭的人。"此外,在互动过程中社会工作者需尽可能地观察青少年特别显著的外表或衣着特征,可以作为下次接触的谈资,如果是外展无资料的青少年还要记住其名字或昵称。举例来说,社会工作者与某个青少年再次碰到,打招呼时说出他的名字,并能说出其与上次见面的区别,会让青少年觉得社会工作者有真正留意和关心自己,比如:"咦? 你这次没有戴耳环,换这个耳钉也挺好看。"通过重复出现以及这种互动的微技巧,青少年会对社会工作者建立起熟悉感,而且通过这种婉转而非直接刻意的称赞方式,能使青少年感觉到社会工作者与其他否定自己非主流文化的成年人是不同的,感觉到社会工作者理解自己,没有否定自己,这样双方的距离逐渐缩小,关系逐渐加深。

(4)灵活运用艺术媒介。投其所好是与人打交道屡试不爽的方法,社会工作者与青少年的互动过程中可以经常采用这样的方法。社会工作者通过细致的观察找准青少年案主的爱好后"对症下药",以艺术作为媒介,降低其心理防御。例如,可以通过游戏切入话题,或者通过桌游、沙盘、玩偶等娱乐形式互动。再比如,社会工作者在青少年家中看见有彩笔、橡皮泥、太空沙、沙画箱、乐器、专辑、手工艺品等,发现青少年手机屏保或者贴纸、海报是某明星,或听到青少年手机铃声是某首歌时,都可以自然、适时、灵活地运用所观察到的内容切入话题,让青少年感兴趣的、与艺术有关的物件或者艺术本身作为一种媒介,来拉近彼此的距离,这样可以减少尴尬与陌生感,效果可能比直接面对面干巴巴的谈话更好。同时,通过艺术媒介可以突破语言表达的限制,以非语言沟通方式互相传递很多隐藏信息,比如案主当下的心理状态、因为各种隐而不说的原因或是难以启齿的想法,能够通过一张彩色自绘画表达出来(绘画内容、勾勒方式、涂抹方式、色彩搭配、留白等)。我们可以通过绘画向对方传递我们想表达的信息(鼓励、支持、相信、坚持等),这样不仅是单向的输入或输出,而且是双向、彼此有来有往、可以相互讨论的沟通了。此外,很多青少年案主性格比较内向或者不善言辞,甚至有些社恐,在彼此不熟悉的情况下很难用语言进行良好的沟通与交流,如果社会工作者能够主动引导其开展艺术创作,并在这一过程中细致观察案主的肢体动作、只言片语等,也许就能通过一个个小小的切入口深入挖掘,并走进案主的内心世界。当然,这些都需要社会工作者具备或主动学习一些关于艺术治疗的专业知识,提前了解当下青少年流行的思想观念与文化,从而有共同语言。

五、青少年服务领域社会工作专业关系案例分析

1. 案例阐述

边缘青少年是指由于家庭、学校及社会等客观因素与自身的主观因素无法达到和谐而在行为上产生偏差的青少年,这些青少年的行为远离主流社会,在活动方式、行为方式、生活习惯、价值观念等方面与现行主流社会均有不同甚至截然相悖(谢明辉,2007),具体表现为一系列越轨甚至违法犯罪行为,如逃课、辍学、校园暴力、酗酒、抽烟、吸毒、偷窃、抢劫、寻衅滋事、打架斗殴、加入黑社会或

犯罪团伙等。一方面,青少年的年龄偏低,心智发育尚未健全,容易受到他人或社会不良风气的影响;另一方面,青少年可能遭遇家庭、学校以及社会的多重困境,如家庭变故、家教忽视、家庭暴力与虐待、学习课业压力、校园霸凌、老师的不认可与责骂,或受到其他心理创伤,缺乏被尊重、爱与关怀的体验。因此青少年为了逃避现状,不想上学、不愿回家,流连在街头、社区、公园等公共场所,或网吧、游戏厅、桌球室、KTV、棋牌室、酒吧等娱乐场所。

我国台湾地区某爱心企业家观察到这种社会现象,于千禧年在新竹地区投资开设了一家边缘青少年服务中心(以下简称"边青中心"),依据社会工作者的建议,在边青中心旁边又开设了一家咖啡休憩站(以下简称"咖啡屋"),作为安全、舒适的定点服务场所,来持续陪伴结束机构安置或离开学校的青少年。

"复苏陪伴"是边青中心开展服务的重要理念,社工通过多元陪伴的方式,帮助内心受创或缺乏关爱的边缘青少年身心健康成长,学会遵规守纪、自我控制、自我突破、自我肯定,提高人际互动与交往能力,改善家庭沟通与亲子关系等。边青中心的社会工作者会到学校和安置辅导福利教养机构开展服务和生命教育课程,让青少年知晓边青中心的存在与基本情况,并主动追踪与接洽青少年的个案意愿。同时,边青中心通过外展的方式邀请青少年到咖啡屋,为其提供饮料、食物,并将影片或各项游戏作为媒介,花费时间和精力与青少年建立关系,搜集相关信息为其开展服务。在咖啡屋之外,社会工作者协助青少年处理生活中的大小事,如就业、求学、戒毒、法律问题咨询等;也会组织各种户外活动,陪伴青少年完成梦想,如爬山、攀岩、溯溪、烤肉、单车环岛、爱心义卖等。

具体而言,边青中心"复苏陪伴"的服务面向包括:适应学校生活(如修补同侪关系、课后补习、考试辅导、协助转班或转学、逃学与复学处理等,并且边青中心并非成功劝青少年返课后就结束服务,更重要的是协助有心回到校园复课的青少年能够长期适应学校生活,并鼓励学校、老师、同学更多地接纳、帮助与关怀);协助亲子互动(如协助个案家庭学习如何进行良性沟通与互动、家庭变故与丧事协助,由此可见边青中心的服务对象不仅是青少年,还包括其家庭成员);开启自立生活旅程（如脱离不良环境、抗拒成瘾依赖、协助租房与寻找工作、后续探访其工作生活、讨论薪资如何合理运用、职业训练与技能辅导、学习各项技艺、媒体服务等）；学习自我梳理（如如何通过多种活动与方式纾解压力、财务与未来生活规划、交友或情感梳理）；协助处理特殊境遇（如就医、未婚怀孕/生产、诉讼与赔偿、戒毒、高利贷偿还、经济援助、少管所及监狱探视、自残自伤自杀处理等）；复苏之旅（体验教育与历奇辅导，如人文艺术欣赏与体验或体能活动）；等等。边青中心借由多种方式让社会工作者陪伴青少年，学习如何从创伤中走出来、突破自己、约束自我、纪律训练、人际沟通、彼此尊重，以及提高自信心与自我效能感等。此外，边青中心还提供一种特别的服务——庆祝生日，对于缺乏亲友关爱的青少年来说，在边青中心共同庆祝生日能够让青少年在这个对自我成长有重要意义的日子感受到家庭的温馨与温暖，觉察到被关怀和关爱。

2. 案例分析

在上述案例中，我们可以发现边青中心的社会工作者非常重视与青少年服务对象初步接触与建立专业关系的环节，其建立关系的技巧与方法主要有以下几个要点：

（1）借由定点服务与外展服务进行资源倡导并寻找服务对象。

边缘青少年很少觉察到自身困境并主动寻求外界帮助，更多要靠社会工作者积极主动地寻找潜在案主并与其"搭上话"。俗话说，"好的开始是成功的一半"，在整个社会工作服务过程中，与青少年认识及建立关系至关重要。一方面，社会工作者将自己视为资源，通过不定期在学校或安置辅导福利教养机构中免费开展丰富有趣、主体多元的高关怀团体活动与生命教育课程（如高危青少年弹性社会技巧、认知行为、生涯发展学习、法律教育、文体美育、生命教育等），并在活动或课堂中多给青少年展现与表达自我的机会，使青少年通过这种渠道知晓边青中心与咖啡屋的存在、了解边青中心与咖啡屋的概况与功能、认识幽默风趣的社会工作者，为其留下良好的第一印象，建立社会工作者与青少年接触的稳定渠道。同时社会工作者与学校或机构的老师保持联系，深入了解潜在案主的情况。另一方面，社会工作者还会通过外展服务主动出击,寻找需要介入服务的青少年并进行福利资源宣导,宣导的方式并非枯燥地发传单与照本宣科,而是利用"街头少年"感兴趣的活动(如街头篮球比赛、极限运动表演、电竞比赛、现场乐队演出等)吸引青少年的关注与参与,如此一来,青少年增进对边青中心的了解与好感度,边青中心也增进对该区域青少年的接触与了解,掌握该区域青少年的生态特性与休闲兴趣。

(2)"昵称"是建立关系的第一步。

边青中心的社会工作者通常会将互换称呼作为与青少年进行双向互动的敲门砖。边青中心的社会工作者认为与青少年关系的建立,是从邀请青少年找到自己的某部分特质,选择自己喜欢的称谓开始的。称呼是一个意向,"如何称呼彼此"这个问题看起来很简单,但却是一个双方都能意识到的开始,是一个可以深入挖掘、打开话匣的议题。称呼并非流于表面的绰号,社会工作者如何称呼自己、青少年如何或希望如何称呼自己和社会工作者、对于期待这样称呼的缘由以及背后的故事等一系列延伸出来的话题,都是令社会工作者与青少年关系更进一步的契机。

(3)咖啡屋作为服务青少年的绝佳场域。

咖啡屋为青少年提供了一个放松、休憩、吃喝、娱乐、聊天、学习、关怀的安全场所,青少年可以在这里打桌球/乒乓球、上网、看漫画/杂志/电影、吃东西、喝咖啡、社会交往等,社会工作者也可以在这里与青少年"闲谈"、辅导其功课。此外咖啡屋还不定时开展户外活动与兴趣团体教学,并且社会工作者在与青少年接触的过程中可以更加了解其当下的需求,为咖啡屋增加一些"设备、素材",因而咖啡屋成了集青少年成长、休闲、学习、谈心与生涯探索为一体的集散园地,也作为开展青少年专业服务的最佳场域,为青少年提供了一个安全且正向的服务环境,传递"家"和"心灵避风港"的感觉。同时,作为一个"微型社会系统",这也是青少年进入大型社会系统的前置练习场所。在与青少年交流互动的过程中,社会工作者保留自己的个性与特色,不需要表演、粉饰或者特地扮演某种角色,采取弹性与开放的方式,充分尊重与接纳青少年,尊重每位青少年生命历程的独特性,避免教条式、批判式和长辈式的口吻,积极主动释放关心与善意,运用吃饭时间或游戏与艺术媒介(如沙盘、心灵或益智桌游、电影等)与青少年交谈,借由比较放松的聊天机会,了解其生活近况、鼓励其分享近期遇到的事情,并以长时间的关怀、陪伴、支持、鼓励等方式使其感到社会工作者的温暖,从而消除青少年防卫、戒备的心理,使其敞开心扉、愿意吐露心声,建立真正比较深入、信任的关系。在交流与活动的过程中,青少年除了能感受到物质层面被照顾之外,也能体验到内在精神层面的茁壮成长,一步步发现自己的能力,并在社工的鼓舞、陪同反复练习以及经验梳理的过程中,减少越轨行为,提高人际沟通与交往能力,提高生活与问题处理能力,改善对生活与生命的态度,提高自信心、抗逆力与自我效能感。需要强调的是,咖啡屋的大门并非是一道界限,社会工作者并非只有在咖啡屋内才会提供这样的复苏陪伴与持续关怀,而是依据青少年当下的不同情况提供个性化的服务与帮助。社会工作者也会在咖啡屋之外的场域与青少年见面,并提供吃喝和建立关系,使后者感觉像在家里一样被照顾。同时社会工作者不对服务的时间、频次设限,而是采用弹性的、长程的陪伴与助人工作方式。

(4) 澄清边青中心与咖啡屋的运作方法与规则。

边青中心与咖啡屋的宗旨是让青少年有一个安全且正向学习与互动的环境,为了避免有不当状况发生,社会工作者会让进入咖啡屋的青少年了解边青中心的运作方法以及在两个场域活动的相关注意事项,使其理解咖啡屋的规则,并珍惜爱护咖啡屋的公共空间与环境,介绍朋友共同到咖啡屋参加活动。在刚开始的时候,社会工作者也担心青少年不熟悉路况或在途中遇到突发事件,出于安全考量,会开车去接服务对象并送其回家。

3. 案例反思

在与服务对象建立专业关系方面,该案例有以下五个方面值得反思:

第一,社会工作者需要"另辟蹊径"。面对特殊情况或特殊类型的青少年,社会工作者在提供服务尤其是在建立专业关系的时候,不能走"常规"之路。因为这一类服务对象绝不会认为自己有问题,也不会感到自己需要帮助,更不会自行跑到专业服务机构寻求帮助,即便被要求至专业机构接受服务也会充满抗拒。

这种状态无疑对专业服务和专业关系的建立带来巨大挑战。因此,社会工作者必须根据这类服务对象的情况、特点、行为方式乃至兴趣爱好等,制定出不同寻常的服务方案和建立关系的有效策略。

第二,社会工作者需要秉持"营销"的理念,在开展定点服务与外展服务的过程中,与青少年逐步建立良好的专业关系。"营销"理念指的是社会工作者将青少年工作视为"服务"而非"慈善",机构在切实为青少年提供福利服务的同时,应注意如何将机构的服务宣传与"推销"出去,使青少年能主动选择"消费"而非被动接受(蔡忠,2009)。青少年主动"找上门"的可能性不大,若要找到潜在的案主,提升案主寻求服务的动机,与其建立良好的专业关系,社会工作者就需要使出浑身解数"打广告",将自己视为资源并调动可利用的资源,宣传自身与机构的功能与优势,吸引青少年,并用真诚、亲切的态度与幽默风趣的谈吐打破青少年对成年人的刻板印象,转为"这个朋友好像可以交""他说的那个地方去看看也未尝不可"的印象。

第三,社会工作者需要掌握"包装"的技术。若想使服务的"销量"更好,社会工作者还需学会如何"包装"自己和服务内容。在案例中,社会工作者在了解青少年心理特征与流行文化的基础上,通过在青少年聚集处开展感兴趣的活动,吸引青少年的关注与参与,获得其好感,将后期为案主提供的服务包装成青少年喜闻乐见的形式,寓教于乐。同时,社会工作者需要注意避免权威感与说教方式招致青少年的反感与抗拒。

第四,社会工作者需重视青少年的需求、关注青少年生活,并提供充足的资源支持。若想与案主建立持续、稳定的专业关系,在服务输送的过程中,社会工作者不能"想当然"或"包办",在青少年的视角中,这样的理念和行为与传统教育体系的老师和家长无异。相反,社会工作者要采取弹性与开放的方式,主动了解案主在物质、心理、精神等方面的需求,充分尊重与接纳青少年,因人而异,在合理范围内,为其提供多元化的专业服务。

第五,社会工作者应当坚定服务信念。具体包括:(1)尊重每位青少年生命历程的独特性,肯定青少年的个人与生命价值,相信青少年的能力;(2)以案主为中心,肯定案主的意愿与抉择,在平等关系的基础上解决问题;(3)强调"全人关怀",不仅关心青少年当下面临的某些具体问题,而且对其"身、心、灵"全方位予以关怀;(4)重视"人在情境中",不以问题视角看待与衡量青少年,更多运用生态系统理论、社会支持理论、标签理论、优势视角理论、增能理论等视角来全面检视案主不协调的生态系统与不健全的社会支持网络,探讨标签化对青少年产生的负向自我概念与烙印,鼓励、支持并协助其创造正向的生活经验与社会联结,改善其心理健康状况,提高青少年的抗逆力、抗挫折能力、复原力,转变其自我认知,提升其自我效能感。

综上所述,边青中心的社会工作者与青少年服务对象的专业关系并非仅是单纯的工作关系。从社会工作者的角度而言,以人为本、非寻解治疗的服务方式,长期、稳定地给青少年如同家人般的爱护、关怀、陪伴与支持,也会因青少年积极正向的情感反馈感动,但基于专业训练的素养,社会工作者清楚地知晓自己与青少年间有一条隐形但清晰、明确、不容许跨越的界限,"是家人的亲切,但不做家人"。从青少年的角度而言,由于边缘青少年年龄偏低,心智尚未完全成熟,通常在功能与结构不完整的家庭中成长,面临学校、家庭多重困境与挫折,或受到较重的心理创伤,较少获得认同与关爱,处于边缘或弱势地位,从小面对各种负向的生活经验,因此其戒备心较强,不太轻易信任他人、敞开心扉、吐露心声。这些青少年更需要社会工作者长期、稳定且真心的尊重、陪伴与关怀,接受其缓慢成长的需求,并通过资源介入的模式,鼓励其获取更多的正向经验,协助边缘群体受到应有的公平、正义的对待与照顾。

第三节　老年人服务领域社会工作专业关系

积极老龄化现在基本上是一个国际共识,在我国,推进积极老龄化的实施与实现,老年社会工作可以拥有一席之地。

一、老年人问题和老年社会工作

由于老年期的身心机能变化,老年人面临许多不同于其他年龄群所遭遇的问题,也不同于自己在其他人生阶段碰到的困难,因此,社会工作介入的内容及专业关系的建立有自己的特点。

1. 老年人身心特点

进入老年期,老年人身体的显著变化是,生理机能下降,行动变得迟缓,身体协调性变差,感觉器官变差;同时,眼睛对色彩的辨识能力有所下降,听力衰退,不容易听到对方说话。相对于外显的生理特征,心理特征更决定了老年人的生活质量与态度。很多老年人在退休之后生活重心发生变化,容易产生自己无用的消极心理状态,内心失落、空虚,如果身体机能也下降很多,就会产生深深的失落感。老年人的行为是在生理特征与心理特征的支配下产生的,老年人喜欢一些公共娱乐活动,比如聚在一起吹拉弹唱、打牌下棋、跳广场舞等,这种活动气氛活跃,有很多同龄人参加,容易吸引很多老年人共同参与。同时,也有不少老年人越来越脱离社会,退缩到自己的家里或生活圈子,也越来越容易多虑和猜疑。此外,喜欢怀旧和回顾,是大多数老年人普遍的行为特征。

2. 老年人社会问题

老年人社会问题的产生与老年人身心变化及行为特征紧密关联,最为突出的问题主要包括:疾病及相伴而生的费用支出和健康照顾问题及经济上的不安全感,心理能力下降和行动不便相伴而生的孤独及日常生活照护问题,由于失去亲人和社会联系减少而产生的精神健康问题及社会支持网络匮乏问题,等等。此外,老年人在各种环境中可能面临年龄歧视,如工作场所、医疗保健和住房。这导致对老年人的负面态度和待遇,并对他们的福祉和生活质量产生严重影响。随着数字化和智能化时代的到来,知识的更新和增加前所未有,老年人积累的知识和经验大多已经过时，而学习机会与资源的减少使其难以掌握现代知识与信息，因此，代际隔阂又日益成为老年人面临的新社会问题。

3. 老年社会工作和服务目标

正因为老年社会问题的普遍存在，所以才有老年社会工作存在的必要性，老年社工也有用武之地。老年社会工作是基于帮助老年人的需要、在长期帮助老年人的实践与探索过程中逐步产生发展起来的，在老年社会工作价值理念指引下，运用专业理论、方法和技巧为解决老年人的需要与问题，向老年人提供全面的保障和服务，以便老年人能够幸福安度晚年的一系列专业活动及其过程。究其本质而言，是老年社会工作价值理念、服务者的道德实践和相关福利制度的有机结合。

从老年社会工作的含义可知其基本功能是帮助老年人解决困难，并满足老年人的需要。具体而言，老年社会工作可以协助老年案主认识并接受老年状态；帮助老年案主重新整合过去生活的意义，从而使老年人产生人生积极、正面的感受；改善老年人与家人的关系；支持老年人积极参与社区活动，使其晚年生活更加充实；为老年人争取权益以及寻找各种社会资源；帮助老年人建立科学、健康的晚年生活方式，积极地应对人生晚年期各种"生活事件"（如丧偶、重病、空巢家庭，等等）；辅导老年人正确认识死亡及接受死亡的来临，减少愤怒及恐惧的消极情绪。从宏观上说，老年社会工作还可以进行广泛的社会倡导，改善老年人生活的社区与社会环境。当然，老年社会工作实施的第一步首先需要与老年服务对象建立起良好的专业关系。

二、老年人服务领域社会工作专业关系的特征

由于老年人的身心特点、行为特征及问题类型所具有的特殊性，除了一般的社会工作专业关系的特征外，老年社会工作的专业关系还具有以下特征：

（1）往复性。由于老年期的机能退化以及带来的认知能力下降、记忆力下

降、情绪改变和人格特征的变化,老年人解决问题的能力、逻辑推理能力、捕捉信息及使用信息的能力、机械记忆力和回忆能力、与外界交流的能力、情绪控制和调节的能力等都受影响或下降,所有这一切均会对老年案主专业关系的建立产生限制,需要社会工作者与老年人重复和多次进行交流、沟通,不断说明与强化。只有这样,社会工作专业关系才可能被建立和固定下来,也才能较为顺利地打开专业服务的通道。但因为需要反复交流,由此衍生了老年专业关系的稳固性和持久性。

(2) 黏连性。紧密地依靠于可信任的对象,这是老年人在建立专业关系方面表现出来的又一个显著特征。老年人社会地位的改变、家庭核心化、外在支持的减少等因素带来的人格特征变化,致使老年案主极易对其高度信任的社会工作者产生依赖甚至过度依赖,要事无巨细地寻求社会工作者的意见或帮助。此种情形对于部分老年案主而言,可以借此弥补空余的时间,缓解孤独的情绪,寻找精神寄托,但对社会工作者而言则需要高度警觉:专业关系的黏连可能带来高度的依赖性,从而影响对象的自主性和能动性。

(3) 包容性。虽然老年人的身心机能和行为能力均有所下降,但老年人拥有丰富的人生阅历和生活经验,这些对于帮助老年人克服困难具有极大的正向作用。然而,丰富的人生经验也会产生消极影响,容易使老年人固执己见,自以为是,听不得不同意见和看法。面对这种情形,包容性就成为老年社会工作专业关系建立的一个重要特征,尤其是社会工作者需要肯定老年人的优点与长处,接纳老年人的建设性建议或消极的看法,尊重和理解老年人积极或消极的态度与行为。

三、老年人服务领域社会工作专业关系的建立方法

基于老年人的身心特点、人格特征以及个人社会地位及家庭环境的普遍性变化,社会工作者在提供服务的过程中需要运用以下一些方法或技巧与老年服

务对象建立起良好的专业关系。

1. 运用怀旧的方法

怀旧是指让老年人回顾过往生活中最重要、最难忘的时刻,从回顾中让老年案主重新体验快乐、成就、尊严等多种有利身心健康的情绪,帮助老年人找回自尊和荣耀的一种工作手法。柯尼特指出,怀旧或生命回顾可以帮助老年人以理性态度审视过去的经验,寻找自己生命的意义,透视生命的本质,了解生命、老化及重建自我概念(奈特,2001),也可以激发当事人重新认识生活和人生的意义,并积极规划晚年生活的信心。运用怀旧的方法尝试与老年人建立专业关系还可以利用一些有效的"媒介",如老年人过去的奖状、奖杯、功勋簿、记录事迹的报刊、照片、视频、日记和相关的个人作品,通过欣赏、讲解、讨论等,能够拉近老年人与社会工作者的距离,并由此产生共鸣。

大部分老年人由于孤独抑或家庭成员的减少,所以一般都乐意与人交谈。尤其是如果社会工作者十分愿意聆听老年人的美好往事,并给予肯定性评价,从而激发老年人的内省来重新体味人生的价值和意义,这无疑会赢得老年人的好感和信任。因而,这是建立专业关系非常有效的一条途径。

2. 建立老年互助小组

把具有相同需求的老年人组织起来,建立自然性的老年人互相帮助、互相支持的小组。借助小组成员的相互了解与彼此信任来搭建对社会工作者的信任,利用小组动力和凝聚力来强化每一位组员的一致性行为,由此推动老年人对建立专业关系的认可与投入。

3. 借助兴趣爱好

现实生活中不少老年人(尤其是广大低龄老人)都有兴趣爱好,比如琴棋书画、体育娱乐、旅游摄影、烹饪编织、养花种草、读书观影,等等。社会工作者如果从老年人的兴趣爱好入手,那么共同的话题、共同的趣味极易消除双方的隔阂和陌生感,从而拉近彼此的距离并产生信任、融洽的人际关系,这种人际关系是专业关系建立的前提条件。

四、老年人服务领域社会工作专业关系案例分析

建立专业关系是老年社会工作服务的第一步,但鉴于中国的文化传统,老年社会工作专业关系的建立势必需要考虑情境性或在地化的因素。

1. 案例阐述

李阿姨系一名72岁的老人,她生性活泼,喜爱唱歌跳舞。未退休前她是单位里的文艺骨干,并且两次荣获区级"劳动模范"称号;退休后生活安排得丰富多彩,经常与社区里的一群姐妹交流举办各种活动。不过,半年前老伴和儿子的相继因病离世,让李阿姨遭遇了巨大的打击,从此一蹶不振,身体逐渐衰退,精神也萎靡不振,整天窝在家中足不出户,并时常有轻生厌世的念头。老人的两个女儿多年前已经远嫁外地和日本,平日里靠电话或视频与老人沟通,在具体照顾方面心有余而力不足。总之,李阿姨的状况令人堪忧。

亲邻家庭服务中心的社会工作者在社区探访中接触到这个案例,经过向居委会及周围邻居初步了解情况后决定为该案主提供个案服务。第一次三人组上门探视老人,结果案主表现得非常冷淡,连门都不开,双方只是隔着房门简单地寒暄了几句。第二次上门,社会工作者联系了居委干部一起前往,在后者的陪同下案主终于开门迎客,但大家还是无话可说,气氛非常尴尬。第三次社会工作者改变策略,联系了居委干部、社区医生和志愿者共同探望老人。在医生为老人检查身体的同时,征得案主的同意,志愿者为老人整理房间清理垃圾,恢复房间整洁干净的面貌,此次探访案主明显话多了很多,脸上也露出了些许笑容。社会工作者趁热打铁,在第四次探访时邀请案主的朋友一同前往,结果让案主极度惊喜,大家愉快地交流了很长时间,案主的精神状态有明显的好转。社会工作者趁势与案主签订了服务协议,主要目标是协助服务对象克服丧亲带来的创伤,重新恢复健康、科学和快乐的晚年生活。至此,社会工作者与案主初步的专业关系已经建立起来。

在以后的专业服务中，社会工作者通过翻阅老照片、回顾以往的光辉经历及进一步联络案主的朋友们并获得她们的支持，逐渐使案主再次走出家门并建立重新恢复美好生活的信心。社会工作者与案主的关系朝着正向发展，甚至案主提出要与社会工作者建立干亲关系，直至有一天案主病发不得已向社会工作者借钱治病，双方的专业关系由此面临挑战。经过慎重讨论以及与督导的磋商，社会工作者一方面向案主重申社会工作服务的伦理守则与相关规定，另一方面紧急联系基金会并在社区发动众筹，最终筹得案主治病所需资金，协助案主完成治疗。在八个月服务期满时，案主恢复了正常的社会功能，社会工作者也达成了服务目标。

2. 案例分析

上述案例表明，社会工作者与案主的专业关系建立有一个发展的过程。刚开始的时候，社会工作者试图以纯粹专业的方法与案主建立联系，结果案主表现得十分冷淡。于是，社会工作者汲取教训，在充分考虑中国国情的情况下，以准行政关系（居委会）和人情关系（朋友）为切入口和媒介，取得案主的信任，逐渐"打入"案主的家庭内部并与之签订了个案服务协议，双方对个案的服务目标及内容达成了共识，从而过渡到专业关系。此后，社会工作者运用了怀旧的方法和朋友们的团体动力，甚至利用"准亲人"关系，维系、发展和进一步推动了社会工作专业关系。

当案主遇到经济困难向社会工作者借钱暂缓燃眉之急时，双方的专业关系面临考验。因为借钱的事情一旦发生，专业关系就会演化成双重或多重关系，至少社会工作者与案主产生了债权人和债务人关系。这种债权关系在具体的服务过程中极有可能与专业关系纠缠不清，使得案主对社会工作者产生依赖，从而使其有可能失去客观公正的立场，出现角色混乱、能量耗竭的状况。同时，社会工作者会有以下担心：第一，案主确实遭遇困难急需经费治病；第二，如果不借钱，案主会觉得社会工作者不通人情，明知自己有困难也不帮助自己，这将破坏建立已久的人情关系乃至专业关系。由此，社会工作者面临着如何处理社会工作服务过程中双重关系的界限和合理性的挑战。幸亏在这个案例中,社会工作者始终能够保持专业的敏感度,掌握专业的界限,比较熟谙专业服务的灵活性与艺术性,能够充分利用和连接外在资源,从而解决了案主急需解决的困难,使专业关系继续健康、良好地发展下去,专业服务也能够圆满地到达终期。

3. 案例反思

上述案例可以有以下四个方面的反思。

第一,在西方,社会工作已经成为社会福利制度的一个重要组成部分,已经成为家喻户晓的专业、职业和制度设置。而在中国,社会工作的实施包括专业关系的建立,还得借助已有的行政系统和人情关系,或要先与案主建立"人情关系",以获得案主的信任,才能顺利过渡到专业的服务关系。一味地强调专业关系或刻板、僵硬地使用专业规范或准则,在中国的文化情境中执行起来恐怕会遭遇很大困难,尤其在服务的开始阶段更加难以施行。

第二,中国是一个讲求情面和"差序格局"的社会,专业关系的建立不可能脱离这个文化和社会基础,所以,"亲人式的专业关系"或"朋友式的专业关系"有时比纯粹的专业关系有效得多,特别是在某些服务领域,如老年人社会工作服务,人情和专业更加需要具有弹性与相互渗透性。

第三,"人情关系"和"专业关系"在不同的服务阶段具有顺序和比重的差异性。在开始阶段,社会工作者与案主的关系大多是一种"人情关系"为主、"专业关系"为辅的状态,因为案主对社会工作者角色需要一定时间的适应。随着社会工作者不断向案主重现专业符号和话语,案主对社会工作的专业认知开始深入,逐渐接纳社会工作者的专业话语和服务,并对他们的工作予以支持和配合。此时,两者的关系慢慢地呈现更多"专业关系"的色彩,"人情"和"专业"之间的界限也逐渐显现。

第四,在中国的文化背景下,专业关系中包含了人情因素似乎无可避免,但在专业关系中,有些因素的本质或核心绝对不能被渗透、突破、遗弃或替代。因此,在建立专业关系和提供服务的过程中,社会工作者应该始终说明服务的缘由和立场，协助服务对象明白社会工作者提供服务的目的是出于专业考虑而非人情因素。在服务内容的交流上，社会工作者应该通过服务协议的签订促使案主明白，社会工作者提供的服务是在其工作职责范围之内的；通过保密等原则的说明，突出社会工作者处理工作的专业要求，促使案主感受到社会工作者与日常邻居朋友的不同，从而树立专业的形象。同时，社会工作者在服务对象提出求助并甄别服务对象的需要的时候，需要运用专业方法进行处理，在适当的时机展现专业的立场、态度和工作方式，以此来明晰社会工作者与案主间的专业界限。

第六章 社会工作专业关系在实务领域的
运用（下）

随着社会治理和社会建设的深入发展,许多社会事业越来愈迫切希望社会工作作为一个重要的社会力量参与其中。近年来国内在家庭、学校、医务等领域的社会工作都有长足的发展,具体领域的社会工作发展及专业水平的提升又离不开专业督导服务的配合与支撑,因此,深入探讨家庭、学校及督导等领域的社会工作专业关系,对这些领域的社会工作专业发展意义重大。

第一节　家庭服务领域社会工作专业关系

虽然每个人都是独立的个体,但家庭是其无助、迷茫时避风的港湾。同时,家庭是社会的细胞和基本单元,和谐的家庭是构建和谐社会的基础,因此帮助改善家庭关系、解决家庭问题与矛盾、增进家庭社会功能一直是社会工作努力的方向。也有学者认为,家庭社会工作以社会工作方法或理论,并以家庭为中心维护家庭的完整,视家庭为一个整体并顾及家庭中每一个成员的要求,提供各项家庭服务，以解决各种社会问题。问题解决的过程，包括对整体家庭及家庭成员两者的需要进行评量、介入及评估等(周月清,2001)。朱东武、朱眉华(2011)认为家庭社会工作是以家庭为中心进行的社会工作介入及提供的家庭服务，其目的在于协助解决家庭问题，改善日常家庭生活，提升家庭自身解决问题的能力，促进家庭关系的和谐及家庭功能的正常发挥。由此可见，家庭社会工作主要以家庭(可能是家庭中某成员或家庭整体)作为服务对象，通常把家庭成员展现的问题看作整个家庭的问题，社工不仅需要协助家庭中的个别成员解决问题，还需要介入整个家庭，改善家庭成员间的互动环境，使家庭的整体功能恢复或进一步起作用。这说明许多家庭成员展露出的问题与背后的家庭情况有关，如果不解决家庭问题或改善家庭现状，只在个人身上下功夫可能收效甚微。故家庭服务领域的社会工作需要深入到家庭之中，与家庭成员维系良好的专业关系，才能更好地调动与运用家庭资源，促进家庭正常运转及发展。

一、家庭社会工作服务和目标

家庭社会工作是以家庭为工作单位，分析家庭目前的问题与困难，并通过专业技术，提供有效方案来解决家庭问题的专业社会工作方法。若要解决问题，需要分析清楚问题的类型以及具体的痛点何在。同时，分析与解决问题的方向也需要家庭社会工作者通过深入了解家庭所处的环境、文化、经济社会地位等情况，并在厘清家庭重大事件或变故、家庭结构与内部关系、家庭互动模式、家庭权力/地位/角色分配与分工情况、家庭外部社会网络之后才能逐渐明晰。若想收集到这些信息，社会工作者需要想方设法，运用专业技巧进行个别访谈、家庭会谈或进入家庭场域观察，这也要建立在社会工作者与家庭的专业关系基础上，后文将对此予以展开论述。

朱眉华(2009)认为家庭社会工作服务的目标在于协助解决家庭问题，改善日常家庭生活，提升家庭自身解决问题的能力，促进家庭关系的和谐及家庭功能的正常发挥,并总结出家庭社会工作主要有以下七个具体目标:第一,帮助家庭成员更有效地管理其日常生活及互动,以减少压力和提升家庭的和谐度;第二,帮助家庭学习更有效地解决问题的技巧,以减少危机的发生,并更有能力去应对不可避免的危机;第三,帮助家长学习和改进教育孩子的方法和技巧,以适应孩子成长过程及个性化的需要,改善和促进亲子关系的良性互动;第四,帮助家庭成员学习有效地解决冲突的技巧,支持家庭能以一种建设性和促进成长的姿态来应对那些不可避免的压力和争议;第五,帮助家庭成员进行有效的沟通,使他们可以直接、真诚和清楚地表达自己的需求和渴望、失望和痛苦,避免破坏性的家庭互动,建立正向的、具有建设性的家庭沟通模式;第六,帮助家庭建立起个人、家庭与社区的网络联结,提升解决问题的自助和互助能力,使家庭在承受困难和压力时能得到相应的社会资源;第七,帮助家庭能够赏识每个成员的潜能和独特价值,从而为其成长和发展拓展更大的空间、赢得更多的机会。

与上述目标相呼应,家庭社会工作者在帮助家庭实现改变的过程中可能会扮演支持者、教育者、咨询者、使能者、动员者、协调者以及倡导者的角色(Colins, Jordan & Coleman, 2001)。谢秀芬(2011)根据詹曾和哈里斯(Janzen and Harris, 1997)的论述,对家庭社会工作服务的目标进行了详细分析,主要有:改变家庭成员的感觉和行为,增强家庭的结构(包括提升家庭成员和家庭系统改变的能力、改善阶级组织与次系统的功能、制定良好明确清楚的家庭规则),使家庭成员间的关系与界限清楚(包括涉入与疏离、分离与个别性),改善家庭成员间的沟通以及促进家庭与环境(如亲属网络、相关组织团体、社会机构、学校、社区、职场等)的互动。

二、主要家庭问题

家庭是社会环境的重要组成部分,是社会的基本构成单位,家庭对社会有愿景,社会亦对家庭有所期待,二者是互相依存的关系。社会的变迁影响了家庭的结构与功能,家庭的变化也会影响社会的发展。随着经济与社会的发展,我国对传统的家庭观念有所转变,越来越多的家庭问题暴露在公众的视野之中,人们对此也越来越重视。谢秀芬(1997)认为一个家庭社会工作者对家庭的协助应涉及四个方面的问题:第一,家人关系的问题,如夫妻关系、亲子关系、婆媳关系等发生冲突;第二,家庭成员缺损所导致的问题,如单亲家庭或家人入院、受刑、接受养护所产生的家庭问题;第三,家庭成员有社会适应的困难问题;第四,缺乏社会资源或与其他社会制度有关的问题,即重视家庭制度本身功能的发挥胜于家中个人。同时,谢秀芬(2011)认为家庭社会工作服务的功能是多面性的,包括生物、心理、社会、伦理、经济、政治、宗教等各个功能的总和,如经济协助(因家庭入不敷出)、心理社会服务(夫妻或父母、子女间角色认知及价值观不同,引起相互之间的冲突、失和、代沟问题)、社会服务(配合社会资源和邻里关系)、制度层面(建立一种社区对家庭的网状服务体系,使家庭在社区中得到固定的支援,而不再孤立,儿童、青少年、妇女、老年人等均能在社区的各种福利体系中得到保护)等。

学界与社会普遍关注的家庭问题主要包括婚姻问题、家庭关系问题、家庭暴力问题、家庭教育问题以及特殊家庭问题等(朱东武、朱眉华,2011)。

第一,婚姻问题。婚姻问题是指由于种种压力导致夫妻婚姻出现问题,具体而言指夫妻之间的关系出现问题,主要包括:夫妻缺乏沟通或沟通不畅(如冷战、互不理睬、误会、矛盾冲突、运用语言或非语言方式相互攻击等);经济纠纷(如婚前婚后或离婚的财产清算与分割、子女抚养费纠纷、老人赡养与遗产继承纠纷、养父母与养子女间抚养与继承关系纠纷、夫妻共同债务分割、房产纠纷、家庭亲属间经济往来纠纷等);夫妻间对权力与责任协商不一致(如夫妻角色分工纷争、某方或双方未能良好履行在家庭中的责任与义务、家庭大事小情的决策权纷争、家庭内的权力地位分配等)。除此之外,出于旧情新恋、婚姻倦怠、追求刺激、满足性欲、报复另一半等原因的婚外恋,也是造成夫妻感情破裂、婚姻危机的重要原因。

第二,家庭关系问题。家庭关系指家庭成员间的关系,一般指基于婚姻、血缘或法律拟制而形成的一定范围的亲属之间的权利义务关系。家庭关系受家庭内部因素(如家庭人数、代际层次、夫妻对数、区位距离)以及社会外部因素的影响,影响因素具有多元性、复杂性的特点。每位家庭成员在家庭中处于不同地位,扮演不同角色,承担不同的责任与义务。家庭关系反映了家庭成员之间不同的联系方式与互动方式(朱东武、朱眉华,2011)。家庭关系错综复杂。其一是婆媳/翁婿关系,这种关系并非靠血缘维系,属于间接亲子关系,在关系中各方都扮演着双重角色(如婆婆-妈妈/儿子-丈夫)。由于我国传统社会文化因素以及关系的特殊性,自古以来婆媳/翁婿关系就是家庭内部最微妙的关系,同时关系中各方的失落与相对剥夺感,加之生活背景、生活习性、代际观念、家庭权力与地位、经济利益、育儿观念等存在较大差异,容易产生矛盾与分歧。其二是亲子关系,这种关系具有不可替代性、持久性、强迫性、不平等性以及随孩子成长发展的变化性等特点。亲子间经常由于代际差异/代沟,或因父母的期望与孩子的想法或能力不匹配而产生矛盾与冲突,在某些特定时期(如青春期、更年期、赡养期或家庭变故期)这些矛盾与冲突更易凸显。常见的不良亲子关系类型包括养育型(父母除了养育子女外,在其他方面的功能显著不足)、财产拥有型(父母将孩子视为自己的私有财产,要求绝对服从自己的权威,对其随意指挥与操纵)、反向型(父母主导-子女从属转为子女主导-父母从属关系,大小事情由子女决定)、冲突型(在身体、言语或心理层面进行相互攻击与反击)、泛爱型(父母过度保护、限制或溺爱孩子)等。其三是兄弟姐妹关系,常受家庭中其他人际关系或利益关系的影响,比如父母的偏爱可能引发兄弟姐妹不和、妯娌/姑嫂的矛盾纠纷影响兄弟感情、经济政治或权力利益争夺导致家庭不和等。其四是亲属关系,它实质上是由血缘(拟血缘)和姻缘形成的一种权利义务关系,是人所共有的基本社会纽带,具有重要的社会意义(丁文,1997)。随着现代社会的转型与发展,家庭逐渐朝核心化、小型化趋势转变,密切的亲属关系网络在社会生活中发挥着越来越重要的作用,如为家庭提供经济功能(如父母给予子女家庭的经济资助、子女家庭给父母的赡养资助、亲戚在小家庭经济困难时施以援手)、生活功能(如父母帮助接送照看孩子、家人生病住院陪护、买菜做饭、料理家务、坐月子)、情感功能(如情感交流、互相支持、排遣压力)等,是家庭因应压力的重要社会资本,也是消解家庭压力和危机的后盾。

第三,家庭暴力问题。家庭暴力现象长期存在,如今受到全球公众与学界的广泛关注。各国对于家庭暴力的定义不一,《中华人民共和国反家庭暴力法》第二条以及最新的最高人民法院司法解释对家庭暴力的定义及其适用范围和适用对象给出了明确的说明:家庭暴力是指家庭成员之间以殴打、捆绑、残害、限制人身自由以及经常性谩骂、恐吓等方式实施的身体、精神等侵害行为,持续、经常性家庭暴力构成虐待;适用范围包括殴打、捆绑、残害、限制人身自由以及经常性谩骂、恐吓等方式实施的身体、精神等侵害行为;适用对象包括同居关系、抚养照料关系、家庭雇佣关系等共同生活的人(包括不属于家庭成员的人)。从适用对象方面来讲,我国对家暴定义的范围比较广,可能是婚姻暴力、虐待儿童、虐待老人、手足暴力等,也可能是对家佣或家教的暴力。同时,家庭暴力的形式多种多样,如身体暴力(如殴打、虐待、体罚、残害)、精神暴力(如侮辱人格、言语攻击、恐吓、威胁)、性暴力(如强迫性行为、性骚扰、性交易、性剥削)、冷暴力(漠不关心、忽视、遗弃)等。家庭暴力具有隐蔽性强、再发率高、危害性大等特点,且其引发的后果是严重且多方面的,可能通过代际潜移默化习得与传递,如果得不到及时有效的制止与处理,很容易导致婚姻破裂、家庭离散。

第四,家庭教育问题。家庭教育是个体来到这个世界所接受的最初的、最基本的教育,在整个教育体系中占据非常重要的地位。家庭教育一般指家庭中的长辈对晚辈、父母对子女所进行的教育,具有早期性、连续性、权威性、关系上的血缘性、生活上的依存性以及情感交往上的频繁性等特点。一方面,父母的教养方式极为重要,其态度、观念、期望与教育方式对孩子的影响巨大且深远,虽然很多父母愈发重视对子女的教育,但在教育理念与方法上可能会存在一些问题,主要表现为:(1)重智力培养,轻品德素质培育;(2)期望过高,望子成龙、望女成凤,把自身的愿望与偏好强加到孩子身上;(3)重物质需求,轻精神需求;(4)缺乏良性接触、互动与沟通;(5)娇惯溺爱,包办代替;(6)打压、粗暴对待、训斥责骂甚至诉诸暴力。另一方面,当出现父母工作繁忙、外出打工或一些其他特殊情况时,(外)祖父母对孩子的隔代抚养就成为我国家庭教育的重要组成部分。由于社会变迁和代际差异等因素,隔代教育暴露出来诸多问题,主要表现为:(1)溺爱、无条件满足孩子的任何要求;(2)照管方式不当或疏忽;(3)教育理念与方法传统陈旧;(4)重生理需求,轻心理需求。

此外,还有一些家庭因为情况特殊,面临着比普通家庭更复杂的问题。例如,单亲家庭可能出现贫困、关爱与管教不足、关心与支持不足、青少年心理与精神健康等问题;重组家庭可能出现婚姻关系复杂且不协调、亲子关系间或与继亲子关系的不合、孩子的社会化发展等问题;同居家庭可能出现结婚预期不一致、面临社会压力、遭遇法律困境等问题;贫困家庭可能出现教育、医疗、住房、就业、养老等方面的问题,如生活压力大、生活质量低、心理承受能力薄弱、就业与再就业难度大、过度依赖社会保障津贴等;残障人士家庭可能出现精神负担重,经济压力大,教育、就业、婚姻等方面的问题;犯罪者家庭可能出现精神负担重、监护不力、疏于教育、教育方式负面、价值观扭曲、青少年习得性犯罪、犯罪者回归社会与就业困难等问题;吸毒人士家庭可能出现经济困境、家庭破裂、监护不力、疏于教育、复吸、影响身心健康、影响胎儿正常发育、对子女造成不良示范与影响等问题。

三、家庭社会工作专业关系特征

除了本章前面几节介绍的社会工作专业关系建立的一般特征外,由于家庭场域的特殊性,家庭社会工作专业关系在建立的过程中还有自己的基本特点,它们是:

1. 家庭场域内部的封闭性与惯性

自古以来,我国就有"家丑不可外扬""外人莫管家务事"的传统观念,家庭场域内部相对封闭,具有一定的私密性,通常家事外人不好议论和插手。在家庭场域外部,社会工作者无法进行有效探索,也无法对家庭整体及家庭个体成员开展评估、介入等工作,所以社会工作者需要深入家庭内部,与家庭建立合作伙伴关系,由内而外帮助家庭解决多样化的问题。但进入家庭并非易事,对于社会工作者这样的陌生人与社会工作这样的陌生事物,家庭作为一个整体会形成天然的阻抗与屏障,拒绝外部入侵以破坏原来相对稳定的结构,以防带来难以承受的后果。对于因法律规范被动接受社会工作服务的家庭(如家庭暴力、儿童/老人受虐待或被疏忽、药物成瘾等),其阻抗性会更加强烈。同时,家庭生态系统具有一定的稳定性,家庭成员间的权力结构、亲疏关系、角色分工、家庭规则、沟通方式、教育模式均以一个相较稳定的形态存在,甚至以代际传承的形式发展。即使因重大事件或特殊情况导致家庭生态系统出现病态与冲突,其结构形成后也具有一定的惯性,并且家庭成员的思维模式、行为习惯具有很强的惯性,外部力量很难加以干预。

2. 以家庭整体为服务对象

家庭是一个有机整体,家庭成员之间相互联系、相互影响,当个别成员出现困难与问题时,其原因可能不仅与个人有关,也可能与整个家庭有关。家庭社会工作并非只是帮助家庭中的个别成员,或帮助解决个别成员的困难与问题,而是因个别成员的问题顺藤摸瓜进一步发现家庭的问题,将家庭成员的问题视为整个家庭的问题,以整体家庭为介入对象是解决问题的关键,即家庭中的所有成员都是社会工作者的服务对象(朱东武、朱眉华,2011)。换言之,当个体遇到难题,从而难以履行其作为一个家庭成员的职责时,社会工作者会将个体成员的外显问题归因于整个家庭的结构与环境,协助家庭重建的任务与重要性就会远高于仅针对个别家庭成员开展社会工作服务。比如一位经常翘课逃学的青少年,可能不是因为自身厌学叛逆,而是因为其作为非功能性家庭压迫的受害者,想要逃避、反抗或排遣心中压力,因此社会工作者要帮助的不仅是青少年个人,还要介入整个家庭,深入考察其家庭成员、家庭结构与家庭环境等方面的情况。此外,父母出于"管教"目的,对儿童打骂致其身心受到伤害甚至残亡的案例屡见不鲜。长期以来父权制度与观念深深影响着我国的家庭观,许多家长将孩子视为自己的私产,或虐待或疏忽,并将自身的压力与痛苦转嫁到孩子身上。很多人一直秉持着"不打不成器、棍棒底下出孝子"的教育理念,儿童个体不仅身体上受到伤害,还可能出现抑郁、自闭、暴力倾向等心理、精神问题。因此,光从儿童的身心问题入手是无法彻底解决这类问题的,必须依托父母等家庭成员认知行为的转变、家庭教养观念与方式的改善,才能"治标又治本"。所以在以家庭整体为服务对象的家庭社会工作服务过程中,相关的家庭成员都是家庭社工的服务对象,社会工作者需分别与每位家庭成员个体都建立良好的专业关系,关注每位家庭成员个人的阶段性需求,加深情感交流,这是介入家庭开展服务的关键,但这对社会工作者的专业素养与能力来说也是艰巨的挑战。

四、家庭服务领域社会工作专业关系的建立方法

1. 从个体成员切入打开进入家庭的大门

到某个少数民族部落开展田野调查前,研究者通常会寻找一位熟悉情况的当地人作为"带路人""介绍人"来牵线搭桥,以帮助自己顺利地进入研究场域。同样,社会工作者要想进入开展服务的家庭的大门,一位较易沟通的家庭成员就是"房门钥匙"。如果能够先与这位家庭成员建立良好的专业关系,从其口中初步打听到关于家庭的基本情况,或从其身上追踪到家庭问题的蛛丝马迹,那么相对来说社会工作者就能够更容易、更快速地由其带进家庭。社会工作者也可以与这位家庭成员先开展初步的个人访谈,请案主叙述及整理其自身与家庭的状况,了解其看待问题、分析问题的视角、观念与想法。如果难以寻求某位家庭成员的帮助,也可以请家庭成员信任的居委、老师或机构工作人员、关系亲密的家属或朋友等引荐。如果是明显的家庭成员内部矛盾问题(如夫妻矛盾、婆媳矛盾、亲子矛盾等),可以尝试从孩子入手,推荐其参加青少年机构的趣味活动,相互讨论感兴趣的流行文化、游戏、爱好,帮其辅导作业、答疑解惑,等等,从而建立友好的专业关系,再由孩子将社会工作者介绍给家庭成员。因为如果家庭中已有成员处于对立境地,由其中一方将社会工作者带入家庭会被另一方先入为主

地认为是"对方请来的帮手"，可能会引起另一方更严重的抗拒心理，不利于社会工作者后续的调解与服务，而作为家庭"纽带"与"缓冲带"的孩子更适合作为家庭的切入口。这同样适用于亲子矛盾问题，如果由家长将社会工作者带入，孩子可能认为社会工作者是"父母请来的帮凶"，一起来教育我、规训我、否定我，激起其逆反心理，产生更多阻抗。

2. "顺应"家庭搜集信息，打通进入家庭的道路

前文提到，因家庭具有相对封闭性，社会工作者在家庭场域外无法对家庭的现状与困境进行有效的分析与探索，但作为一个"外人"，进入家庭内部时通常会受到一定程度的阻抗。家庭作为一个系统，有其内在的运行机制与既定规则，也有其稳定性与惯性。如果社会工作者以为请家庭个体成员将自己作为"引路人"带进家门就能与整个家庭建立良好的专业关系，未免过于天真。所以在与家庭初步接触的阶段，社会工作者（尤其是新手）很容易犯一个致命性的错误，那就是刚"进门"就站在"指导员/指挥官"的角度上，根据掌握的专业知识和理论对某个或某些家庭成员，甚至是对作为整个家庭根基的结构和规则发起挑战。这时社会工作者并未完全了解家庭内部的情况、事情的来龙去脉，可能仅有一个模糊的概念，就"初生牛犊"地勇敢发问，很容易陷入进退两难的境地。

反之，社会工作者如果要想真正地"进入"家庭，就需要先"顺应"家庭，如同到异国他乡就要尊重当地的民风习俗一样。先带入家庭的立场，顺应并深入挖掘家庭内部当下的系统、结构、风格、规则，家庭成员间的权力关系、沟通方式、互动模式、角色分工、教育模式，等等。需要注意的是，所谓的"顺应"与"带入家庭立场"并不意味着社会工作者要认同或赞同家庭，而是基于尊重、接纳等原则，分别站在不同家庭成员以及整个家庭的视角来思考家庭问题，使自己向家庭一步步靠近。并且，社会工作者可以灵活运用主动倾听、表达关注、同理心、支持等专业技巧，通过幽默风趣、亲切和善、真心诚挚、有边界感的语言、肢体动作、神态、表情、眼神等，释放善意信号，积极主动地与家庭成员表达亲近意愿，缩短与家庭成员间的距离。社会工作者可以赞美家庭成员对家庭的付出与贡献，夸赞家庭

成员的优点,支持鼓励家庭成员的爱好,对家庭成员的苦水倾吐耐心聆听回应,对家庭成员表露出的痛苦适时共情,等等。

当然,社会工作者要想打破家庭对外的壁垒并非易事,信任的专业关系在介入的初始阶段很难完全建立起来,因为家庭内部的矛盾尚未解决,和谐的工作氛围也很难营造,但是"顺应"家庭的技巧对于社会工作者搜集家庭的完整信息有很大助力。需要搜集与观察的信息主要包括家庭基本情况(家庭人口数,各家庭成员的性别、年龄、受教育情况、职业、文化与宗教信仰、经济收入,家庭基本关系等),家庭社会关系网络(亲属、朋友、同事、外部系统等),家庭经历(有时某事件的发生并非偶然,而是原生家庭或者往事埋下的隐患或非理性情绪的日积月累等),影响家庭的重大事件(如亲人重病或去世、夫妻离异、天灾人祸等),以及家庭当前面临的困境与难题。社会工作者不仅要"走进去"也要能够"走出来",抽离家庭现场,站在旁观者的角度,客观、价值中立地理性整合搜集到的家庭问题与细节信息,剖析问题的成因与脉络,评估其复杂性,进而能够在后续思考一系列解决问题的介入方法与步骤,并与家庭成员探讨。

3. 领悟并且学会处理阻抗

通常情况下,阻抗在建立专业关系阶段表现得最为强烈与明显。对社会工作者而言,如果不突破这个阻抗,那么后续的专业关系建立及专业服务的提供均无从谈起。

研究表明,在与家庭建立专业关系的阶段,阻抗通常来自对社会工作者的心理动机,如对外来社会工作者"入侵"打破既有家庭环境的焦虑,对在社会工作者"搅和"进来后可能发生的未知变化的恐惧,对内省、痛苦体验与禁忌内容的回避或无意识抑制等等。对被动接受服务的案家来说,阻抗也可能是因某种"被控制感"或"无力感"而生。墨菲与迪伦(2010:131)认为阻抗是当生活的稳定性与基本隐私受到明显的威胁时,人们合理的自我防御。让案主产生阻抗的主要情形是:自己的某些秘密将被他人发现,或觉得自己在被他人以某种不安全的方式摆布。阻抗以各种微妙和复杂的形式表现,常常混合呈现,具体表现形式参见表6.1。

表 6.1　阻抗的具体表现形式

讲话程度上的阻抗

沉默	沉默是实务面谈中最常见的一种阻抗形式,表现为案主在会谈过程中长时间不说话或不回答社会工作者提出的问题,体现出强烈的抵触情绪。沉默的出现会导致社会工作者产生紧张、焦虑、尴尬等消极情绪,但并非所有的沉默都是阻抗,案主也可能会因为自身的反省而陷入沉默,需要注意区分
寡言	寡言通常是案主没有想说话的愿望,表现为对于社会工作者的提问仅用简单的字词或口头禅回应,多见于非自愿或者对社会工作服务持怀疑态度的案主。寡言会使社会工作者产生挫败感,无法深入了解案主的内心,影响服务进程
赘言	赘言与上述两种情况相反,主要表现为案主积极回应社会工作者,滔滔不绝地讲话,顾左右而言他。其真实目的是减少社会工作者的提问机会,转移他们的注意力,从而回避某些核心问题,避免可能产生的痛苦体验

讲话内容上的阻抗

理论交谈	理论交谈指案主竭力用心理学、医学等相关学科的专业术语与社会工作者交谈。其目的是试图回避自身的情绪问题,为自己的表现辩护
情绪发泄	情绪发泄指案主对于某些谈话议题的强烈反映,表现为夸大哭泣或不自然地大笑。其目的在于避开使案主感到焦虑和精神痛苦的意念,表现出案主对于重新体验痛苦经历的焦虑与抵触情绪
议论小事	议论小事指案主对面谈中无关紧要的小事谈论不休,以达到转移社会工作者注意力、回避谈论的核心问题的目的
虚假提问	虚假提问指案主通过对社会工作者提出表面适宜,而实际毫无意义的问题来回避谈论某一中心议题。这类问题往往与面谈或服务过程本身没有密切联系,也常使社会工作者无从回答

交谈方式上的阻抗

外向归因	外向归因是指案主将冲突与矛盾的原因完全归于外界作用的结果,而回避从自身的角度加以认识。实际上这是心理定势的表现,严重阻碍案主的自我反省,也容易对社会工作者所提出的自我暴露与分析的要求产生强烈的抵触情绪
健忘	健忘指案主在谈论使人感到焦虑和痛苦的话题时所表现出的健忘现象。特别是当社会工作者竭力启发案主去唤起某种痛苦的记忆时,对方会通过各种方式来体现其健忘症

（续表）

交谈方式上的阻抗	
顺从	顺从是案主对社会工作者的每一句话都表示绝对赞同和服从,以使案主无法真正了解其内心世界
控制话题	控制话题指案主要求社会工作者谈论自己感兴趣的话题,从而回避自己不愿意谈论的话题
最终暴露	最终暴露指案主故意在面谈的最后时刻才讲出某些重要事件,使社会工作者感到措手不及,借以表达其对社会工作者服务的某种抵抗
专业关系上的阻抗	
不认真履行社工服务的安排	包括不按时赴约或无故取消约定、迟到、早退,服务进程中的不配合,不认真完成家庭作业要求等
诱惑社工	指案主想尽办法通过言行、着装等来引起、分散或转移社会工作者的注意力,加强自己在社会工作者心中的地位,以影响服务进程,达到控制专业关系发展的目的
请客送礼	案主希望与社会工作者建立密切的私人关系的行为,展现出案主的某种自我防御需要及其控制专业关系的欲望

资料来源:笔者根据网络课程与心理教育资料自行整理。

　　由于阻抗首先影响专业关系的顺利建立,所以面对家庭成员的阻抗反应,社会工作者的应对技巧主要有以下三个方面,详见表6.2。

表6.2　阻抗的应对技巧

与阻抗同在	
观察	有些阻抗清晰明确,如案主无故缺席、迟到或保持沉默。然而许多阻抗行为隐藏得更深,这需要社会工作者保持高度的警惕与关注,具有更加敏锐的觉察。包括观察案主的言语和非言语行为,比如其说话的方式、一闪而过的情感、某种特定的形态与姿势等等;在倾听的过程中,不要放过脑中一闪而过的看似不相关的联想;通过体验觉察自己的情感,对案主应该出现而没有出现的情感保持好奇,在合适时机可以引起话题或追问
肯定化	肯定化技术是对于案主感觉的肯定与确认,具有共情同理的色彩,让案主不再视自己的某些情感或行为为病态,而是接受它存在的合理性。阻抗的共同之处在于回避不愉快的感觉,包括愤怒、罪恶感、内疚、嫉妒、羞愧、焦虑等,社会工作者应该敏感地觉察到这些情绪体验,并利用肯定化的技术反馈

(续表)

与阻抗同在	
提点	提点是指社会工作者委婉地、不带有指责意味地指出案主的非言语行为、模式化的反应、一闪而过的表情或是转移话题等阻抗现象，并可以就此话题展开讨论

理解与解释阻抗	
容纳与分离	容纳与分离意味着社会工作者有双重任务：首先，社会工作者需要去容纳，在意识上忍受自己的思想、情感和冲动，这些与社会工作者、案主及其彼此间的互动有关。这个阶段社会工作者能够意识到自己体验状态的变化，即抱持住自己的感受而不去防御。其次，社会工作者必须能够高效地与当下的体验分离，有能力建立起有效的"心理距离"。但这并不意味着与案主疏远，而是自省：我现在正在体验什么？为什么我有这样的感觉？这是如何发生的？案主引起这个体验的目的为何？
内在工作模式	面临阻抗时，社会工作者需要同时考虑两个方面：案主的内心发生了什么（冲突、焦虑、防御、隐藏的感觉）？专业关系与人际关系发生了什么（社会工作者、案主、重要人物、过去现在与未来）？前者以案主为中心，后者以社会工作者为中心，以此了解案主的内心以及了解社会工作者与案主间的专业关系

应对阻抗	
解除戒备心理	社会工作者在日常服务过程中经常会遇到阻抗，不必把阻抗问题看得过于严重、草木皆兵，这样反而容易使自己陷入负面情绪从而无法积极处理，也使面谈气氛变得紧张。当发现阻抗现象时，社会工作者要沉着冷静，分析阻抗产生的表现形式以及背后的原因，思考应对策略。无论如何，社会工作者都应当尽可能地做好倾听、共情、真诚一致、接纳、尊重与积极关注，为案主营造良好的服务氛围，从而打消案主的顾虑，解除其戒备心理，使其开诚布公地谈论自己的问题，同案主建立起良好互信的专业关系
正确分析	阻抗的表现形式多种多样，且案主在同一阶段可能会兼具多种阻抗形式，在不同阶段也可能会展现不同的阻抗形式，所以对阻抗作出正确的诊断与分析尤为重要。有些阻抗与案主心理问题和过往经历有关，有些与其性格特质有关，有些与移情和反移情有关，需要具体情况具体分析，不能一概而论。阻抗背后隐藏的往往是深层问题，而非最初所谈论的表象，社会工作者若能及时把握，将有助于问题解决与服务进程的顺利开展
以真诚帮助的态度共商阻抗	社会工作者一旦确认阻抗存在，无须加以掩藏修饰，可以把所捕捉到的信息以诚恳、共商的态度反馈给案主，向其解释阻抗形成的原因，并表示希望共同跨越这种阻碍，帮助案主解决问题、改善处境。同时利用案主的好奇心，与案主一同寻找阻抗的来源，调动案主面对阻抗的积极性

资料来源：笔者根据王晓红（2011）与张俊芳（2012）的相关文献自行整理。

阻抗是服务过程中问题深化的突破口,是确定服务目标重要的参考因素,是选择更有效专业服务方法与途径的重要依据,同时也是洞察社会工作者自身不足之处的利器。社会工作者要突破阻抗,首先要根据专业理论与方法,识别阻抗,了解阻抗产生的原因与性质,并具备相应的服务技巧,与案主一同寻找阻抗的来源,并向其解释清楚,使其认清阻抗产生的根源,挖掘阻抗背后的"隐藏议题"。此外,阻抗还是社会工作专业关系的一面镜子,阻抗能够较客观地反射出服务过程中社会工作者与案主的专业关系与互动关系,在某种程度上来说,阻抗是专业关系中移情与反移情的重要体现,通过对阻抗的及时分析,社会工作者与案主能够更好地调整专业关系,向健康、良好、互信的方向发展。

五、与家庭建立与发展专业关系的基本技巧

其实,上述应对阻抗的技巧已经涉及了建立关系的一项重要技巧,但还远远不够,在实务过程中,下列技巧对于建立专业关系同样重要。

1. 维护

维护是家庭社会工作者在结构家庭治疗法中常用的顺应技巧,用以给家庭有计划的支持,能够让家庭成员感到被肯定、关心,有同盟感,拉进社会工作者与案主之间的距离。具体操作包括积极肯定家庭成员的优点和潜力,支持某个家庭次系统,支持某一成员在家庭中的地位等。维护通常是一种增强原有结构的行为,但维护的运作也可能具有重构的功能。

2. 追查

追查也是一种顺应技巧,最简单的追查形式是询问、澄清问题,给予赞许的表示,表现出有兴趣的表情,提示他们继续交谈或提出扩大某要点等。在这一过程中,家庭社会工作者一般不挑战其对话与行为,这样有利于深入探索家庭结构并了解家庭内部的关系和故事。

3. 支持

支持在建立关系与服务开始阶段特别重要，支持的第一步是减轻家庭成员的不安与焦虑情绪；第二步是保证，即肯定家庭成员的某些行为，作出关于治疗效果的必要承诺等，在社会工作者作出保证之前，一定要对案主达成目标的能力进行恰当的预估。

4. 探讨和描述

探讨和描述是指家庭社会工作者用点头、微笑、沉默、专注的神情或者语气来表达对案主描述的倾听，同时鼓励案主表达内心的感受。

5. 宣泄

宣泄指家庭社会工作者专注于案主毫无阻碍地表达负面情绪，帮助其排遣与发泄，可借助于发泄室、发泄道具或者沙盘与艺术媒介，常见的负面情绪包括愤怒和憎恨、悲伤、内疚和焦虑。

6. 倾听

倾听是社会工作最基础的技巧，但对运用家庭叙事治疗手法的社工而言，与以往专注于问题、资源的面谈不同，社会工作者需要尝试让自己配合家庭成员，通过他们的观点和言语了解他们为什么来求助，并分析家庭中站在不同角度、秉持不同立场的成员对同一事实的不同叙事。

7. 平等地对待每位家庭成员

家庭社会工作者需要注意每一位家庭成员的名字及称呼方式；在联合会谈前说明用意与规则；请所有参与的家庭成员表达自己的想法和感受，控制平均时长与频次；保持中立，客观地重视每一位成员的发言并运用同理技巧；适时制止非理性成员打断会谈，及时调停纷争；多使用反应性的讨论，让成员之间有互动并对发言者的想法及感觉进行反馈；与家庭成员们共同发掘问题发生的原因、背景、家庭互动模式与权力关系、对家庭的愿景等，并初步达成共识。

8. 发掘家庭内在与外部资源

资源链接一直是社会工作者必备的专业技巧，这不仅有助于问题的解决，也有利于快速获得家庭成员的认可与信任,让他们觉得"社会工作者真的是来帮助我们的"。所以家庭社会工作者需要思考家庭系统有哪些潜在的优势、能力、资产、能量等资源,詹曾和哈里斯(Janzen & Harris, 1997)认为,家庭的整合与凝聚力、家庭成员的自我功能与因应能力(如勇于面对与改变、心存善念、主动寻求资源、自尊程度、乐观与正向思考、独立自主的能力、道德感、洞察力、坚韧刚毅的性格、幽默乐观的天性等)、适应力与沟通能力、安全的经济来源(稳定的工作与家庭收入)、健康、智力、工作技能等方面都是家庭资产,能够影响家庭发生改变或在困难时有助于调适。

家庭不仅有内在资源,也有外在资源。家庭与外在系统的连接即家庭外在资源,包括非正式资源与正式资源。非正式资源如各家庭成员在社会上的人际关系网络,这是一种支持性资源,由亲戚、同学、朋友、邻居、同事、网友、社团成员或其他相识的人所构成,形成了一种"自然支持系统"(natural helping system),他们为家庭成员提供情感与心理支持、照顾、分享、陪伴、物质帮助等,或形成一个互助体系,来对抗生活压力的缓冲力量,对问题的解决很有帮助。正式资源包括各种形态的社会服务机构与社区资源(如养老服务中心、家暴庇护场所、中途宿舍、医院、学校、疗养院、活动中心等)以及志愿服务团体(如大学生志愿者课业补习、法律援助志愿者提供咨询、医院志愿者提供引导或协助安宁疗护服务等),这些都是家庭支持性、补充性或替代性资源,如日间托育班、庇护所、寄养家庭、上门医护人员、就业辅导咨询人员、亲职教育者、家政服务、送餐服务等,都能为家庭提供更多支持与帮助,增强家庭功能。

六、家庭服务领域社会工作专业关系案例分析

1. 案例阐述

张先生73岁,与70岁的妻子李女士育有两个儿子,长子41岁,次子36岁。张氏夫妇为培养两个儿子付出了极大的心血,努力扮演好父母的角色。长子目

前是一名机械工程师，与同龄妻子刘女士和 6 岁的儿子共同居住在外，有着自己的小家庭。次子去年虽已结婚，但他和妻子一直与两位老人同住，渴望拥有自己的生活，经过多次商议之后，次子夫妇二人搬离老家，目前家中只剩下两位老人独自生活。

张先生虽然两鬓斑白，但身强体健、精神矍铄，每周必约上三五同伴在江畔垂钓。不幸的是，有一次他在收杆时不慎摔倒，导致脑血管破裂、脑卒中，左右身体不协调，手脚知觉度下降，无法掌握平衡，无法自由行走，生活难以自理。李女士也上了年纪，行动不便，很难周全地照顾丈夫。因此，两个儿子商议如何照顾家中的两位老人。长子觉得自己人才能照顾好，所以建议两家轮流照顾父母，次子则认为夫妻二人工作都很忙，无法很好地照顾父母，所以建议将父母送到养老院，但家中长子更有话语权，所以最终敲定由两家轮流照顾。

长子的妻子是全职妈妈，当二老居住在长子家时，她可以有较为充裕的时间来照顾，但两代生活习惯、作息时间与对下一代的教养观念与方式都不相同，婆媳矛盾愈演愈烈。而次子与妻子新婚燕尔，尚处于甜蜜期，夫妻二人工作又相对忙碌，并不能为二老提供妥帖的照顾。二老无论在哪家居住，家庭气氛都较为紧张，一气之下决定搬回原本的老宅。

家庭社会工作者知晓老人缺少关怀与陪伴，通过居委的帮助顺利进到老宅慰问二老，并多次主动上门与老人"闲聊"，倾听二老的不满与抱怨，表达自己的关心，成功与二老建立良好的专业关系。社会工作者希望与每位家庭成员进行沟通，了解具体的情况，而非仅听片面之词，同时希望在这一基础上开展家庭联合会谈，让每位成员都坐下来平心静气地互相沟通，互相理解，改善彼此间的关系，并商讨出一个合理的解决方式。因为老人在家庭中地位最高，说话也相对有分量，所以社会工作者劝说老人，希望能够借老人之口召集儿子儿媳在老宅召开"家庭茶话会"。

社会工作者在会谈开始之前，与每位家庭成员单独讨论，了解其各自的需求与想法：张先生的主要需求是身体需求，希望有人能够协助、照顾他的日常起居与饮食,而其心理需求是希望得到家人更多的关心与关注,不希望被忽视;李女士的需求主要在心理层面,希望受了伤的丈夫能够得到妥善的照顾,夫妻二人能够安享晚年,自己能与孙子有更多互动,享受天伦之乐;长子希望妻子能与父母和谐相处,不要总是吵架或向自己抱怨;长子的妻子希望二老不要以传统的习惯与观念来干涉她原本的生活与教养方式,也希望长子不要一味地站在父母的角度,而是能给予她支持,为她说说话;次子与妻子二人都觉得自己刚结婚不到一年,希望过独立不被打扰的二人世界,在忙碌的工作结束后能够享受短暂的休闲时光。

在会谈之中,社会工作者先用游戏的方式澄清规则并缓和气氛,具体的操作是切一盘苦瓜,并规定成员如果出现某种行为就惩罚其当场吃一块苦瓜,比如说脏话、语气过激、拍桌子、长时间沉默,等等。经由社会工作者引导,家庭成员在会上都表达了自己的需求和难处,澄清了自己的想法并提出照顾的建议。比如张先生先表示很自责,要不是不小心受伤也不会牵扯出这么多问题,自己也不愿意在儿子家中给小夫妻添麻烦,但事出突然,大儿子盛情难却,也只能顺着儿子心意,同时对儿子的态度感到失望,因为实际上两个儿子都没有太重视和照顾自己;李女士为自己经常指摘小辈生活习惯感到抱歉,希望儿子儿媳别对自己抱有偏见,并提出丈夫与自己还是住自己的房子比较习惯;长子的妻子认为老公想当孝子,但光说不做,回家不分担家务,只坐在沙发上看手机,让她承担一切照顾责任与压力,婆媳关系出了问题,不站在她的立场考虑也不愿听她抱怨;长子则表示自己不放心老人自己在家住,不是不愿意照顾父母,而是工作太忙太累,只能让妻子来代替,也没意识到妻子的心理压力这么大,并承诺分担一部分家务;次子与其妻子表示并不是不想照顾父母,只是事业正处于上升期,忙碌辛劳,白天也都不在家中,且二人新婚没多久,下班之后想过过简单放松的二人世界,因此建议请一位看护到老人家中照顾,费用都有能力支付,两家平分即可。长子认为作为儿子应该尽孝道,最终大家共同探讨出一个计划:老人还住老宅,周一至周五由看护照顾,周六长子照顾、周日次子照顾,如果平时有空各自常回家看看双亲，长子的妻子也会经常带孩子过去让孙子与爷爷奶奶同乐。这则计划在实行一个月后评估下来可行、可持续，婆媳关系因双方充分表达了自己的感受使对方理解而得到改善。

2. 案例分析

在案例中，家庭社会工作者采取了以下策略顺利进入家庭，与案主家庭建立专业关系并开展服务。

其一，社会工作者从家庭中的个体成员切入，顺利进入整个家庭，进而与其他家庭成员建立专业关系。两位老人身心都受到打击，正处于急需陪伴、关怀与发泄心中愤懑的状态，需要社会工作者的帮助。因为直接上门显得很突兀，社会工作者便经由熟悉案主家庭情况的居委牵头，带了香蕉、橘子等老人方便吃的水果，一同上门慰问，一来二去，社会工作者与老人便熟络了起来，成功与其建立专业关系。同时，社会工作者也借助老人的力量成功召集所有家庭成员开展家庭联合会谈。

其二，社会工作者在开展服务的过程中平等地对待每位家庭成员，与每位成员均建立良好的专业关系。家庭是一个有机整体，每位家庭成员都是家庭社会工作者的服务对象，因此社会工作者需要关注每位家庭成员的想法、诉求与意见，而不是仅听某几位的片面之词，需要综合考量之后再做判断。在与每位家庭成员沟通的过程中，社会工作者运用倾听、同理、维护、顺应、支持、宣泄、肯定化等技巧，降低其阻抗与防御心理，引导其表达心中真正所想，并通过展露自身的专业性与之建立信任的专业关系。

其三，社会工作者运用游戏及轻松幽默的方式进行角色扮演与角色互换，增进家庭成员间的情感联结以及社会工作者与家庭间的情感链接，减轻家庭成员拘谨心态，缓和紧张气氛。除了前文提到的吃苦瓜游戏外，社会工作者还利用沉浸式体验(VR)游戏设备请成员一同玩一款模拟家庭日常生活的游戏，在游戏中他们借助虚拟人物互换身份，做着家人在现实生活中做的事，体验对方的人生、角色、情绪与思维，彼此共享经历和记忆，增进双方的互动与情感联结。此外，社会工作者在游戏运行一段时间后也加入其中,创建了一个属于家庭的角色,成为大家庭中的新成员,一同参与到家庭故事的画卷之中。这样一来,社会工作者与家庭成员们在虚拟游戏中成为家庭共同体进行沟通、互动,互相帮助、相互扶持,在现实中彼此间的专业关系也可更进一步。

3. 案例反思

上述案例为我们带来以下三方面的思考。

首先,家庭社会工作需要社会工作者以家庭为整体与每位相关家庭成员建立专业关系。社会工作的目的在于助人自助,服务的最终目的并非是由社会工作者提供解决办法,而是需要家庭成员共同商议解决问题的方法。因此,社会工作者需探明需要参与问题解决过程的成员都有哪些,了解其个人情况,他们有何种需求、想法、意见与建议,这样才能更好地与其建立专业关系,使其更积极地参与到改善家庭关系的过程中来。同时,家庭作为一个有机系统互相关联,个别家庭成员的变化会影响到其他家庭成员的改变,因此社会工作者可先尝试与某位家庭成员建立专业关系,提供服务,引导其改变原有的思维逻辑与行为方式,再寻求其他家庭成员的配合与应对。

其次,家庭访视是建立良好专业关系的重要步骤。家庭成员在自己家中会感到比较放松、熟悉、有安全感。俗话说见面三分情,通过与案主家庭面对面接触,社会工作者可以了解其家庭概况、社会支持网络、相关内外资源等,并且家访工作能使自己与所有家庭成员互动,家庭动力、家庭成员间的复杂互动、家庭冲突以及家庭环境是如何影响其行为等内容将浮于水面。与家庭成员间的关系是互信的合作伙伴关系,这种关系强调合作与协同行动,社会工作者需凭借敏锐的洞察力与倾听能力,了解家庭成员话中的情感与内涵,同时还需知晓如何询问、探究与鼓励,并有弹性地直接回应家庭的需求与压力,建构家庭整体与家庭成员的优势,有能力评估何时何地需要提供何种服务,连接何种资源,帮助家庭从过去或他人成功的经验当中学习,共同探讨和商议计划或决策。

最后,家庭与社会工作者的合作伙伴关系需遵循专业界限。即使给家庭成员澄清专业关系的界限与原则，他们也很难真正理解或在相处过程中坚持，甚至可能会误会社会工作者的一片真心。因此，专业界限主要由社会工作者时刻把持、觉察与反思，以免造成无法维持公正性、家庭依赖、利益冲突等后果。如何与家庭保持适当的专业距离，又能让家庭感受到社会工作者的真诚关怀，是家庭社会工作者经常面临的难题。与家庭平等信任的合作伙伴关系、朋友关系或服务关系都既有交叠又有分隔，社会工作者与家庭间需要留有一定的边界，在各自的边界内进行互动。如在案例中，长子白天上班，孩子在幼儿园，妻子比较孤单，想约社会工作者一同看电影，被其委婉拒绝。还有一次长子的妻子临时有事，希望社会工作者能代她接孩子回小区等她1—2个小时，这其实超出了社会工作者所应提供的服务范围，考虑到她的特殊情况，社会工作者想到一个折中的办法：开车到老宅接走不了远路的李女士一同到幼儿园接孩子并带回老宅再离开。这样一方面解决了长子的妻子的燃眉之急，在安全与有家人陪伴的情况下接回孩子，以免出现特殊情况，平添本不应承担的责任；另一方面，也可以满足二老与孙子共享欢乐时光的需求。由此可见，专业界限灵活、弹性的设定有助于专业关系的维系和发展。

第二节 学校服务领域社会工作专业关系

学校社会工作是社会工作者依据专业的理论和方法，在学校教师和管理人员的密切配合下，以学校为工作范围，以帮助学生解决问题和促进学生成长为工作重点，为学生、家长、教师及相应的学校环节提供服务的一种专业活动（范明林，2007）。社会工作的服务对象包含青少年学生、学校教师及行政人员、学生家长以及教育部门相关行政性工作人员，主要服务内容包括心理咨询、行为矫治、家庭辅导、社会资源链接、家校社协作共促、社会政策制定参与和倡导等，以助力学生全面发展（王迎，2022）。虽然学校社会工作的服务对象主要是学生，属于儿童和青少年,但社会工作专业关系的建立与发展会在学校场域的影响之下,呈现出不同的风格与面貌。

一、学校的群体需要与社会工作介入

学校服务领域的社会工作十分宽泛,从学校层级上来讲,有小学、初中、高中;从学校类别上来讲,有一般学校、职业学校与特殊学校;从学校服务对象上来讲,涉及学生、老师、校务人员、家长等;此外,学校社会工作还可能与家庭、社区等场域联系起来。李晓凤(2010)针对我国学校体系的实际需要,并根据学校服务领域内的具体问题,将学校社会工作的服务项目划分为三类,分别为针对学生"特殊需要"的学校社会工作,针对全体学生"一般需要"的学校社会工作,协调学校、家庭、社区关系的学校社会工作。

1. 针对学生"特殊需要"的学校社会工作

李晓凤(2010)认为,学校社会工作开展伊始,大多是先注意到校内在学习或生活上被某些问题困扰的学生,随后探寻其问题产生的原因,分析其"特殊需要"并对症下药,为其提供适当的协助与服务。这些学生的问题表现形式各异,如逃学、厌学、网络成瘾、学校恐惧症(schoolphobia)、暴力行为、参加不良帮派、少年犯罪、孤僻不合群、多动症(hyperactivity)、学习困难、抽烟、药物滥用、性偏差行为、家庭问题、撒谎、偷窃、不服从管教、破坏公物、校园霸凌、打架斗殴、辱骂,等等。李晓凤(2010)进一步认为可以将介入学生的"特殊需要"分为两个层面,一个层面是针对学生"特殊行为"进行介入,另一个层面是针对学生"特殊群体"开展服务。

首先是介入学生的"特殊行为"。有特殊行为表现的学生往往具有特别的成长经历,如不科学或缺失的家庭教育,或者受到社会面不良风气的影响。因此,学校社会工作者对其开展服务时,要时刻保持警惕并不断反思自己的立场与取向,避免对其贴标签或展露排斥与厌恶感,同时多从社会环境与学生个体成长的互动状态中分析学生特殊行为复杂成因，并尽可能地理解、体会、包容、尊重与倡导，以取得良好成效。具体而言，对于学生的特殊行为的社会工作介入应形成整合的服务方案。(1)开展深入细致的个案工作：在个案辅导中，首先应建立起接纳、尊重、关怀、温暖的专业关系，并处理学生的不良情绪，在此基础上再引导学生认识问题行为的原因与后果，提供心理与情感支持，从而协助学生建立正确的学习态度与方法，并促使其改变行为及形成良好的行为等。(2)建立小组及形成正向的影响：运用小组工作方法，在宣泄学生的情绪与压力中，获得彼此支持、交流成长体会与学习成长经验等，以增强其正向动机，提高其改变的自信心。(3)关注家庭、聚集力量：运用家访或家长会，宣传亲职教育方案，促使家长改善家庭环境、改变教育理念与技巧，以协助家长识别并改变孩子的问题行为。(4)开发社会资源、争取社会支持：学校社会工作者应努力协调公安、校外教育机构，取缔社区内的不良场所；同时应协助社区创立健康、积极的青少年活动空间及青少年事务的社区综合服务平台等，以此优化青少年成长的社区环境。

其次是针对"特殊学生群体"开展服务。史柏年(2009)总结"特殊学生群体"主要包括继父母家庭的学生、单亲家庭的学生、残疾人家庭的学生、服刑人员家庭的学生、转学学生及特长学生等。笔者认为家庭变故、环境变迁、家庭照顾与教育的不足、经济条件限制、身体或心理的特殊性、周遭态度与世俗眼光等都会对特殊学生群体造成一定的压力、影响与刺激，进而产生情绪、心理、沟通、行为、角色认同、适应与发展等问题，影响其日常的学习、生活与人际交往。李晓凤(2010)提出，针对特殊学生群体，学校社会工作者可以从以下几个方面开展工作。(1)情感支持：通过个案会谈予以情感支持，并协助学生表达心声、宣泄情绪、增强自信、发现自身能力与资源。(2)发展支持系统：运用小组工作方法，将相似家庭背景的孩子组成互助小组或成长小组，使其相互支持，共同探讨解决问题的方法，挖掘学生与家庭的潜力与资源，以形成社会支持系统，用积极心态面对生活。(3)挖掘社会资源：运用社区资源协助家长解决子女的照顾问题，解决经济问题，呼吁相关社会机构、民政部门或有关团体关注特殊家庭子女的社会处境,敦促这些家长寻求社会救助(如利用学校资源为家长开办文化补习与就业培训,协助社会为家长提供工作机会,运用幼儿园、托班等社区资源协助家长解决子女照顾问题,协助家长形成互助团体,以优势互补及互助方式解决现实问题等)。

(4)开发学生潜能:从优势视角出发,协助学生在家庭困难中发现自己的优势与抗逆力,激发其生命力量,挖掘成长的潜能,以此达到自我引导与自我实现的目标。

2. 满足全体学生一般需要的学校社会工作

全体学生"一般需要"具体指学生在生命成长过程中的基本需要,包括建立健康的生活方式、形成内部的学习动力系统、规划设计职业生涯、处理人际关系、完善自我意识、调节情绪问题以及积极应对压力等。针对这些需求,学校社会工作的服务项目一般涉及生活辅导、学业与职业生涯辅导、人际关系辅导、自我认知与自我探索的辅导、情绪觉察与情绪管理的辅导等(史柏年,2009)。为满足全体学生一般需要的学校社会工作服务内容具体参照表6.3。

表 6.3 满足全体学生一般需要的学校社会工作介入

引导和培养学生价值观的介入
引导学生践行社会主义核心价值观
引导学生树立正确的人生观
学生情感培养及情绪管理的介入
培养学生健康的情感
帮助学生科学管理情绪
学生人际交往能力培养的介入
培养学生建立并维持良好的人际关系的能力
培养学生与人合作的能力
培养学生良性竞争的能力
学生劳动意识和劳动能力培养的介入
培养学生的劳动意识和热爱劳动的品质
培养学生家务劳动习惯和家务劳动能力

（续表）

学生科学抉择能力与生涯规划能力培养的介入
帮助学生学会科学抉择
帮助学生培养生涯规划能力
学生行动力培养的介入
引导学生主动领受任务
培养立即行动的习惯
训练动手操作能力
培养冒险精神

资料来源：笔者根据全国社会工作者职业水平考试教材编委会《社会工作实务（中级）》（2023）整理。

3. 协调学校、家庭、社区关系的学校社会工作

李晓凤（2010）强调，学校、家庭、社区是学生生存与发展的基本空间，是影响学生心理、行为与学习成绩的三大要素，同时也是促进学生形成社会化人格的三大基本力量，三者在不同渠道以不同方式共同对学生的发展起着不同的作用，但在现实情境中，上述三种教育力量常常呈现孤立、分散的境况，甚至可能出现三方互相背离、互相抵消、互相推卸责任的情境。因此，学校社会工作者需要将社会工作原则、方法与技术运用到三者当中，促成学校、家庭与社区间的协调合作，协助学校形成"教"与"学"的良好环境。

第一，学校社会工作者需积极与教师和家长沟通，共同探讨学生面临的问题与境况，并向其解释学生问题展现背后的意涵，增进其理解与接纳，使其共同参与到学校社会工作中来，一同为学生提供援助。第二，如果一群学生展现出很多共性问题，其家长往往具有类似特质与共同需要，因此学校社会工作者可能需要为学生的家长策划并开展小组工作或科普讲座等服务，比如针对虐待孩子的家长，或其孩子有学习障碍、身心障碍、人际交往障碍的家长，或针对家长与学生有亲子沟通障碍等情况，学校社会工作者就可以面向家长开展辅导，增进家长对儿

童青少年群体成长与发展过程与特点的认知与接纳,宣传科学的教养方式,共同探讨解决问题的办法,鼓励并分享亲子互动与沟通的技巧等。第三,学校社会工作者需与校务工作者(如教师、行政人员、后勤人员以及其他工作人员)通力合作,并为其提供相关咨询服务,主要包括收集和分享与学生有关的信息、提供相关分析资料以配合学校的政策制定与发展规划(如学生的旷课率、身心状况、态度、越轨或犯罪资料、特殊学生情况或学生的特殊问题的表现以及内因、家访资料、相应社区情况、社区与机构可链接调用的资源等)。此外,学校社会工作者在处理学生的困难问题时,应重视学校和学生家庭所在社区的环境与影响因素,设法争取社区工作者与辖区机构的了解与支持,并运用社区工作的专业知识与技术,协助社区召开会议、拟定计划、运用资源、开展学生与家庭的管理工作、开展各项学生可以参加的社区活动,并参与社区发展工作。同时要善于挖掘与调动社区资源(如人力资源、物力资源、财力资源、文献资源、组织资源等),适当采用间接服务的方式协助学生。由此,可以增进学校与社区间的了解与互动,共同协助学生正常、有效地发挥社会功能,提高学生的适应与发展能力,改善学生的学习与生活环境,增进学校教育功能的发挥。

二、学校社会工作服务中专业关系建立的意义

李晓凤(2010)认为,在学校社会工作服务中建立良好专业关系的意义主要有以下三个方面。首先,在学校社会工作中,相互尊重、相互信任、彼此合作的专业关系有助于工作目标的实现与工作介入的成功,它具有里程碑式的意义,通过专业关系的运用,可以提高学生解决问题的能力,恢复学生与环境的协调。其次,专业关系本身可以成为学校社会工作者能够运用的重要工具。具体而言,人类的成长、发展以及人格塑造主要是在个人与重要他人的互动关系中,学习并内化了他人的观点、情感、价值观与行为模式等而形成的。因此,专业关系有助于学校社会工作者与学生更好地进行内心世界与真实生活的互动,彼此分享解决

问题的过程，加深对彼此所扮演角色的理解，共同获得成长。其中，学校社会工作形成的专业关系往往能够满足案主需求，激发案主新动力，进而形成更进一步互助合作与真实互信的关系。最后，专业关系也可以帮助学生解决问题，提高其解决问题的能力，进而充分发挥其潜能。当学校社会工作者表现出热情和真诚时，工作关系将会得到强化，并打开解决问题的大门。

三、学校服务领域社会工作专业关系的特征

1. 学校场域的限制性

学校场景是学校中各种复杂与矛盾关系在不同位置之间的多关系网络，是整合集体以及各种有形与无形力量的不断重组，比如支配关系、屈从关系、平衡关系、结构上的对应关系，等等（马维娜，2003）。同时，除了冲突与矛盾之外，这种多关系网络之间也隐藏着某种平衡，即稳定性，也就是置身学校场域中的行动者（如学生、教师、管理者、后勤人员等）虽然处于差异显著的位置上，但各自能够利用一些优势与策略来保证在既定场域中的位置，各种有形与无形的力量既可能和谐共生也可能相互撞击、融通与组合（刘生全，2006）。

学校场域的全面性有助于社会工作的嵌入，其自主性与稳定性则为社会工作带来困境。一方面，学校场域具有全面性的特征。作为培养教育学生的重要场所，学校对学生的影响是全方位的。学校一直强调新时代的学生要德智体美劳全面发展，这也是我国教育的纲领。这就需要学校场域具有完善的制度设置与培养系统，使学生能够在场域内不仅习得文化与知识，还能形成良好的道德品质、提高身心综合素质、更好地应对困境与适应社会。而学校社会工作助人自助、优势视角、需求取向、潜能发掘的理念，及其促进学生身心、人格与能力的健康发展，引导学生建立社会支持网络，构筑和谐教育与学习互动环境的功能与目标，都与家长、学校与社会的希望不谋而合，彼此间观念契合且有共同的价值出发点，因此有助于社会工作在学校的嵌入。另一方面，学校场域还具备自主性与

稳定性的特征,这与"家庭服务领域社会工作专业关系"一节中论及的家庭场域的封闭性与惯性相类似。学校场域在一定程度上自主地发展出自身的行为逻辑、规章制度、运作方式(不过实际发展过程中会受到政治、经济、社会等其他外部因素的干预)。一个场域的自主性越强,就越能把自身的规则与逻辑施加到每个行动者身上(刘生全,2006),在学校场域中,学生和学校工作者都必须遵守学校的各项规章制度,如果违反则会受到处罚。社会工作者作为外部人员想要进入学校场域内部,需要通过学校场域的特殊形式与特定环节,还可能需要考取教师资格证或编制,并遵循学校成文与不成文的准则(包括权力结构、人际关系、角色分工、规章制度、沟通方式、互动模式,等等),才能嵌入学校场域本身,融入学校结构之中并站稳脚跟,从而对学校场域中的他人或学校本身产生影响。同时,学校场域的形态十分稳定,比如:每天的上学放学时间、上下课时间、基本的课程与科目设置、学制,等等,如果没有教育主管部门的变革要求,学校教育的课程大纲、内容以及授课形式等不常改变;如果没有充裕的经费,学校的场地与基础设施也不常增补修缮或迁居换址。稳定的教育环境与秩序可以减少对学生学习的干扰,但学校社会工作者想要"大展身手",在学校内部开展创新实践与探索的话,也很难施展开拳脚;如果发现学校场域制度性的缺失,稳定的惯性和游离的地位也使社会工作者不具话语权并且很难高效干预。

2.社会工作者与学生、老师、校方、家长、社区的多元专业关系

学校社会工作的基本对象是在校学生,学校社会工作者在校园内帮助学生们在课业教学之外获得个别化、生活化的支持性、辅导性的教育完善服务(王迎,2022),同时,为了学生问题的尽快解决与促进学生更好地发展,学校社会工作者还需在教师、学校有关管理人员、家长、社区相应机构工作人员配合下开展具体服务。因此,上述人员有时不仅是学校社会工作者的合作者,也是学校社会工作者的工作对象(范明林,2007)。在学校社会工作实践中,社会工作者通常采用"家-校-社"联动模式,希望能够充分调动三方资源。然而在与学校中的不同对象打交道、建立专业关系的过程中不一定都是一帆风顺的,社会工作者可能会遇

到一些挫折。

其一是社会工作者与学生建立专业关系时可能遇到的问题。如前文所述，由于儿童、青少年群体的身心特征以及社会工作者与服务对象身份、成年人与未成年人身份间不平等的权力流动等因素都可能为双方的专业关系带来隔阂。另外，部分学生可能认为社会工作者又不是老师，没有兴趣也没有必要听其"说教"，也有学生认为社会工作者也算老师，又觉得学生与老师是对立关系，从而产生抵触与逆反情绪，封闭内心，拒绝与社工有过多情感交流与沟通。

其二是社会工作者与老师的专业关系。教师群体对于社会工作专业的认知与认同差异很大，许多老师并不了解社会工作相关的专业概念、目标与服务内容，学校社会工作者与老师私下交流听到最多的问题就是"社会工作到底是做什么的"，许多社会工作者也很难临时用简单明了的语句向其阐明。同时，由于学校社会工作者在学校场域内的工作定位并不清晰，在具体实践中，老师经常会把社会工作者看作实习班主任、德育老师、辅导员或心理咨询师，导致社会工作者的专业性特征无法得到体现，从而影响工作配合与服务开展。此外，相对于学生自身的身心状态与行为举止，普通老师更关注学生的学习成绩，许多传统教师的教学理念和方法与社会工作者的原则和价值观相悖，比如贴标签、体罚、批判、比较等，这也给社会工作者与老师间的配合以及社会工作专业服务的开展带来了挑战。

其三是社会工作者与校方的专业关系。国内高校的社会工作人才培养方案通常以通才标准来规划与设置，很少有社会工作专业学生到中小学或高校实习驻扎，因此大部分的学校社会工作都没有专业的教育培训与丰富的实务经验，其专业水平难以应对学校场域复杂的环境与需求，只能摸着石头过河，从而影响校方对学校社会工作专业性的看法，影响其信任度与配合度。同时，校方对学校社会工作的认知与专业边界也并不清晰，认为社会工作者与心理老师在工作上有配合，将一些属于心理、精神层面的个案或教学任务也分配给他们来做，模糊了社会工作与心理咨询的界限，从而增加学校社会工作者的工作压力并影响学校社会工作自身服务开展的质量。

其四是社会工作者与家长的专业关系。如前文所述,在社会工作者与青少年、家长复杂的三元专业关系中,经常会涉及一些伦理议题,在此不再赘述。

此外,社会工作者在与学生、老师、校方、家长相处与斡旋的过程中会遇到不少难题。因为在学校场域中,不同主体所处地位不同、看待问题的角度与方式不同,其立场与出发点就会有所不同,彼此之间也经常存在着利益冲突,如何协调彼此间的关系(或调和彼此间的矛盾)常常令社会工作者头痛不已。比如在一起校园暴力事件中可能会出现这样的图景:施暴者与受害者彼此间有矛盾,施暴者也许尚未意识到自己的行为属于违法犯罪,以为只是"给点颜色看看",或一直以来都在"攫取权力、占据高位",做班级或年级中的"小霸王";受害者可能因为性格特质或畏惧心理不敢反抗,也不敢向家长、老师倾诉;老师则认为之前对此事不知情,自己勤勤恳恳完成日常教学任务,急于撇清自己的关系;校方则害怕事件曝光有损学校形象,被上级知晓还可能面临处罚,希望可以大事化小、小事化了;施暴者家长认为这只是同学之间的"小打小闹""还只是个孩子这样很正常",为自己日常疏于教养逃避开脱;受害者家长则为自己一直没发现孩子长期遭受霸凌感到愧疚并积极为孩子讨个说法。在这个事件中,社会工作者可能需要扮演资料收集与咨询者、专业指导者、资源链接者、资源获取指导者、行为及情绪辅导者、社会教育者、协调者、倡导者、行动者等多重角色。

在学校社会工作过程中,社会工作者不仅要与被协助的学生建立专业关系,以促进学生的改变,同时需要不断发现潜在案主,即学生社会生态系统中的重要他人与重要机构(如父母、老师、同辈群体、邻里以及社区),社会工作者可能都需要与之建立一定的专业关系,同时还要从宏观角度对各方面专业关系进行整合与处理,加深对学生问题的理解,从而有利于结合各方力量、调动多种资源以更好地解决学生问题,也有助于从整体上提高被协助学生的环境质量。

总而言之,学校社会工作者在服务策划与介入的过程中,应多与家长、学校教师、校方工作人员以及社区工作者沟通,促成其对专业助人工作的理解,减少因工作目标不同而产生的冲突。同时，学校社会工作者应努力获取服务开展所需要的支持和合作，表明一种为解决学校中存在的问题的意愿，并与学校达成相互适应的目标，建立相互信任的专业关系。

四、学校服务领域社会工作专业关系建立的技巧

一般而言，学校社会工作建立专业关系的技巧主要有以下八个方面（李晓凤，2010）：

（1）助人关系是社会工作者与案主双方的关系，需要社工和案主双方的积极配合。

（2）学校社会工作应设法营造没有威胁的、愉快的氛围，让被协助的学生感到自己是被接纳的，并且深入表达自己的想法和观点也是安全的。

（3）学校社会工作者应当积极主动地介绍自己。在最初与案主接触中，推销自己是必要的。一方面，在很多情况下，学生是被要求接受学校社会工作者的辅导而非自愿上门，其对社会工作可能存在着抵触情绪；另一方面，与社会工作者接触意味着学生需要协助，这使得他们在心理上觉得自己是劣势的一方，并且可能不明白或误会社会工作者的意图，对社工怀有戒心。积极主动地自报家门、说明来意，有助于减少学生的抵触与戒心，更容易建立起专业关系。

（4）学校社会工作者应当平等地看待被协助的学生，不要把案主定义为"问题学生"或"差生"。

（5）当案主开始暴露自己的问题时，社会工作者表现要冷静，不能惊慌失措。因为案主问题的表露是建立在较好的专业关系的基础上的，学校社会工作者表现出震惊或不以为然，都可能让案主感到心理不适，这反而会破坏专业关系。专业的行为是学校社会工作者对案主的问题和困境，应该予以高度的同理心以及无条件地接纳。

（6）学校社会工作者应该保持非批判、不说教的态度。同时，要尊重学生的

尊严和案主的价值观,也不得贩卖、灌输自己的价值观,强迫学生接受、认同自己的价值判断。

(7) 学校社会工作者应当使用易于理解、通俗易懂的语言,这对建立积极的助人关系十分重要。相反,如果学校社会工作者语言运用得不恰当,很可能造成学生的反感与厌恶。这意味着社会工作者不应在交谈中运用过多的专业术语和高深的词汇,而且也不要盲目地使用自己没完全理解的、不擅长的那些学生群体较常用的流行用语或"行话"(但适当、巧妙地运用会显得亲切,能够拉近彼此间的距离)。

(8) 学校社会工作者应当遵循保密原则,尊重学生的隐私。但由于中小学生尚未成年,在实务工作过程中,学生虽被视为个体,但还有家长或监护人,而且受学校管理。因此社会工作者要不要与家长和学校透露学生的某些隐私就陷入了伦理困境。通常来说,在整个学校社会工作服务过程中,社会工作者都要积极地与家长和校方进行沟通与交流,在涉及隐私的议题上,要抱以对案主、家长与机构负责的态度进行综合判断与评估。同时,社会工作者应当向案主理性分析事情的利害关系与严重性,预估未来不同选择所产生的走向,并鼓励案主勇敢积极地与家长沟通,共同协商与解决这一问题,而且社会工作者也需从中斡旋调和,避免极端情况的发生。

总而言之,当学校社会工作者与案主刚一接触时,专业关系的建立就开始了。因此,社工全程的态度尤为关键。在开始建立专业关系时,社会工作者应当秉承着积极主动、亲切、关怀的态度与专业价值观展开沟通,扮演着与案主互补的角色,力求能与案主准确交流彼此的想法与感受。

五、学校服务领域社会工作专业关系的建立方法

1. 设立社工收发信箱

我国学校社会工作通常推展"驻校社工"的形式,学校社会工作者隶属于社

会工作机构，由政府购买服务或学校购买服务，由机构派遣社会工作者到学校开展专业服务。但各地区、各学校对社会工作的重视程度不一，学校与社会工作者的时空区隔也会限制专业服务的发展（王迎，2022）。比如：有些学校没有社会工作站点或专门的工作室；社会工作者也可能并不坐班，而是采用周次或月次驻校的形式；基于学校的要求，社会工作服务被限定在固定的时间与空间之内开展（如只能在社会工作站或教室与学生相处，只能在班会课、自习课或下课 10 分钟内接触学生，而放学、校外则不被允许）。如此，社会工作者在课堂上很难与学生有深入的交流，只能开展一些放松娱乐或宣教活动，甚至班会课的主题是学校早就确定好并统一进行的，没有社会工作者"插手"的余地，社会工作者很少有宣传自己的机会，学生们很难深入了解社会工作者的角色与定位。并且学生们的空闲时间比较集中，在同一时间段内难以接待所有来寻求帮助的学生，这会令社会工作者失去很多与潜在服务对象建立关系、了解情况、开展服务的机会，对周次或月次的驻校社会工作者来说更是如此。因此学校社会工作者可以与学校行政协调，在教学楼内设立醒目的社会工作者信箱，并在信箱旁放置简述社会工作理念、服务时间、服务内容、信箱互动方式等情况的卡通展板以及立式密码信报箱，这对社会工作来说既是一种服务也是一种宣传。学生们（尤其是有需求但羞于当面求助或怕被他人知晓的学生）可以在无人时快速地将酝酿好的"书信"投入箱中，社会工作者可以及时了解学生们的需求与困难。然而有问就应有答，收到信就应回信，及时回应才能获取学生的信任与好感，进而与其建立专业关系。同时，社会工作者在回信中应主动邀请学生再次给自己寄信，以此增进感情，并在适当时机邀请其到社会工作站开展个案或参加小组活动。对于署班级与姓名的同学，社会工作者可以"偷偷"将回信放在其书桌里；而不愿署名的同学，可参照展板上的"信箱互动游戏规则"（社会工作者根据自身情况在游戏规则中设定一般回信时效，并在实践过程中根据学生所述问题的严重性与紧急性灵活判断），在信中设置箱号或密码，依据密码打开箱门获取信件。此外，对于能够使用电子设备的同学，可以联系展板上的社会工作者"树洞"邮箱,在线上开展工作更具时效性、保密性与便捷性。

2. 灵活运用游戏辅导方法

目前,游戏辅导风靡于社会工作的各个领域,越来越多的社会工作者倾向于将形式多样的游戏作为建立专业关系与开展实务工作的方法。学校社会工作的服务对象主要是学生,属于儿童与青少年群体。游戏辅导顺应儿童青少年时期爱玩、好奇的天性特质,能够营造一种轻松、融洽的氛围,减轻学生们紧张、焦虑的情绪,调动其参与的意愿与积极性,并缓解其课业与人际关系压力。无论是个案还是小组工作,社会工作者都可以以游戏作为沟通与交流的媒介,借助游戏与学生们建立良好的专业关系、寻找开展服务的切入点、发现其需求与问题、走进其内心世界。因此,学校社会工作需要掌握游戏辅导的类型、设计原则、开展步骤及其灵活应用。适合学校场域的游戏类型主要包括:增进组员相互认识、活跃气氛、帮助分组的热身游戏(如"大风吹""一元五角""抢椅子""逢七过""大观园"等);帮助学生进行自我探索、了解自我、提高自我价值感的自我认知类游戏(如"沙盘疗法""进化论""价值拍卖""我的五样""生命线"等);帮助学生提升沟通与协作能力、善用语言与非语言动作、与他人建立良好关系的人际交往类游戏(如"你画/比我猜""叠叠乐""盲人摸象""传电取物""同心结"等);帮助学生减轻压力、调节情绪、提升情绪掌控能力的游戏(如发泄球、捏捏乐、踩气球、"情绪脸谱""烦恼纸飞机""歌声与微笑""水果切切乐"等),等等。

3. 建立平等、尊重的合作伙伴关系

丁庆、王茜、史金玉(2018)认为学校社会工作者与服务对象之间专业关系的本质在于它为双方提供一种有意义的联结,激发服务对象的学习动力,使其愿意接纳社工的协助,不抗拒社会工作者带来的影响。因此,专业关系能够使服务过程有计划、有目标、有亲切感,成为促进服务对象改变的动力。在学校社会工作的实务场景中,要建立专业关系,就必须充分考虑学校社会工作对象的特殊性,将学校环境、教师、学生、家长等不同因素的影响加以区分,明确解决问题的资源与局限。在接案阶段建立专业关系时,主要有如下几种可使用的技巧:

（1）同理：即同理心，可以将其比喻为"将自我放进案主的鞋里，通过案主的体会来看世界"。学校社会工作者必须在互助关系中尽可能地调整自己，考虑案主前来时的情绪特征，同时同理案主进入一个未知的权威图像的感觉，同理的内容都潜在地与服务对象的年龄、生命阶段、伦理背景及社会经济地位有关。增进同理的能力可以从两个方面入手：一是在没有与案主正式接触前，通过阅读案主资料，琢磨和投入到他们的感受和所关心的事情中，借此增进对案主的认识和理解；二是想象和感受案主所面对的一般情况、特殊情况和目前所处的与学校社工关系的阶段，询问自己有什么感觉和想法，以此增加对案主的同理。在建立专业关系时运用同理技巧，可以让学校社会工作者在与案主接触中敏感地捕捉到案主的经验。通过提前同理，社会工作者可以把潜在案主看作一个复杂、独特的人，尽最大可能从潜在案主的视角看待问题。预先同理形式中最大的挑战就是让社会工作者摒弃过于狭窄的观点、思维定式的局限看待案主，而是要以更加开放的心态去接受更多的可能性。

（2）诚恳：社会工作者在专业关系中需始终保持诚恳、开放、真实的态度。向案主实事求是地介绍学校、机构的政策以及自己的角色，而不加以任何修饰；完全把案主的需要作为自己工作的出发点，接纳案主，全神贯注于案主的处境。在学校社工的职业操守中，最基本与最为重要的就是诚恳，这涉及能否赢得案主的信赖。案主在试图寻求社工和其他助人专业的帮助时，往往预设助人者会诚实、公平、有能力地对待他们。如前文所述，在初次会谈中的印象往往会影响到整个工作过程中的关系，如果社会工作者在言语、行为或态度中表现出不负责任、不诚实或无力胜任感，这种情形势必影响接下来的专业工作，难以建立良好互信的专业关系。

（3）平等、温暖与尊重：社会工作者要关心、关注案主的一切，并能够向他们传达这种情感，包括对案主的责任感，关心、尊重、了解、希望促进他们提升生活的愿望以及愿为此提供协助的意愿。社会工作者对他人的接受、尊重与理解十分关键，要学会超越心理与社会的偏见和歧视，尊重案主的年龄、外貌、背景、态度、能力与行为等,接纳相似性与差异性,避免刻板印象与标签思维的干扰,保持开放性思考。就学校社会工作实务而言,社会工作者如何平等地对待差异化的学生及相关群体(比如对于学习成绩较差、有行为偏差、有家庭成员违法犯罪等背景的学生,在建立专业关系时如何以正常化的视角来看待他们,真正做到平等、尊重与接纳),其实是一项颇有挑战性的工作,但对于一名合格的学校社会工作者来说这是必须具备的素养。在助人关系的早期阶段,要使助人关系向前发展,建立信任并创造关心和关注的温暖氛围十分重要。有时候一句简单、真诚的话语(如"累了就在我这儿歇会儿,烦了我们一同寻找快乐""怕黑就开灯,下雨就打伞,简单自然不用想得太复杂,想倾诉就联系我""只要心中满怀希望,好运一定在赶来的路上""你一定在某些时刻、某个地方能够散发出属于自己的光芒,照亮这世界的一角",等等)就能带给案主温暖、希望与力量,让其有一种被关心、被呵护、双方平等、能够一起努力朝着目标前进的感觉。

(4) 积极主动:积极主动的态度表明对案主有兴趣,关心其现实处境。但积极主动并不意味着社会工作者对案主的控制与支配,而是要适时给予服务对象恰当的回应。在学校社会工作实务中,社会工作者在初次与案主见面时应表现出自己的亲切友好、保持微笑、努力避免防卫心理、保持开放心态、热情地回应。处于困境中的学生往往有着自卑、害怕等退缩心理,很少主动当面寻求专业帮助与服务,所以学校社会工作者的积极主动十分重要。如果社会工作者与案主相遇,要共同走过一段路程较长的走廊或者一起乘坐电梯,这时候社会工作者主动引出话题,聊聊交通、天气、学校设施、爱好等,会使双方都感觉更自在。对于正式面谈时的开场白,社会工作者可以主动询问案主愿意在何处就座,谈谈自己的基本情况与职责,帮助他理解其出现的情绪并将其正常化。言语中多使用积极的词汇,让案主感到有希望、能改变,同时多运用开放式问题启发其讲述自身的经历与想法,在这个过程中要小心谨慎,提前在心中遣词造句,以免被对方认为是师长姿态的质询,使其产生防卫、逆反、抗拒或挫败心理。同时要保持耐心、积极引导并敏锐觉察案主的非语言信息,因为许多案主不愿意或没有兴趣回应一些问题，而其逃避或抗拒的反应也许是因为正巧问到了关键的问题，需要委婉引导与深入挖掘。不过社会工作者判断当下情境不适合或专业关系尚未走到适合深入谈论此问题的那一步，应当灵活转移话题并记下此事容后再议。

总之，在专业关系建立的过程中，无论案主是学生、老师、校方还是家长，学校社会工作者应对对方的主体性与个人特质表示理解与接纳，能够同理对方感受；不对其做价值判断，不贴标签；不将自身的观点、态度强加给案主；明确自身角色，控制自身情感，避免移情与反移情现象的发生；用真诚、平等、尊重、主动、积极帮助的态度对待案主；注意对案主的隐私保密；重视案主自决与主观能动性，从而在彼此间建立平等、尊重的合作伙伴关系。

六、学校服务领域社会工作专业关系案例分析

1. 案例阐述

风亭乡（化名）位于我国某贫困县的边缘地区，该乡实际人口 3 000 余人，仅有一所小学，坐落在乡村中心。风亭乡小学六个年级一共有 200 余名学生，但学校仅有 3 名有编制的教师，其余老师皆为临时聘请。在国家脱贫攻坚、扶贫扶智政策的号召下，风亭乡所在省会的三所高校集结社会工作专业的 4 位老师与 15 名硕士研究生，共同前往风亭乡开展公益教育扶贫扶智项目。该项目于暑期开展，历时三个月，旨在通过专业的社会工作理论、知识与方法，协助乡村贫困地区学生养成良好的学习习惯，提高学生与家庭对知识与技能的重视程度，改善学生的情绪行为与心理健康状况，提升学生在家庭沟通与社会交往方面的能力以及抗逆力与抗挫折能力，助益乡村贫困地区儿童的身心健康发展。

具体而言，该项目实现了风亭乡小学在读学生的全覆盖。其一，服务团队运用专业的游戏治疗道具与户外拓展训练器材，以班级为单位，为每位学生开展游

戏治疗、戏剧治疗与历奇辅导活动。其二,服务团队基于在团队行动与参与观察过程中的考量,辅以校务人员与教师的反馈,为近 10 名学生及其家庭开展个案工作服务,其中涉及学习困境、家庭生活困境、家庭暴力、留守儿童、人际关系(亲子/同辈/师生)等问题。其三,服务团队通过组织与学校和学生主题相关的黑板报/手抄报比拼、宣传栏设计、横幅标语征集、露天电影节、入户宣导、社工信箱、茶话会等活动,运用居民喜闻乐见的形式,提高居民的参与度,调动居民的积极性,扩大宣传与倡导力度,使学生、家长、老师、校务工作者、乡村居民更加重视儿童的学业发展、身心发展以及社会融入等议题。

2. 案例分析

在上述案例中,服务团队在服务开展过程中自有一套与学校多元主体建构专业关系的策略。具体而言,主要涉及尊重与信任、有效沟通与及时回馈、建立情感联结、保持专业距离与谨慎处理离别情绪四个方面。

其一是尊重与信任。在案例中,服务团队认为在与学生、家长、老师、校务工作者等各方的互动过程中,建立专业关系的关键是能否互相尊重与信任。一方面社会工作者需要通过真诚的沟通、关心、尊重与理解,让案主与相关人员感受到自己的诚意与态度,认真聆听各方的想法与意见,维护对方的权利,避免歧视、指摘、做或说一些令人容易误会的行为和语言,使其感受到社会工作者并非"高高在上",也不是"上面派下来的",而是大家切切实实一同行动,共同朝着改善学生困境、解决问题、打造更好学校的目标而努力。另一方面,社会工作者需要相信学校相关的每一方主体都有潜力、有能力改变,也要在服务过程中体现自身的专业性与责任心,建立共同信任的基础,从而更好地建立互相尊重与信任的专业关系,多方协同关注与改善学生的成长、教育与发展问题。

其二是有效沟通与及时回馈。社会工作者在与各方接触和沟通时,可以先多倾听和观察,了解当地的风俗人情、文化背景,了解学校的规章制度与政策,了解学生的个人特质、家庭背景与生活环境,了解各方的需求、困难、问题、期望与关注点等,具体问题具体分析,运用通俗易懂、幽默风趣的语言和举例、类比等方式及时回应。需要注意的是，在回馈过程中，社工需准确传达相关信息，连接相应资源，表达自己的目标与职责，并鼓励各方共同确定目标与方向、商讨下一步计划，真正做到互相理解、有效沟通，以便达成共识、展开合作。

其三是建立情感联结。在该案例中，服务团队运用工具与道具、小礼物、游戏与历奇等具体方式推动关系的建构与发展，与案主建立情感联结。第一，基于学生的年龄层与心智特征，社会工作者设计了两个可爱的卡通形象"呼呼"和"噜噜"，并为这两个形象设计了一系列经典台词与动作，意欲将其作为与学生们沟通与交流的媒介。具体而言，每当个案辅导、游戏治疗、戏剧治疗与历奇辅导活动开展时，服务团队中固定的两位社会工作者就会穿上"呼呼"与"噜噜"的人偶服进行"表演"。一方面，人偶根据课堂主题，生动表演一些童话、寓言故事中的桥段，使学生有所意会、有所感悟；另一方面，人偶也会以"呼呼"和"噜噜"的可爱动作与口吻，与学生频繁互动，拉进彼此间的距离，促进对话展开与关系建立。如此一来，学生也愿意倾听人偶说的话，很多腼腆、不善言辞的学生也愿意主动分享、沟通。第二，服务团队从生活实用性的角度出发，充分考虑每位学生的特性与偏好，精心挑选很多价值接近的小礼物赠送给学生，在一定限度下，经由礼物馈赠建立情感联结的方式契合本土文化习惯。第三，社会工作者开展专业的游戏治疗与历奇辅导活动，避免传统说教方式，在"玩"中"学"，使学生更加容易接受，也更易获得学生们的青睐。在学生眼中，社会工作者不是老师，而是能理解自己情绪和行为的"呼呼/噜噜/哥哥/姐姐"，去权威化，同理感强，从而营造更为平等、温馨的氛围，专业关系进一步发展。

其四是保持专业距离与谨慎处理离别情绪。专业关系的处理贯穿于整个服务过程之中，尽管离别情绪的处理主要集中于服务尾声阶段，但由于涉及如何妥善结束专业关系以减少服务对象可能遭受的主观福利损失，因此需要将其纳入关系策略的考量和准备之中（杜平，2020：50）。一方面，在社会工作者与学生、老师等建立并发展平等的专业关系过程中，要保持一定的专业距离，避免与案主过于亲密，或使其产生依赖感。服务团队运用"呼呼""噜噜"的形象作为媒介，有利于在服务结束阶段抽离,社会工作者可以编写"呼呼""噜噜"周游记的故事,为学生带来无限遐想,学生记住的更多也是卡通形象与其自身的互动,而非某个或某些特定的人。同时社会工作者自身也要时刻理清心绪,保持理性与中立,坚守职业操守,避免过度的情绪与情感涉入、反移情、陷入个人情感或产生利益关系。同时,服务团队设计的最后一次服务是颇具仪式感的全校联欢会,全校师生围坐在学校旁已被布置得很有氛围感的空地上,师生各显才华进行文艺表演。随后服务团队将"呼呼""噜噜"用"魔法"写的信与大礼包送到每位学生手中,信的内容不长但各不相同,其意义不仅在于将该团队对于服务对象的认识、理解和期待传递给他们,也作鼓励、勉励之途,并以此作为一份承载着专业关系、情绪体验与情感联结的纪念品。沉浸于仪式感与欢乐氛围的师生并未表现出失落与失控,相反还体悟到了自身在三个月中的成长与转变。

3. 案例反思

该案例可为学校社会工作者提供一定的参考,尤其在与服务对象建立专业关系方面有以下三点反思。

第一,与多元主体建立良好的专业关系是服务推进的基石。在关系导向的文化情境中,社会工作者不仅需要与案主建立专业关系,同时也需要与案主所处关系网络之中的主体建立复杂的专业关系(Chong,2016)。在学校社会工作中,为了更好地为学生提供服务,除了直接的案主——学生之外,社会工作者可能需要调动多元主体协同参与行动,这就需要社会工作者与老师、学校、家长、社区等多方建立复杂多元的专业关系。比如在项目筹备阶段,服务团队需要以风亭乡小学的校长为核心,并与风亭乡的乡长、书记、教育方面的相关领导沟通与交流,争取他们的支持与帮助,通过自下而上的方式推动合作关系的建立。在项目开展阶段,专业关系的建立围绕作为服务对象的学生展开,同时涉及与学校教师、学生家长之间良性关系的建立与维持。其中,社会工作者难免遇到多元主体的关切与诉求存在差异甚至矛盾的现实问题,因此需要他们尽可能平衡与协调不同立场、不同利益的群体间的关系,调转目标,促进各方共同关注学生的成长、教育与发展问题，为学生提供更好的支持与帮助。同时社会工作者还可能遇到伦理问题，在处理过程中一定要小心谨慎，遵循社会工作伦理准则与规范，保持清醒的头脑与专业的态度，在问题过于复杂与棘手时及时寻求专业咨询或督导帮助，以保障案主和相关人员的权益与利益，避免专业关系恶化或陷入僵局。

第二，在专业关系中社会工作者的专业角色非常多元化。专业角色的杂糅性揭示出社会工作者与案主之间专业关系的复杂性（杜平，2020：48）。比如，在多方商讨时，社会工作者是合作性角色，担任沟通者、协调者、统筹规划者、专业指导者等角色。在社区工作中，社会工作者是倡议型角色，担任教育者、宣传者、倡导者、促进者等角色。同时，社会工作者的评估者角色贯穿于整个服务过程前后，对各方（尤其是服务对象自身）的需求与情况进行深入评估，关注案主的变化，及时调整服务策略，并在服务开展后总结经验，改善不足。在针对学生的直接服务过程中，社会工作者角色可分为友谊性角色与服务性角色两种。在友谊性角色中，社会工作者担当陪伴者、支持者、倾听者、问题讨论者与启发者等角色；在服务性角色中，社会工作者担任问题诊断者、服务提供者、个案管理者、资源链接者和提供者、心理辅导者与危机介入者等角色。相应地，学生在其中也扮演着对应的角色，比如学生先做分享者、诉说者，社会工作者承担了倾听者的角色。专业关系的建立与发展具有过程性与互动性，社会工作者通过不断切换各种专业角色的方式，满足服务对象的需求，提升彼此间的信任感，深化双方的专业关系，因此专业关系和专业角色不能割裂而论，在具体的服务情境中，具有灵活的意涵、范围与弹性。

第三，在社会工作专业关系的建构过程中需要时刻把握专业界限。在本土社会工作实践过程中，社会工作者一直面临着双重关系的挑战。尤其是在乡村服务工作中，社会工作者难以秉持完全的、专业立场意义上的客观与中立；同时脱离于熟人社会的关系，对服务对象直接"标榜"专业界限会阻碍专业关系的建立与发展。相反，充满人文关怀的服务方式、深度的情感联结、朋友式的相处与互动更有助于建立良好的助人关系,尤其是在以儿童、青少年为服务对象的学校社会工作中更是如此。在这个案例中,项目团队并不纠结于做专业人员还是做朋友,也没把它当作二元对立的选择题,而是保持文化敏感性与关系敏感性,根据当前的特定情境、具体需求不断进行调整与反思,在社会工作专业界限的弹性空间内,遵循平等化原则,对每位案主充分关注,把握服务内容与情感投入的界限以及专业距离与亲近程度。

第三节　督导服务领域社会工作专业关系

社会工作督导是具有社会工作专业知识、技能、价值观、实务经验的督导者通过定期、持续地对被督导者进行监督、指导、协调以及评估等,发挥行政、教育及支持性功能,提高被督导者的专业水平与工作能力,及时为被督导者指引方向,以保障对案主的服务质量,达成机构的目标与宗旨,推动社会工作专业与实务的发展。社会工作督导是社会工作专业化发展过程中的重要组成部分,学界普遍认为在影响社会工作者的工作满意度以及对案主的服务品质方面,社会工作督导已经被视为最重要的决定因素之一,同时在社会工作督导服务领域中,专业关系对督导效果与服务效果的影响十分显著(张芯桐,2020),它是社会工作督导的核心(Fox,1983;Kaiser,1997)。

一、不同社会工作督导模式中的专业关系与技巧

在社会工作督导实务中,模式能提供共通的语言,作为督导者与被督导者之间沟通的桥梁,虽然从模仿、尝试与错误经验中也可能学习到如何督导,但如果有模式,督导者就能对督导过程中的概念有全面的掌握(Tsui,2008:17)。社会

工作学界对于督导模式有多种不同的诠释，本节列举本土主流的社会工作督导模式，并探讨不同督导模式中对专业关系及督导技巧的论述。

1. 互动模式

互动模式被广泛应用于社会工作实务当中，它注重督导过程中督导者与被督导者之间的互动，认为督导双方会在督导互动历程中影响彼此的行为与工作成效，聚焦于督导者帮助被督导者在管理与实务相关的关键互动情境中发展实务能力（张洪英，2018），拉廷（Latting，1986）提出督导双方间四种互动的行为模态：工具性的（instrumental）互动，适合发挥行政与教育功能；表达性的（expressive）互动，适合发挥支持功能；主动性的（proactive）互动，督导者试图在工作环境中通过严格训练、理论指导、描述被督导者难以言述的感觉、引导被督导者思考如何链接资源、策略性提问等形式影响社工的态度和行为；反映性的（reflective）互动，由被督导者主导互动，督导者像回音板，督导内容重点放在协助社工了解其假设和行动背后的基础而非工作和过程指导方面（Tsui，2008）。

互动模式强调督导关系，采取"整合发展模型"来探讨督导关系的各种议题，认为督导关系是影响社会工作实务成效的机制。督导工作关系的发展情况可以通过被督导者的三个维度来测量：一是"和谐一致"，即被督导者与督导者的基本相处能力；二是"安全的分享基础（氛围）"，即被督导者能够与督导者畅所欲言，并能够像分享成功经验一样分享失败与错误的经验；三是"照顾"，即被督导者感知到督导者能像对待案主一样照顾被督导者。因此，督导双方建立"工作同盟"（working alliance）关系十分重要，督导者需要在督导关系中持续保持"工作同盟"（张洪英，2018）。同时，舒尔曼（Shulman，2010）认为督导动力及其助人关系之间存在着平行关系，比如：被督导者从督导会谈中学习到一些督导者所运用的技巧，尤其是如何建立专业关系、快速与他人拉近距离的技巧，他们可以在社会工作实务会谈中活学活用这些技巧，从而促进自身在与服务对象建立专业关系层面的能力提升。

互动模式认为督导关系在督导双方的互动过程中不断变化，并随着督导进程不断深化,督导关系演进的情况与督导过程中的督导技巧、技术密不可分。霍洛韦(Holloway,1995)认为督导关系在总体上经历了开始期、成熟期与终止期,从试验性的阶段起始,逐步加强,这是一个从单向沟通到双向沟通的过程,使得督导实践不断向前演进。在此基础上,互动模式强调督导者根据督导阶段的发展与情境脉络,选择合适的督导技巧,构成与被督导者及其他系统的互动媒介,以深化督导关系,达到督导效能,促进被督导者的阶段性成长。因此,互动模式的重点就在于督导关系与督导工作发展的阶段性历程及其相应的督导技巧。互动模式描述了社会工作督导历程的四个阶段(预备阶段、开始阶段、工作阶段以及终止阶段)及其对应技巧,详见图 6.1 和表 6.4。互动机制体现了督导双方的权威与关系运行机制:在预备阶段与开始阶段,督导的话术与调频、感同身受、契约等技巧运用对专业关系的建立尤为重要;在工作阶段,调频、同理、分享等技巧可以使督导提升默契度与紧密度;在终止阶段,回顾总结、肯定欣赏、处理离别情绪等技巧有助于为督导关系画下圆满的句号。同时需要注意的是,督导者应当结合不同的督导目的,在督导过程的不同时机运用不同的督导技巧,发挥不同类型的督导功能,及时反馈,使被督导者感到被尊重、有成长与收获,从而形成督导双方间的良性互动,维系好督导关系,达到预期的督导成效。督导干预的途径、目的与时机以及相应的督导技巧详见表 6.5。

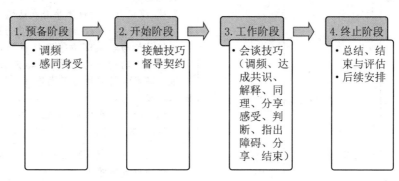

资料来源:张洪英(2018)。

图 6.1 社会工作督导互动模式阶段历程与互动技巧

表 6.4 社会工作督导互动模式阶段历程与督导技巧

督导历程	工作内容与目的	督导技巧	具体方法
预备阶段	相互熟悉与了解 找到双方合适的互动方式与相处之道	调频 感同身受	● 双方共同建构 ● 设身处地从被督导者的立场了解对方并建立初步的同理心 ● 督导者需了解被督导者的背景资料(价值观、文化、态度、专业知识、习惯、工作经验、工作期望与需求等) ● 评估督导双方的发展阶段(督导者的发展阶段、能力、优势与局限;被督导者的发展阶段与心理状态) ● 督导者的自我认知评估(督导经验、督导风格、优缺点、兴趣、职业生涯情况、理论实务与价值观、对督导的看法与期待等) ● 督导会谈前准备(考虑可行的会谈主题与方式、合理的督导预期、开放接纳真诚等督导态度、安全舒适的环境与讨论记录的设备等)
开始阶段	建立信任的督导关系 协定重要的督导议题(如目标、期望、角色、双方义务、职责、权力关系等)	契约	● 主要包括分享彼此对督导目标的看法,描述督导者的角色,从被督导者表达的期望中提炼与反馈建议;讨论督导权力履行中彼此的责任、义务、期待与方式;讨论督导形式、地点、频率、节奏、评估方式等 ● 注意讨论的心理与物理安全环境,保持多元性并营造安全的讨论氛围 ● 敏锐察觉被督导者的感受、需求、个性与期望,探究与协助被督导者表达需求 ● 对督导功能的有效性、服务环境的条件、组织目标与政策环境等进行说明,拓展被督导者的视野与看法,使其需求的表达与满足有针对性与可操作性 ● 保持文化与权力的敏感性,察觉敏感议题(如跨专业、跨性别、跨文化等)并小心处理,持续保持真诚的讨论与自我探索
工作阶段	探讨具体议题 解决具体问题	会谈前: 调频	● 正面与开放地聚焦在被督导者所遇到的具体问题或困难上 ● 关注与感知被督导者对其的感觉、认知与情绪

（续表一）

督导历程	工作内容与目的	督导技巧	具体方法
工作阶段	探讨具体议题解决具体问题	**会谈开始：**缔约	● 针对讨论的目标与内容达成共识 ● 拟好大致议程
		会谈中：详细阐述 同理 分享感受 提出工作要求 分享资料（如行业动态、行政管理、组织发展、政策程序、服务需求、专业知识与技巧、资源渠道等） 处理特别议题（如性别、敏感话题、权威议题以及权力议题等）	● 详细阐述：澄清、特定、自我控制、聚焦性倾听、提问、适当保持沉默等 ● 同理：同时具备支持与要求的作用，既要有人情味和包容、接纳，又要说明工作目标、要求与程序 ● 分享感受：督导者展示弱点和情绪，描述感觉，运用投射性认知，向被督导者生动传递反馈；重点在于展示感受，包括工作、生活与个人方面的温暖与照顾他人 ● 提出工作要求：(1)找出工作出现问题的源头，并辨识问题引发的原因、方式与程度；(2)通过同理、真诚、分享感受等非判断性和支持的方式让被督导者面对失衡的现状，处理其惧怕改变的不安全感，通过描述问题细节、聚焦等技巧协助被督导者专注于重要或紧急的工作任务；(3)持续发挥督导各功能，通过教育与行政等功能提升被督导者解决问题的能力，通过支持功能减轻其焦虑情绪，通过协调功能消除系统障碍与压力，提供所需资源；(4)督导双方一同批判反思，系统脉络化地分析工作问题的成因与影响，并结合工作实况提出切实有效建议 ● 分享资料：(1)注重资料的日常收集；(2)筛选资料并确保其有效度与可信度；(3)在分享中注重与被督导者的真诚与有效沟通，确保被督导者真正理解资料并指导其如何实践；(4)通过知识管理等方式，培养被督导者收集与管理资料的能力，并通过朋辈督导、个案会议与团体督导等方式，促进被督导者相互间自主学习与资料共享 ● 处理特别议题：委婉含蓄地回应、巧妙地转移话题、机智幽默地切入与解释、留白、开放空间等
		结束会谈	● 总结、概括、角色扮演、明确任务、提出要求与期望等

(续表二)

督导历程	工作内容与目的	督导技巧	具体方法
终止阶段	服务回顾、总结、评估、交接 处理离别情绪 协助被督导者认识自我与专业提升情况	督导的系统性评估 (有计划、周期性、有共识地持续跟进) 离职会谈	● 督导的系统性评估:(1)在工作关系开始时,督导者应澄清评估的指引;(2)评估的项目应该拆分成不同部分,随着督导历程的不同阶段而自动呈现;(3)在正式评估会谈之前,督导者双方都需清楚评估所关注的程序或范畴;(4)督导双方都应评估准备工作并提供评估会谈的档案记录;(5)督导双方都需参加督导评估会谈,并根据评估项目表达看法,讨论异同;(6)当双方达成一致时,督导者需要结合评估内容作出评估结果的最后决定;(7)注意评估工具的效度与信度、技巧以及被督导者的权利 ● 离职会谈:(1)肯定、欣赏与感激被督导者对机构的贡献;(2)提供情绪支持与安慰,缓解其分离焦虑;(3)献上祝福并为其未来发展计划提供建议

资料来源:整理自张洪英(2018)。

表6.5 督导干预途径、目的与时机及对应技巧

干预途径	督导目的与时机	督导技巧
促进	传递正向关怀,专注于安慰和隐私,确保督导的顺利进程	倾听和专注、摘要、沉默、自我揭露、封闭式问句、回馈(确认和反思)
催化	促进受督导者成长、发展和学习,协助受督导者的自我检查和自我发现	开放式问句、逻辑性的结果、回馈(确认、反思和修正)、重新架构
概念	提供受督导者相关的信息与知识,分享督导者的实务智慧,促进受督导者的理解和问题解决	资料提供、提示工作程序和专业知识
面质	质询受督导者可能未察觉或不承认但却限制其实务与理解的重要内容,促进其改变	面质、修正式回馈、意识觉醒
指示	指示的使用时机是当受督导者以某种具有潜在危机与风险的方式进行实务或行动时,或违背相关政策、规定或协议	指导

资料来源:引自张洪英(2018),修改自 Davys & Beddoe, L(2016)。

2. 反思性学习模式

戴维斯和贝多(Davys & Beddoe，2010)的反思性学习模式不仅勾勒出一个督导发展阶段的理论框架，还提供了一个从督导开始到结束完整的指引性框架，以及对督导过程的具体内容、操作与技巧进行详细阐述，即使是新手督导也能够快速学习并付诸实践。张洪英(2018)对反思性学习模式进行总结与分析，认为其督导过程如同一枚"三明治"，开始期与结束期是两边的面包，循环期则为中间的夹心。需要注意的是，每个时期都会对督导实践产生影响，其中循环期至关重要，是整个督导历程的核心，也是协助被督导者进行反思学习的具体过程。这一过程包括事件、探索、实验、评估四个步骤(如图 6.2 所示)。

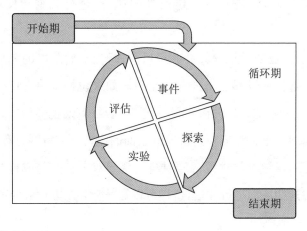

资料来源:张洪英(2018)。

图 6.2　反思学习模式督导过程概要

反思性学习模式对督导关系的阐述集中在"一头一尾"上，即开始期与结束期。具体而言，开始期的督导工作内容主要包括三部分:督导会议的准备、督导关系的建立以及督导议程的设定(张洪英，2018:86)。反思性学习模式(Davys & Beddoe，2010)认为督导工作的开始期也是督导关系的开始期，意义重大，不可随意忽视或省略。首先，需要做足准备工作。对督导者来说，其需要从其他繁忙的工作事务中抽离，回顾被督导者的理论与实务情况、之前督导会议的内容、本次督导会议的事项安排以及其他准备性工作;对被督导者来说,准备工作包括时间安排、实务资料以及调整心态等。其次,它是一个过渡和引导时期,能够让督导双方专注于督导会议,并帮助督导者与被督导者建立信任的专业关系,营造良好、安全的督导氛围,这是能够让被督导者充分表达自我最真实感受的前提条件。当督导者与被督导者进入正式面谈时,督导者可以通过一般的问候作为督导会议的开场白,这种问候内容有很多不同的形式,目的是要让双方感到放松、自在,营造一种舒适的氛围,以便建立良好的督导关系。最后,一旦建立了良好的督导关系,督导双方就可以进入此次督导会议议程设定的讨论环节。在本环节,需要考虑以下七个方面:明确讨论目的;确定讨论主题;选择合适的讨论方式;合理安排时间;促进开放和建设性的讨论;进行总结与反馈;遵守会议规则。

而结束期阶段也处于督导关系的最后阶段,当开始阶段的督导议程安排得到妥善处理之后,督导过程也就进入了尾声。如果说初步建立良好的督导关系开启了督导双方的反思-学习旅程,那么相应地,结束期也会为督导双方提供一个回顾的机会,使其重新对督导关系进行全面的审视。在审视过程中,督导双方可以就督导关系、督导参与过程、督导技巧、督导双方转变与成长等不同方面进行相互交流,对这些层面进行评估,这样可以提升督导双方对督导关系的认知。

3. 优势取向模式

随着优势视角在实践中的应用越来越广泛,优势取向的督导模式也得以发展,优势为本的督导模式倡导关注被督导者自身的能力与优势,而非聚焦于被督导者的问题和不足(童敏,2018)。在倡导优势实践的督导氛围中,督导焦点转向以被督导者为中心的督导过程,督导重点在于凸显在督导专业实践中督导者与被督导者共同建构的想法,强调"与被督导者共在"(Edwards & Chen, 1999:351)。优势取向的督导实践注重督导双方共同创造优势为本的督导关系,与以往督导者主导或对被督导者进行修正的目标和观点相悖,同时还聚焦于改变的潜力、可能性以及多元化发展(Davys & Beddoe, 2016)。

爱德华兹和陈(Edwards & Chen,1999)认为督导关系具有同构性(isomorphic nature),督导的过程与实务的过程也是同构的。具体而言,督导关系中督导双方的互动可能具有潜在的互相影响性,在督导过程中发生的元素在实务过程中也可能会重复。与互动模式的观点相类似,督导在督导过程中所表现的行为与沟通模式可能会影响被督导者在社会工作实务过程中的行为与沟通模式,督导双方间的互动会影响被督导者与案主的互动,督导关系也会对助人关系产生影响。同时,在同构过程中,互联系统中的一个子系统的部分变化将相应引起另一子系统中的该部分的改变,代入到督导过程中,督导双方可以互相形塑与改变,督导者不是复制模式的被动观察者,而是可以与被督导者共同感知、参与及创造的塑造者与实务的干预者。督导者如何与被督导者建立一个非等级性的关系、在督导过程中为督导者提供非病理性或非修正性的概念与框架、保持一个开放的、积极主动的立场,需要注意处理同构性。

共同建构意义或提出解决方案等是后现代社会工作督导的核心议题,但这并非易事,戴维斯和贝多(Davys & Beddoe,2016)总结出在具体实践过程中督导者所应遵循的、有利于建立专业关系的五个重要原则与方法:(1)所有的实务工作者都拥有能被挖掘的优势,督导者应相信被督导者能够在未来的改变中建构更好的胜任能力,并突出其胜任行为(成功做了什么),鼓励其重复这些行为,而非聚焦于其错误;(2)被督导者是自己生活与其自己叙述、经验和知识的专家,督导者需要帮助被督导者进行有效解决问题的多元性经验建构,一起头脑风暴,而非以解决或修正问题的专家自居;(3)督导者需要搁置想法与假设,即使自身的观点与被督导者不同,也要以开放的心态用心倾听被督导者的故事;(4)督导者需要鼓励、支持并挖掘被督导者的潜力,并在工作中尽可能创造机会使其展现自己的能力,增进自我认同感与自我效能感;(5)督导者需要使用积极语言,比如即使实务的某些环节看起来不成功,但仍可用类似"换个角度想,他们认为的错误其实只是一个让我们能够更加了解案主的机会"这样的语言帮助被督导者寻找潜在的良好意图(Edwards & Chen,1999)。

二、督导服务领域社会工作专业关系的特征

1. 多主体与多面向关系

在社会工作督导服务领域中，专业关系的意涵得以延伸，从"二主体"拓展为"多主体"。具体而言，从整全性(holistic)的角度来讨论，专业关系不只局限于社工与案主或督导者与被督导者，不"涉及机构、督导者、被督导者和案主等四方主体，这是在文化脉络中所建立起来的多面向关系"(Tsui，2008)。

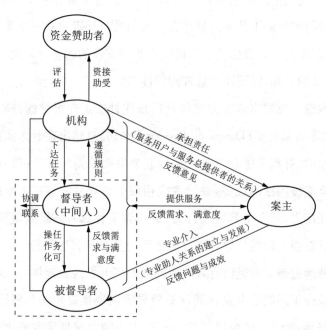

资料来源：张芯桐(2020)。

图6.3 社会工作督导多主体与多面向关系

图6.3表明，在社会工作督导专业关系中，机构作为社会工作助人服务的总提供者，需要对案主负责任，而在整个服务过程中，案主如遇到问题也可向机构提出意见甚至申诉，并寻求解决方式。被督导者对案主进行专业评估与介入，开

展助人服务,案主向被督导者(即初级或实习社会工作者)反馈问题、需求与成效,在这个过程中专业助人关系得到建立与发展。督导者在整个过程中不仅扮演行政者、支持者、教育者的角色,还扮演中间人的角色,负责在机构与被督导者之间协调与联系。机构把任务下达给督导者,督导者需要让任务可操作化,变得更明确、具体、可行,机构的宗旨、结构、程序、环境影响甚至在某种程度上限制督导者的发挥,督导者需要遵循规则,并设法解释让被督导者理解并遵守规则,被督导者向督导者反馈对机构和督导的需求、问题与满意度,在这个互动过程中双方建立并发展专业督导关系,共同成长与进步。机构、督导者、被督导者形成一个为案主提供服务的整体,目的在于为案主提供更优质、更完善的服务,而案主可以反馈其需求、问题与满意度。但在这多面向、多维度的专业关系中,督导者与被督导者的互动关系是需要关注的重点,在督导过程中,督导关系的建立与发展有很多要素,包括:督导契约的制定、督导形式的选择;督导的专业能力与督导水平、功能以及任务;督导双方之间的权力议题;督导者的权威、角色、风格、方法、策略与技巧;被督导者的需求、专业能力与经验经历;对督导关系以及被督导者专业能力变化的评估指标等。

　　2. 被特定的文化脉络所影响

　　社会的"文化脉络"概念影响着社会工作督导的多主体与多面向关系,像图6.4 中的圆圈将督导过程的各个维度整个包裹起来。虽然文化难以定义,但容易区辨和指认,它是某特定社会群体的生活方式和观看世界的方式。在督导的脉络里,督导的四方关系无不受文化影响。第一,机构中的社会工作督导过程受机构组织的宗旨、结构、政策和程序以及服务环境和组织风气等因素的影响,这一切因素都与组织的工作环境有关(Glisson,1985)。机构的政策与目标也由机构高层管理的文化、资金赞助者的文化、该社群的文化以及社会工作专业和机构服务领域的文化综合形塑而成。就机构的立场来看,督导是用以完成组织目标的工具,是在一特定的服务环境与组织结构内部,依照组织的政策与程序行事,而行事风格往往是某特定组织风气的缩影。第二,对于督导者而言,督导者作为机构与被督导者之间的"中间人"（middle person），要负责协调与联系，督导不仅是机构管理层中的一员，也是最资深的一线社会工作者，因此尽责的督导者必须扮演多种角色，也必须遵循机构的政策和程序，并设法传达给被督导者以使其了解这些政策和程序。在此过程中，督导者必须让政策和程序变得明确、具体与可行。同时，督导者的权威、角色、作风与技巧深受督导者自身的文化背景影响。第三，对于被督导者而言，其自身的成长经历、文化背景、专业教育与专业训练背景、工作/实习经验、被督导经验、情绪需求、工作与提升需求以及专业水平与能力程度等受到文化因素影响的变量，都将会影响督导过程中的专业关系、督导形式与方式。第四，案主的自我觉察、对待困境的诠释与态度、面对与解决问题的方式，受文化的影响相当大（Lee，1996），文化也左右其寻求协助

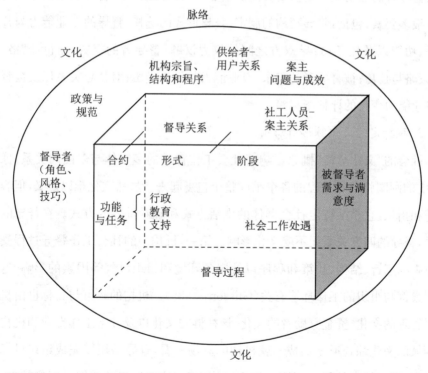

资料来源：Tsui（2008）。

图6.4 社会工作督导文化脉络图

的方法与使用社工所提供的资源的态度,因此社会工作督导中的专业关系自然与文化意涵与脉络密切相关。例如在中国文化背景中,督导者、被督导者、机构和案主的行为,无不受到强调互惠性和家庭网络的文化或明或暗的影响(Tsui, 2008)。

总而言之,社会工作督导是社会工作专业错综复杂的理论、专业价值和服务网络所交织而成的系统中的一部分,此系统位于某特殊的文化内部。督导中的四方关系都置身于文化之中,因此督导服务领域中的专业关系与相关主体必须放在文化脉络中理解,才能探明社会工作督导的意涵。

三、督导服务领域社会工作专业关系的作用与重要性

督导关系是社会工作督导的核心(Fox, 1983; Kaiser, 1997),是影响督导品质与效果的重要因素,正向的督导关系能塑造出成功的督导工作,促使被督导者学习到专业知识、态度与技巧(Holloway, 1995)。沈黎、邵贞等(2019)认为督导关系对督导结果的影响主要体现在被督导者的自我效能感、自我揭露度、职业满意度与职业倦怠、对督导的满意度、新手助人工作者的成功服务结案率上。笔者通过对督导经验的质性研究(张芯桐,2020),发现督导关系还影响被督导者的开放接收度、专业与个人成长以及其实务工作效果。

1. 督导关系影响被督导者自我效能感

自我效能感(self-efficacy)(Bandura, 1977)是指个体对自己是否有能力完成某一行为所进行的推测与判断,具体表现为人们对自身能否利用所拥有的技能去完成某项工作的自信程度。在督导过程中,自我效能感是初级社会工作者认为自己是否有信心与信念为案主提供专业且有效的助人服务。研究对象的督导经验表明,在督导关系从初步建立到提升再到紧密的正向发展过程中,通过督导者发挥的教育与支持性功能,随着督导双方的相处与交流变得融洽自如,被督导者能够逐渐清晰地认知自身专业水平与能力的变化、判断督导双方的态度与行

为、感知与评估实务工作开展的效果，更加敢于尝试为案主制订计划、开展服务，也更有信心和把握提供优质、有效的服务。相反，如果督导者以批判居多，督导双方沟通受阻，督导关系向僵化-矛盾-破裂的消极方向发展，则被督导者易产生挫败感和机械化行为的倾向，模糊自我效能，甚至产生自我否定的观念。

2. 督导关系影响被督导者的自我披露度与开放接纳度

许多研究表明，在督导过程中，如果督导双方维持良好的督导关系，被督导者会有更强烈的自我披露意愿（Mehr, Ladany & Caskie, 2010；Mehr, Ladany & Caskie, 2015；Gunn & Pistole, 2012；Schweitzer & Witham, 2018），而被督导者是否愿意向督导者分享会对督导效果起到关键性的作用（Ladany, Hill, Corbett & Nutt, 1996）。被督导者愿意自我披露，就能使督导者更易了解被督导者的个人世界与不足之处，也能使督导者更易了解其对自己的看法与意见，从而进行有针对性的督导或改变督导方式；反之，过少或拒绝分享则易减少被督导者提高的机会与经验，相应地也会减少为案主服务过程中暴露出的问题与不足。如果督导双方的关系较为亲密，被督导者在督导者面前更敢于去发声，有问题、有需求也会及时寻求督导者的帮助，乐于互相探讨并解决在服务中遇到的问题与自身的不足之处。尽管督导双方可能本身存在"比较轴"或者"缺乏弹性"的特质，但在双方关系进一步提升后，彼此会互相考虑对方的感受和意见，更易换位思考。反之，如果督导双方的关系较为紧张，被督导者可能会选择将个人观点、对督导过程存在的问题、对督导者的看法、对工作中遇到的问题与需求等隐而不说，或者表面上看似接纳督导意见，实则"左耳进，右耳出"，督导互动呈负面趋向。因此，如果督导双方能建立良好的互动关系，营造舒适的自我披露氛围从而有效沟通与表达各自的想法，对整个督导过程非常有利。

不仅是愿意披露，督导关系也会影响被督导者对于督导内容的开放接纳程度，进而影响督导效果。这与日常人际交往的"同体效应"（于朝晖，2009）道理相同。人们通常愿意询问并接受与自己关系较好的朋友的建议，而难以认同与自己交恶的人的意见。如果双方关系良好，一方就更容易接受另一方的某些观点、立场,甚至对对方提出难为情的要求也不太容易拒绝。反之,如果从自己讨厌的人口中说出,就可能本能地加以抵制。

3. 督导关系影响被督导者对督导过程的满意度

文献研究表明,被督导者对督导过程的满意度与督导关系呈正相关性(Ladany,Ellis & Friedlander,1999；Beinart,2014；Crockett & Hays,2015；Schweitzer & Witham,2018),笔者的相关研究印证了这一看法。在访谈过程中笔者向被督导者发放督导满意度调查表并为督导关系打分,结合观察与访谈内容发现,督导双方建立的情感联结越紧密,被督导者对督导过程的满意度越高；反之,督导双方的关系越恶化,被督导者对督导过程的满意度越低。同时,接受访谈的被督导者也均提到在督导过程中,随着督导关系的发展,被督导者对督导过程的满意度会随之产生变化。

4. 督导关系影响被督导者的专业与个人成长

被督导者成长是检视督导效果最直接的方式。巴尔的摩和克拉奇菲尔德(Baltimore & Crutchfield,2003)认为督导可以提供个人专业的标准和协助被督导者发展与维持临床的技术,同时创造一个产生学习的脉络。而在决定督导的有效性方面,督导关系与督导技术同样重要。加佐拉和泰里奥(Gazzola & Theriault,2007)认为督导是一种合伙关系,督导者作为在这段关系中握有相当权力的人,在督导中应该重视良好督导关系并营造安全有利的督导环境,鼓励被督导者秉持开放的胸襟面对反馈,在督导过程中要敢于表达督导需求。笔者在研究中也发现,社会工作专业实习生或新手一线社工总是会对实务的挑战和督导者的评价感到担心与忧虑。如果双方建立良好的督导关系,督导者充分发挥其支持与教育性功能,更深入地了解被督导者的专业水平与能力和个人心理特质与状态,不抱以批判的态度,就可以营造一个舒适的督导氛围,有利于被督导者对能力的提升与知识的接收,提高其自信心、自我觉察以及自主学习的意愿,获取更大的成长空间。

同时,督导关系中双方的态度与行为也会投射到实务服务中。研究发现,当被督导者感觉到在督导关系中有好的部分,就会吸收内化并运用到与案主关系的建立与维系当中,比如督导者支持与鼓励的话语、看待问题的积极角度、关系在亲密的同时也设有边界的示范,等等;当被督导者观察到督导者所呈现的角色功能与定位,就会寻找并检视自己在督导关系以及社会工作专业关系中的角色与定位,比如支持者、协调者、评估者、资源链接者,等等;当督导双方的关系需要调整或产生变化时,督导者会引导被督导者了解变化的原因、厘清关系的状态、判断关系是否合适、考虑应当如何调整,等等,在实务开展和专业关系建立中,这些思考也同样需要。

综合来说,督导关系建基于督导过程中督导双方各自所持的专业能力、风格特质、期待与目标等方面,虽然情况各异,但被督导者都会在督导关系中感受到不同程度的正向或负向的情绪,进而表现出特定的行为与态度。正向情绪包括信任、接纳、尝试、积极学习、分享与讨论;负向情绪包括焦虑、压抑、挫败感、失望、消极怠工等,从而影响工作、专业以及个人的成长。

5. 督导关系影响被督导者的实务工作绩效

案主的反馈是检验被督导者实务效果最重要的方式,案主的改变、进步、学习、问题的解决、症状的减少或满意的表达等反馈都与被督导者实务工作绩效挂钩。麦卡锡(McCarthy,2013)通过研究发现,督导关系的加强会使其成功结案率增加。与人打交道的工作总是特别复杂,在社会工作实务中,技巧和方法不能仅凭课堂老师的灌输,更多的是需要不断实践、切实体验从而获得进步与提高,而专业督导的教育、指导与监督可以帮助被督导者少走弯路,更快上手为案主提供更优质、更专业的服务。良好的督导关系能够让双方像合作伙伴一样共同面对实务工作带来的压力,相互分享并排遣焦虑、恐惧等负面情绪,从而提升其工作信心与士气。总而言之,督导者能够用已有的专业能力、阅历与工作经验从旁协助被督导者解决实务工作中遇到的问题,被督导者也能吸取经验,不断提高自己的专业水平与能力,成为一位能够独立开展并完成实务的专业社会工作者,为案主提供更多更优质的专业服务。

四、督导服务领域社会工作专业关系的建立方法

1. 对督导关系重要事件的妥善应对

知名学者如埃利奥特和夏皮罗(Elliott & Shapiro，1992)、希尔和科比特(Hill & Corbett，1993)等，发展出可收集研究参与者内在观点的重要事件法，相当适用于督导历程的研究。相关学术研究发现，在社会工作督导服务领域中，督导者的介入、被督导者的觉察、人际行为、督导同盟、权力与投入等，都是重要事件的议题，因此重要事件法可作为探讨督导关系的研究方法(张淑芬、廖凤池，2011:81)。如果督导者能够妥善处理影响督导关系走向的重要事件，被督导者对其认可度与信任度就会相应提升，这将有助于双方的专业关系进一步发展。表6.6列举了一些在督导过程中对督导关系产生影响的重要事件以及相应的妥善应对方式。

表 6.6　督导关系影响事件与应对方式

类　　别	被督导者重要事件	督导者应对方式
专业涉入	对自我在社会工作实务及督导过程的认识模糊	● 明确督导目的与双方期望、需求(如提高工作效率、协助解决问题、促进个人或专业成长等) ● 共同制订督导计划(如督导的时间、频次、地点、方式、讨论重点等) ● 澄清督导双方在不同情况下与不同立场中的角色(如支持者、教育者、管理者、协调者等)、功能与督导关系性质(如工作同盟、师生、合作关系、上下级等) ● 协调督导风格(如个人吸引力型、人际互动敏感型、民主与自由结合型、专断型等)和模式(如成长取向、工作取向、整合模式、互动过程模式等) ● 表扬与强化被督导者的积极行为
	在实务过程中遇到棘手问题	● 及时观察与跟进被督导者的工作表现，提供改进与优化工作的有效反馈与指导，并适时调整督导计划 ● 信任并鼓励被督导者有能力胜任并解决问题 ● 用清晰、简洁的表达方式高效沟通，并确认被督导者的反馈，以确保双方信息传达准确无误 ● 积极倾听、回应并提供针对性帮助，鼓励被督导者遇事主动反馈 ● 现场示范、提供书籍和课程参考

(续表)

类　别	被督导者重要事件	督导者应对方式
情感联结	在工作中产生难以排解的情绪与压力(如因临终关怀案主离世而感到悲伤、因与案主或同事产生矛盾而感到气愤、因工作强度大而感到压力很大等)	● 展现自身专业性与公正性 ● 鼓励其开放、积极地表达与发泄 ● 通过冥想、放松训练、发泄等方式及时排遣情绪、减压 ● 协调工作内容与强度 ● 认真且耐心倾听被督导者的内心想法,使其感受被尊重、理解与认可,并提供相应的指导与支持(可以通过自我披露与举例)
	在生活中产生难以排遣的情绪与压力(如家庭变故、突发事件、难以适应新环境、人际交往矛盾、实习与课业负担重等)或自身个性、特质与文化不被他人接受时	● 支持与同理 ● 尊重、包容与接纳 ● 不批判、不评价与不下论断 ● 关心、关怀、陪伴、聆听并鼓励 ● 链接资源 ● 尊重并保护被督导者的隐私
	移情	● 警惕自身与被督导者心理情绪状况 ● 澄清关系界限与督导规范 ● 注意督导过程中的权力议题

2. 有益于督导关系建立的条件

督导关系并非一种合作性质的关系,而是一种合伙性质的关系,合作的重点在于两人分工,合伙则在于彼此的倾注。加佐拉和泰里奥(Gazzola & Theriault, 2007)认为督导是一种合伙的关系,督导者为握有相当权力的人,在督导过程中应该重视良好督导关系以及营造安全有利的督导环境,并鼓励被督导者抱持开放的胸襟来面对督导反馈,同时在督导过程要肯定地表达自己的督导需求(转引自吴秀碧,2012)。默恩斯(Mearns, 1991)强调健康的督导关系为有益学习的关系,主张建立健康的督导关系有四个条件:第一为"承诺"(commitment),这是一种专业精神,如同督导关系的宣誓;第二为"一致"(congruence),指督导双方的关系透明化,使这个关系具有疗愈性;第三为"视被督者为有价值",无条件地对待被督导者,这将使被督导者完整和无保留地带来需要讨论的资料;第四为"同理心"(empathy),这是一种直觉地认同被督导者的经验,并非一种技术,而是出自督导者的真诚与知行一致。默恩斯建议的上述四个条件,可以建构一个支持性的督导情境,为健康的督导关系所必备。这样的关系,可营造一个涵养和陶冶被督导者的氛围,使个人与其专业知识、理论与技巧统合,从而发展出个人风格。

五、督导服务领域社会工作专业关系案例分析

1. 案例阐述

案例一

督导者郑温柔是雁翎市(化名)某高校的一位专职督导老师,女性,32 岁,社会学博士,无实务工作经验,1 年督导经验。被督导者邹星是该高校社会工作专业的在读研究生,男性,23 岁。学校要求社会工作专业学生需实习满 800 小时,于是邹星被分配到当地某精神卫生中心实习,在整个实习过程中郑温柔都担任邹星的校内督导老师。

邹星是班长,口才出众,适应能力与执行能力强,综合素质高,善于团结和调动同学,专业老师们都非常喜欢他。但实习阶段快开始时,邹星才知道郑温柔这位专职的督导老师。在刚开始实习的阶段,同学们多少都会遇到一些适应上的问题,但邹星却能够很快融入。于是郑温柔在班级公开对其表示肯定与称赞,并邀请他向其他同学分享自身经验与方法。邹星因此感到被认可,从而增强了自信心,督导关系初步建立。但郑温柔刚博士毕业不久,是社会学专业,偏理论研究方向,没有社会工作实务经验,且仅有 1 年督导经验,而邹星认为社会学与社会工作有很大的区别,前者是面对群体,关注整体,较宏观和理论化,而后者更多地为小群体、个体服务,较微观,而且郑温柔很年轻,并未接受过系统性的社会工作教育,也没有从事过具体的社会工作实务,因此起初对这位督导老师有些质疑。

但在督导过程中,邹星发现郑老师工作态度非常认真负责,督导工作用心准备与投入,督导的时间长、频率高,也能给出非常专业的建议,比如及时、耐心地在周记上批注、反馈,主动询问、悉心指导、关心实习进度,经常到机构探访、观察邹星开展的实务工作,在活动过程中参与、指导与示范,推荐精神健康领域的专业书籍,介绍毕业后在精神卫生中心工作的学姐帮其答疑解惑等。此外,郑温柔不断通过阅读专业书籍、上网课、与社工老师交流、参加培训等方式提升自身的社会工作理论与实务能力,非常打动并激励邹星,其质疑心态逐渐消失,督导关系稳步发展。

邹星在实习过程中专业投入度高、主动意愿强、及时反馈与提问、善于听取建议、责任心强,勇于积极探索与尝试,在高效、及时、出色地完成实习任务的同时,还萌生了开展精障患者人际交往小组的想法。因为对患者开展服务的限制与困难很多,一直以来都没有人尝试,大家只把目标锁定在了家属、医护人员的身上。邹星与机构的老师、一起实习的同学沟通了这个想法,没想到回复均是坚决拒绝,完全不支持。邹星对遇到诸多阻力感到非常失落与难过。郑老师在了解到这种情况后先鼓励邹星尝试写小组计划书,与他一同探讨如何克服这些阻碍,并尝试联络机构的老师和康复科室协调合作,帮助安排活动时间,推进组员招募,在大家的帮助下终于成功举办小组活动。

在长时间的督导互动过程中,双方建立了"朋友式"的紧密督导关系,在督导过程中,郑老师非常友善、亲切、和蔼,给予邹星温暖、包容与信任,呈现开放与弹性的特征,提供积极、正向的支持。当邹星的实习时长即将达到 800 小时,双方的督导关系临近尾声之时,离别情绪也是自然、正常的情感流露。回顾整个督导历程,双方都见证了彼此的成长,内心十分感慨。

案例二

督导者秦刚是雁翎市某三甲医院门诊办公室下属社工部门负责人,男性,40岁,社会工作硕士,14年工作经验,5年督导经验。被督导者李晴沂是该医院的初级医务社工,男性,25岁,社会工作硕士,毕业后即进入该医院工作,入职以来均由秦刚进行督导,在工作1年半后辞职。

起初李晴浒认为秦老师的资历、实务经验与督导经验都非常丰富,对其期待值很高,希望能跟其学习,收获成长。但在与秦刚一同工作的过程中,李晴浒很快发现他是一位权威感、行政性很强烈的督导,认为依仗自己的资历可以随意地指挥他人,总是以管理者、领导者的角色自居,用命令式的口吻指派任务、下达工作,经常设立一个很高的目标,布置繁杂、困难、耗时耗力、重复性高的工作,任务量大,很多工作还偏行政向。比如李晴浒曾被要求在5个月内完成50个克罗恩病个案,每例个案都需要填写完整的个案记录表,表内有很多复杂的内容与表格,平均每份记录表需填写三四千字,其中每份都还有很多相似、重复性的内容,需要平均3天完成一个个案,对于任何人来说,任务量都实在太大。李晴浒曾与秦刚沟通过这个问题,但秦刚却说每个个案都要写,但不用写得那么复杂。李晴浒则认为就算再简单、概述性地写,每个个案也至少要近2 000字。因此,李晴浒感到非常疲倦、烦累、焦虑与压抑,表现得很消极。督导则认为不是他目标设立的高,而是李晴浒能力不足无法胜任。于是李晴浒的工作热情渐渐退却,工作效率也逐渐降低,督导双方的关系逐渐僵化。

李晴浒其实是一个热情、开朗、健谈的男孩,在并非为了开展个案服务的时候,他经常到病房探访,陪伴患者与家属聊天,气氛非常融洽,经常逗得患者和家属开怀大笑。秦刚发现他经常不在门诊办公室,而是去往病房,他认为李晴浒这样做是浪费时间,逃避工作。李晴浒非常不认同秦刚的观点,于是直接反驳,认为陪伴患者是社会工作者很重要的任务,也是其价值的体现,并抱怨工作任务过于繁重。同时,李晴浒十分不同意秦刚说自己曾经做过很多服务现在就没必要再做的观点,认为督导者应该不断学习、不断提升自己,起到示范带头作用,树立榜样。种种原因综合起来,双方发生剧烈争吵,督导关系中的矛盾与冲突激化。加之对很多其他方面的考量,李晴浒最终决定离职,不再从事社会工作相关的工作。

2. 案例分析

从上述两个案例可以看出，督导服务领域中社会工作专业关系的建立与发展会经历以下四个阶段：

第一，质疑 vs.信任阶段，这是建立督导专业关系的阶段。质疑与信任作为一对相互矛盾的态度充斥在这一环节中。从专业意义层面来讲，督导具有一定的权威性。督导自身需要足够的专业知识储备或资深的实践经验，从而更好地协助社会工作者开展专业服务，为其答疑解惑。由于诸多现实原因，许多督导并不具备专业权威的特征，如案例一中督导并非科班出身，或是科班出身但年龄比接受督导的社会工作者小，抑或偏"学院派""理论化"而没有丰富的一线实践经验等。因此，被督导的社会工作者可能会对督导的合理性与综合能力产生一定的质疑，正所谓对"权威"观望和挑战（高艺多，2017）。当督导双方对对方的综合情况慢慢熟悉、了解之后，双方的变化性与不确定性降低，逐步建立起信任联结。在这一过程中，如果督导者能够向被督导者展现自身的能力，令被督导者信服（如案例一），那么被督导者的质疑可以成功转化为信任，督导的真正权威也得以建立；反之，如果督导者未能满足被督导者的心理期望与标准（如案例二），那么督导的权威将相对式微。同样，从督导者的角度出发，被督导者的能力与态度也会影响督导者对其信任感，进而影响督导工作的投入度和督导关系。

第二，任务 vs.执行阶段，这是督导专业关系初步发展的阶段。通常来说，无论是实习还是工作，督导者会与被督导者共同探讨与制订工作目标和计划，分清主次与轻重。但在案例二中我们可以发现，督导双方对目标与任务的理解可能大相径庭，这体现在专业取向、价值取向、工作态度、任务的衡量尺度、职业生涯规划等层面上。由于成长经历、受教育经历、工作经验等方面的差异，双方在工作目标与任务上产生分歧也是情理之中。案例二的负面结果启示督导者需要重视这种分歧，应澄清督导双方在不同情况下与不同立场中的角色、功能与督导关系性质，明确督导目的与双方期望、需求，协调督导风格与模式，共同制订督导计划，保证目标设定与任务安排的合理性。在被督导者执行任务的过程中，可能存在两种不同的心态：一是主动，二是畏惧。在案例一中，邹星在任务面前充分展现主动性，高效地保质保量完成任务，甚至勇于开拓新的实务领域，主动与督导者沟通，这在督导关系中也是一种主动的表现，有助于增进彼此间的专业关系。而在案例二中，李晴浒在尝试与督导者沟通无果后，面对巨大的任务量产生退缩、畏惧的消极心理，相应地，在督导关系中也呈现出逆反性、对抗性，使专业关系僵化。当然，从督导互动的角度来说，被督导者的不同心态，与任务的合理性、督导者的态度、技巧和因应息息相关，督导者可参考表 5.4 至表 5.6，对专业关系议题进行内省与自察。

第三，冲突 vs.协商阶段，这是督导专业关系深化的阶段。在具有一定深度的督导双方互动过程中，之前的隐性冲突若是没有得到妥善的处理，就可能会外显与爆发。督导关系的隐性冲突外显后，可能体现为现实性冲突与非现实性冲突(科塞，1989)。如在案例二中，李晴浒与秦刚争论工作任务过于繁重，此时的冲突作为手段，即现实性冲突，李晴浒追求的是减负的具体目标，以争取自身的休息权益；当争论无果后，李晴浒只能以消极怠工表达自身的反抗与不满。当双方很多冲突点(如角色对立、言而无信、固执己见、信任缺失、认同缺位、理念和价值观分歧等)没有得到改善，汇集在一起后，通过一个导火索，在某个时间点爆发，上升至难以调和的矛盾，此时冲突本身就作为目标，是为了满足释放压力与情绪的需要，即非现实性冲突。因此，督导双方都应对隐性冲突有较高的敏感度，及时应对、协商，以解决潜在的关系危机。在协商过程中，相互尊重是沟通的基础，平和的心态与斟酌的措辞是协商的前提，同理心是非常重要的情感互通方式，双方(尤其是督导者)对权力与权威的运用也要小心谨慎，以维持督导关系的相对稳定与平衡。

第四，离别 vs.重建阶段，这是督导专业关系结束的阶段。"天下无不散的筵席"，无论是案例一中督导双方在实习即将结束时有不舍的离别情绪，还是案例二中被督导者辞职，双方的"分道扬镳"都是督导关系终止的表现。督导专业关系结束既与督导关系的紧密程度、沟通程度、类型等密切相关，也与督导双方在专业与价值理念的契合度、个体的情感表达方式息息相关。社会工作专业服务的宗旨是"助人自助"。同理，在社会工作督导的实践中，督导双方通过共同的督导经历在理论、实务、技能、价值理念、个人能力与情感、对督导与督导关系的理解等方面的转变与收获，会对未来的工作与生活产生影响，督导双方在不断离别与重建的过程中成长与发展。

3. 案例反思

上述两个案例为我们带来以下三个方面的思考：

第一，社会工作督导的角色与功能定位会影响专业关系的建立与发展。几乎每位督导都很明确社会工作督导具有行政、教育、支持、协调等功能，肩负行政者、管理者、领导者、教育者、指导者、支持者、协调者、评估者等职责。然而在真正的实践过程中，督导角色与功能的定位具有模糊性与复杂性，这在督导关系中得以体现。比如，督导双方究竟是师徒、朋友、同事还是上下级关系，在整个督导过程中的不同情境和场合下，督导关系经常呈现出混合型的关系特征，有时偏向科层化，更为正式与规范，有时则偏向私人化，相对非正式、自由度较高。这样的复杂关系如果能在规则框架内灵活切换，则有利于督导工作的开展，反之则容易陷入角色混乱、角色冲突、移情或其他隐性冲突的局面，这与前文探讨双重关系与专业界限模糊性的逻辑一致。

第二，督导者的风格直接影响督导关系的稳定度（Ladany, Walker & Melincoff, 2001）。督导风格是督导者对被督导者所采取的态度、反馈方式及方法（Friedlander & Ward, 1984），其风格形态受个人的理论取向、世界观所影响，同样也会影响其督导策略与焦点、督导形式、督导技术与督导作为（王素萤、连廷嘉，2012）。督导者有不同的工作经历、工作环境、职务立场及取向偏好，这些都形塑着其不同的督导风格，但是督导风格并不等同于督导能力，督导风格各有优缺点。怀特和奎纳（White & Queener, 2003）认为不能推断何种督导风格优于其他风格，因为督导是一段人际互动过程，不同人格特质的被督导者，对于其督导者风格可能有差异性的感受，督导者的风格若能与被督导者的人际风格产生适配性,将有助于督导关系的建立与发展。比如案例一中的督导属于"个人吸引力型"的督导风格,这种风格是督导者在督导过程中散发出个人和人际魅力,让被督导者在督导过程中较愿意坦露自己的缺失与感受,从而减少督导抗拒行为的发生。督导者在督导过程中与被督导者的互动非常友善、亲切、和蔼,给予其温暖、包容与信任,呈现开放与弹性,极具正向性与支持性,被督导者认为这种亲切的风格非常适合自己,二者专业关系建立与发展的过程较为顺利。案例二中的督导属于"专制型"(authoritarian leadership)的督导风格(Lewin, K., 1939),强调管理者与领导者的角色,主要承担行政功能,更注重工作目标、工作任务与工作效率,根据个人的了解与判断来监督和控制被督导者的工作,但对被督导者关心不足,这种重视绩效的家长式作风导致督导双方产生"上下级"的隔阂,社会心理距离较大。同时,督导者对被督导者的感受缺乏敏感性,被督导者不认可这种风格,对督导者也存在一定的戒心和敌意,并产生挫败感和机械化行为的倾向,督导双方的专业关系逐渐僵化甚至爆发严重冲突。

第三,督导者与被督导者之间的权力流动也是督导专业关系的表现形式之一。徐(Tsui, 2008)认为督导者合法的权力是在正式职位上就拥有的,它由管理高层授权,以履行组织所指派的任务,合法的权力是非个人的、事务性的,工作成员在职场上的回应是针对该职位,而不是针对拥有该职位的个人,员工有必要接受该权力。然而这种义务式、具有强迫性的顺从,可能会降低社会工作者在专业实务中的积极性,使其保持最低度的生产力。因此,行使合法的权力,提醒被督导者"臣服"于该职权,应当只用在履行督导的行政功能上。督导者权力的样态主要分为"参照的权力"与"专家权力"。前者来自被督导者的认同度,如果督导双方之间的专业关系良好,被督导者对督导者有"仰慕之情",那么督导者就成为被督导者的榜样与重要他人,参照的权力得以建立,有助于形成信任的专业关系。需要注意的是,督导者提高个人品质是对被督导者产生这种影响力的前提,如同案例一中被督导者所说的,"老师都还在学习,我们做学生的怎么能不努力"。后者来自社会工作理论储备与实务上的知识和技巧,如果督导者能够对专业问题进行洞察、合理分析、有效建议或正确决策，那么督导者将具有专家权力，被督导者更有可能听从其想法与建议，专业权威得以树立，也有助于形成信任的专业关系。同时，督导者行使权力和职权是一门艺术。当督导双方的权力落差过于悬殊时，被督导者可能会产生抗拒情绪；当督导双方的权力差异太小时，又无法监督被督导者的工作表现。当权力的天平向这两个极端倾斜时，督导双方的专业关系都可能变得十分紧张，缺乏合作与信任，于是被督导者也会用"权力游戏"的方式进行回应，比如消极怠工，口是心非，阳奉阴违，言出不行，组织员工一起起哄、作对、抗议，强调地位的弱势与卑微，等等，这样的隐性冲突如果没有得到妥善处理，很容易爆发为明面上的矛盾，最后像案例二的被督导者一样以不愉快的离职收场。

第七章　社会工作专业关系本土化探讨
　　　　和反思

　　中国社会工作专业教育推动了专业服务的发展,社会工作实践过程一定涉及专业关系。因此,在国内社会工作学界及实务界,对社会工作专业关系的探讨及本土化实践的思考,越来越成为一个重要的话题。刘华丽(2004)曾经总结国内三种关于社会工作本土化的观点。第一种观点认为西方的理论模式具有一定的先进性,中国的发展趋势也将与西方接轨,且要在中国推进西方先进的社会工作理念与模式,以推动中国社会工作的建设与发展。第二种观点则强调社会工作虽然基于西方的价值观,但与中国传统文化的价值观有相融性,可以倡导。第三种观点则认为应注意弘扬中国文化的优良传统,对西方社会工作理念及其价值观应进行调适与改变,甚至提出超越西方假设的中国社会工作理论和研究。这些讨论不仅注意到文化对于助人理论和助人方法的影响,而且强调助人者应从文化脉络去理解和帮助案主。因此,在中国社会实施助人工作的社会工作者有必要对学习到的西方社会工作理论与本土文化之间的差异有所反省,在借鉴西方经验的同时不忘理解本土文化对服务对象行为的影响,对工作模式进行文化反思。

第一节 中国儒家文化和本土社会工作专业关系

中国是一个积淀了五千年文明的国度，作为文化的核心部分——价值、观念、信仰、规范乃至精神，势必对当时及后来的国家及社会生活产生不同程度的影响。在许多悠久流传的传统思想中，儒家的论述无疑影响最大，从本土化的角度考虑，社会工作完全可以从中汲取丰富的养料。

一、儒家中庸思想和社会工作专业关系

儒家优秀文化的精髓与核心——"中庸"思想，不仅仅探讨的是一个道德范畴，也是处理问题的基本态度和方法。所以，杨中芳在《如何理解中国人》一书中指出，中庸权衡是中国人的行为准则，从古至今它深刻地影响中国人的文化心理、思想模式、行为习惯（杨中芳，2009）。

"中庸"一词，语出《论语·雍也》。"中"字在先秦古籍中常见字义有三个：一是指两者中间；二是指适宜、恰好；三是指人心，即人的内在精神世界。如果说儒家把"诚"作为天"性"，那么"中庸"则为正"道"。所以，对于中庸，程颐的诠释为："不偏之谓中，不易之谓庸。中者天下之正道，庸者天下之定理。"（梁海明注译，1999）而朱熹的诠释为："中庸者，不偏不倚，无过不及，而平常之理，乃天命所当然，精微之极至也。"（朱熹，1985）在程朱看来，"中"是一种凡事都追求不偏不倚、无过不及的最为恰当的状态；"庸"，则是说这样做是不可更易的常理。中道乃是事物的常道，不偏不倚，无过无不及，始终如一，保持经常且恰到好处。凡事物必有两端，把握好两端的一个适合的度，维持对立统一的和谐状态，即为"中庸"。孔子说："君子之中庸也，君子而适中。"孔子弟子亦曰："故君子尊德行而道问学，致广大而尽精微，极高明而道中庸。"（曾参、子思，2002）

进一步而言,《礼记》解释中庸为"执其两端,用其中于民"。"两端"是指矛盾对立的两极,只认识或者把握其中的任何一极,都会失之偏颇,且不会长久。只有"叩其两端",从两端中作出优化选择,即求"中节",才会和谐。"中节"符合事物的本质特征,是力量的最强点和事物和谐的最佳状态。由"中节"出发做事,整体效果最佳,各方接受程度最高。"无过不及"是中庸之道追求"中节"的确切位置,是优化选择决定的,坐落在"过头"和"不及"之间的"无过无不及"的"临界位置"(庞忠甲,2006)。尚"中"致"和"是中庸思想的根本之道,"致中和,天地位焉,万物育焉"(曾参、子思,2002)。中庸之道赞成"和而不同",主张事物通过变革达到实质上的统一或谐调状态。世界上一切事物都在发展变化,中庸之道主张"所贵者权",要求通权达变,一切从实际出发,中庸的"中"是不固定的,随客观条件而变化。"易穷则变,变则通,通则久"(黄寿琪、张善文,2007),要求人们对于各类事物因时而异,因势而宜,常中有变,变中有常,审时度势。"中节"处在量变中,就在量变状态下求"中","中节"处在质变状态下,就在质变中求中,富有强烈的辩证色彩。因此,从方法论角度讲,中庸思想内蕴了"允执其中""无过不及""和而不同""所贵者权"的优化模式,追求的是人与人、人与社会、人与自然的和谐共生的目标。

作为一套伦理道德标准的中庸思想,既可以被运用到社会工作实务过程之中成为一项重要的伦理原则,也可以用来指导社会工作专业关系的建立与维系。在面对不同的服务情境和案主时,社会工作者应该在持守社会工作核心价值原则的同时,根据实际情况权衡变通,与案主建立最有效、最适宜的专业关系。社会工作者不应该走极端,或者一味拘泥于西方的伦理守则和价值观将其视为不可更改的铁定教条,或者完全屈从和迎合中国的人情关系以致损害专业声誉与服务效果,而是应该在中国这样的"情理社会"的关系元素中,找寻西方社会工作伦理方法和中国社会的中庸,因地制宜,将专业关系和服务融入中国情境,在保持社会工作者应有的基本伦理原则下,随机应变,灵活处理"情理社会"中在建立专业关系过程中遭遇特有的伦理情境。"执西用中"和"通权达变"的中庸方法论可能是建立社会工作专业关系和化解相关伦理危机的一种可行思路和有效方法（王君婷,2012）。

二、儒家和谐思想与社会工作专业关系

以孔孟为代表的儒家提出一系列旨在实现人际与社会和谐的道德原则,出发点是个群关系、人我关系,追求的是人与人之间的和谐,尤其在人与人的关系上提倡宽和处世,协调人际关系,创造"人和"的人际环境,追求以形成和谐的人际关系为主题的大同社会。所以,孟子强调"天时不如地利,地利不如人和",提出"老吾老以及人之老,幼吾幼以及人之幼"。儒家还提出了仁、义、礼、恭、宽、信、敏、惠、智、勇、忠、恕、孝等一系列旨在实现"人和"与实现社会和谐的道德原则。可见,"和"在儒家思想体系中具有特殊的地位。

除了上述"和为贵"的思想外,"和而不同"也是儒家文化的重要组成部分。如果"以和为贵"讲的是统一性,则"和而不同"指的是差异性。孔子指出"君子和而不同,小人同而不和",他又说:"君子矜而不争,群而不党。"孔子所提出的理想人格是善于以宽厚处世,协和人我,从而创造和谐的人际环境。孔子又强调"君子和而不同",是指和睦相处,但不随便附和,拥有自己的思想。真正的"和谐"以承认社会矛盾和差别的客观存在为前提,其所要追求的是"不同"基础上形成的"和",具有一定的原则性,正如孔子认为"和"不是无原则的"和",求"和"也不是调和与随波逐流。同时,事物正是靠彼此的差异性而得以共生共存,取得存在价值。因此"不同"是"和"的基础。"和"是协调关系、解决矛盾冲突、促进事物发展的方法和过程,即在互动过程中"求和",从而保持多样性的统一。和而不同实际上是遵循人道,并用"和"来化解人与人之间的矛盾,达到中庸的境界。

儒家的"和为贵""和而不同"等和谐思想对社会工作专业关系建立的启发及借鉴有两个方面。

第一,在社会工作建立专业关系和提供专业服务的时候,往往涉及多个相互

关联的人,此时,社会工作者应向涉及的各方明确自己的角色,并采取适当的行动尽量减少任何利益冲突,"以和为贵"不断寻找时机,并采取各种办法建立和完善一种和谐的专业关系。

第二,在建立专业关系的过程中,社会工作者必须意识到案主的权利和需要,将他看成独立的个体,尊重他的一切。无论案主的个人价值取向如何,他的行为是否为社会所认同,社会工作者都应包容和接纳案主,这是建立专业关系的价值基础。具体而言,社会工作专业关系中的社会工作者,是一个成长中的人,拥有自己的价值判断标准和个人原则,而案主同样是一个独立的人,因独特的生活背景、思想而产生个体差异。当面临人与人之间的差异、价值观的背离和个人的偏好时,如何真正建立起良好的专业关系?"和而不同"可能是为社会工作者所用的一则信条。社会工作者需要培养自己"和而不同"的价值观、树立"和而不同"的意识、运用"和而不同"的方法,等等。当社会工作者可以用"和而不同"的视角去理解案主及其行为,承认双方存在的差异,并且"执其两端,用其中于民",寻找出最恰当的、双方都能接受的方案和方法时,服务双方就能求同存异、共同发展,建立良好的专业关系,从而提升社会工作者的服务质量及案主参与互动的积极性。

三、儒家仁爱和忠恕思想与社会工作专业关系

儒家"仁"文化是儒家思想的核心部分之一。从字源学看,"仁"源于传统氏族社会的血缘亲属关系,意指人与人之间相依相存状态。孔子在《学而》篇中明确地说:"孝弟也者,其为仁之本与!"孟子在《尽心上》亦曰:"亲亲,仁也。"显然,在儒家思想中,这种基于父子兄弟血缘亲情的爱心就是仁。儒家"仁者爱人"的"仁爱"思想,从人的情感角度出发,提倡和鼓励互相尊重与互相友爱,并且还提出了具体的操作原则。

第一,把人放在核心的位置。《论语·颜渊》载:"樊迟问'仁'。子曰:'爱

人'。"孔子所言的"爱人",就是要关心爱护一切人,这既是对"仁"的内涵的阐释,也从根本上指出了人之为人的根本。这种"爱人"的思想内涵不仅包括要求人们爱护生命,尊重生命,满足生命需求,也具有对生命价值的关注和尊重的意涵。

第二,践行"仁"。孔子不仅提出"泛爱众,而亲仁"(《论语·学而》),而且主张既要推己及人践行仁爱,同时还要秉持宽恕待人的行为准则。为此,孔子从自身的感情体悟出发,提出内心有"爱",且行其"恕"道,使"仁"发乎自身、发自内心,以实现"仁者爱人"的终极理想。

进而言之,儒家的忠恕之道即"仁爱"思想在处理人际关系上的具体体现与实践。所谓"忠恕"之道,一方面要秉持不能将自己不愿意要的强加于别人的为人处世原则,即孔子所言的"己所不欲,勿施于人";另一方面,把自己看成和别人一样,在自己谋求生存发展的同时,也要帮助他人生存发展,不能只为了满足自己的欲望而忽视了他人,即孔子所说的"己欲立而立人,己欲达而达人",要以自身的感受去理解他人,做到以己之心,度人之心(蒋国保,2006)。按照孔子的忠恕原则,人与人之间将心比心共存共荣,整个社会就会充满仁爱,和谐共存。

从儒家的仁爱和忠恕思想出发讨论现代的社会工作专业关系,无疑可以有以下几个方面的思考。

第一,实践中的社会工作说到底是一种充满价值和爱心的专业助人活动,这种助人活动在本土化发展中就是要以"仁爱"为基础。首先在建立专业关系的时候需遵从"爱"的价值原则,基于"仁者爱人"思想,从自身情感体验出发,在爱人、做人、尊重人和满足人等方面设身处地为受助者着想,尽量拉近社会工作者与受助者之间的距离。这种以建立亲密关系为前提的价值原则,与秉承"价值中立"和"案主自决"为原则的西方社会工作价值观是有出入的,但这恰恰有效地适应了中国社会,更有助于中国化社会工作伦理价值的专业发展(唐晓英等,2016)。

第二,儒家的"忠恕"之道同样也适用于指导本土化社会工作专业关系的建立。一方面社会工作者与案主建立关系时要秉持"己所不欲,勿施于人"的为人处世原则;另一方面,要坚持"己欲立而立人,己欲达而达人",由此去"换位思考"

"倾听""将心比心",并站在受助者的角度抱着极大的同理心和尊重,充分接纳和感同身受地与案主建立两者的专业关系及订立服务协议。

第二节　"差序格局"和本土社会工作专业关系

"差序格局"是费孝通先生在《乡土中国》一书中首创的概念。通过对中国传统社会大量的社会现象深入细致的观察,并结合对西方现代社会的系统比较,费孝通先生总结出了这一对中国传统社会结构特征的生动表述。

一、"差序格局"的含义

按费孝通(1998)的话来讲,以个人为中心,像水的波纹一般,一圈圈推出去,越推越远,和别人所联系成的社会关系形成了中国社会的差序格局。在差序格局中,社会关系逐渐从一个一个人推出去,是私人联系的增加,社会范围是一根根私人联系所构成的网络,因此传统社会里所有的社会道德也只在私人联系中发生意义。"差序格局"概念直截了当地抓住了中西方文化特别是关系文化区别的根本特征,这种关系又以亲疏远近的"差序"为基本特征。

虽然现代中国已经发生了翻天覆地的变化,传统的社会结构也已悄然地在逐渐改变,但是仔细观察依然会发现,人际交往中传统的差序格局依然根深蒂固地存在着。首先,作为"差序格局"基础的血缘关系和地缘关系,仍然在建立人际关系中占有不可忽视的分量或位置,现代社会中以血缘或地缘划分利益、组建圈子的现象比比皆是。其次,作为"差序格局"主要内容的人伦,仍然是人际交往中判断是非对错的主要标准。最后,作为"差序格局"中心点的家庭,仍然是人际交往中最受重视的社会基本组织,中国人"家"的意识依旧强烈(余佳伲,2013)。由此可见，对于当代中国社会人际关系来说，"差序格局"仍然是极好的观察角度与评量框架。

既然"差序格局"在中国仍然存在，那就有必要讨论一下在差序格局下中国的人际关系究竟有怎样的特征。

二、差序格局下的人际关系特征

差序格局下的中国社会是一个熟人社会，它由亲人、朋友、相亲、师徒等具有浓厚人情色彩的关系而构成，并且这种"等差秩序"的"关系"是按照尊卑、贵贱、上下、长幼、亲疏等级来区分的，以父子、夫妇、兄弟、朋友来定类，在日常生活中又具体化为以道德形式出现的彼此间的权利与义务关系，显现出不同程度的伦理烙印。从任何一圈向内看，看到的是"群内人"属性，向外看则是"群外人"属性。相对于旁系血亲，直系血亲群体是"群内人"；相对于姻亲关系，血亲关系是"群内人"；相对于陌生人，熟人便是"群内人"；相对于外乡人，同乡便是"群内人"（李锦顺，2013）。为此，有研究者对在差序格局下的中国特色的人际关系进行分析，概括出以下几个方面的特征（余佳伲，2013）。

1. 人际关系亲疏分明

差序格局最重要的特征就在"差""序"两个字上，指人与人的关系存在差等、次序，而不是完全平等的。换句话说，就是差序格局下人际关系存在亲疏远近的分别。它可以体现在称呼的区别，对人不对事（即同一件事因为对象的不同而有完全不同的处理方式，在人际交往中，一些行为模式并不存在普遍的标准），无功不受禄（即在差序格局下，对于自己认知中关系不紧密的人，并不愿意在没有任何原因的情况下接受对方的好处，包括物质层面的礼物、金钱和精神层面的关心、帮助），说话说三分（即在没有建立紧密关系的人面前"只说三分话"不"全掏一片心"是正确的处理方式，但对于已经建立紧密关系的人来说，对彼此秘密的分享反而是加深关系的重要手段）等几个方面。

2. 人际关系边界模糊

在"差序格局"下人际边界有改变的可能性,甚至变化自如。比如"自家人",可以仅仅指血缘至亲,也可以指有着亲缘关系的整个家族,某些情况下可以包括关系紧密的朋友,甚至包括任何想要表示亲热的人物。

3. 权力崇拜

对于掌握社会稀缺资源的群体,大部分人有一种屈己从人的态度,更倾向于主动去与掌握权力的个体建立相应的人际关系。

三、差序格局下社会工作专业关系的思考

上文描述与分析较为清晰地表明,在差序格局下的人际关系及其建立与纯粹理性指导下的社会工作专业关系的建立有很大的差别。为此,有学者将两者进行了一番比较(详见表 7.1)。

表 7.1　社会工作专业关系建立的要求和差序格局下人际关系建立的要求

	社会工作专业关系	差序格局下的人际关系
情感	专业适度的情感互动	频繁的情感互动
利益	目的明确的资源投入	相互的资源交换
时间	明确规定的时间界限	持续稳定的时间维系

资料来源:余佳伲(2013)。

在差序格局下的人际关系与在西方科学理性支配下的专业关系,对于"情感""利益""时间"等维度的要求都不尽相同,甚至具有较大的差异性。因此,服务于差序格局依然存在且继续发挥作用的中国社会的专业社会工作,其专业关系的建立不得不考虑下面三个重要因素。

1. 专业关系建立的情感投入

专业的社会工作要求社会工作者在建立专业关系的时候乃至整个服务过程

中都要对自己的情绪有所控制。但是，在差序格局下的关系建立就是要突破亲疏远近的分别或圈子，而突破的途径无疑是给予对方足够的情感投入，满足对方对诸如关怀、尊重，以及通过帮助而获得的成长感、成就感等情感需要，这是在差序格局下建立本土式专业关系的关键要素。社会工作者这种情感的投入不仅仅包括以表情、语言、动作表达亲密，重要的是给予对方自己所能给予的东西，从有形的物质到无形的帮助，这些在差序格局下的人情社会中，无疑是承载情感的最好方式。

2. 专业关系建立的资源互动

在差序格局影响下的现代中国社会结构中，人与人之间依然存在着这样的行为模式。一方面，人们不会平白无故或心安理得地接受对方的馈赠或者帮助，尤其是来自陌生人的帮助，这在传统文化中被称作"欠人情"，而欠别人人情在许多人心里被视为一种债务——"人情债""既无内债，也无外债"是许多中国人长期以来根深蒂固的信念。另一方面，在差序格局下，长期以来的"礼尚往来"的道德规范已经被广泛接受，"来而不往非礼也"，不接受对方的资源会导致对方在道德层面处于被谴责地位的风险。由此而言，在差序格局下，资源的互动是已有的社会关系的结果，同时也是建立和加强社会关系的手段。同样，专业关系的建立伴随着资源的互动，资源的交换又促进"熟人关系"的产生和发展。因此，"熟人关系＋专业关系"无疑成为中国式社会工作专业关系的一个显著特色。

3. 专业关系建立的时间维系

在西方有关社会工作专业关系的论述中，"时间上的限制"是一个显著的特征，也是建立专业关系的一个重要规定。但是，差序格局人际关系很鲜明的特色就在于"差""序"二字，即在人际关系的紧密程度上分为多个层次，这些层次之间边界模糊，但又差别明显，因此，关系的建立和变化一般时间较长。差序格局的交换过程具有模糊性和延时性特征，而不是精确明白的契约签订。一方面，立时性的交换，也就是在给出的同时马上得到回报这样的行为，在差序格局人际关系的建立中是不恰当的。这样的交换被认为存在于陌生人之间，而不应存在于人际关系的网络中,建立人际关系的每一次交换都应当存在一个时间差。另一方面,差序格局的交换一般不会在某个时间点突然中止,这种交换如果由某一方单方面无理由强行中断,则中断方会被指"无情",这种行为也被视为不符合社会道德标准的行为。如果熟人之间采用这样的方式,则会被认为是不懂礼貌。由于这种特殊的社会道德规范会产生对时间的需求,因此差序格局下人际关系的建立必然具有渐变性和长期性,时间的维系也就成为要素之一(余佳伲,2013)。基于此,中国本土社会工作专业关系的建立和维系不得不需要把时间的累积性和时间的延后性作为重要的考量因素。

第三节　"关系"文化和本土社会工作专业关系

"差序格局"其实讨论的是中国社会中的关系,不过,它最终的落脚点是社会结构,而此处所要论及的"关系"则是在日常生活中随处可见的人与人交往和互动的方式,它们背后也有一整套符合中国情境的文化规则。

一、中国社会中的"关系"文化

中国社会被描述为"关系导向"的社会,由人情维系起来的各种社会关系,是中国社会文化的重要特征。费孝通先生最早系统论述"中国式关系"。他认为传统中国人在社会互动过程中时常以"自我"为中心,按照血缘的亲疏远近分为若干层次,由内而外关系依次递减,对不同关系的人施用不同的交往法则,具有强烈的"特殊主义"与"个别主义"的特点(费孝通,1998)。黄光国则将中国社会的人际关系明确地划分为三大类:情感性的关系、工具性的关系和混合性的关系。黄光国特别对"混合性的关系"做了进一步分析,他指出在中国社会中,个人最可能以"人情"和"面子"来影响他人的人际关系范畴，这种范畴所体现的就是混合性的关系。这类人际关系的特色是：交往双方彼此认识而且具有一定程度的情感关系，但其情感关系又不像原级团体那样，深厚到可以随意表现出真诚行为。一般而言，这类关系可能包含亲戚、邻居、师生、同学、同事、同乡等不同的角色关系。这些彼此认识的人叠加在一起，就构成了一张张复杂程度不同的关系网络。黄光国认为，这样的人际关系网络对于中国人的社会行为有十分深刻的影响。混合性的人际关系大多不是以亲密的血缘关系为基础，它不像情感性的关系那样绵延不断，长久存在。反之，它的延续必须借人与人之间经常性的来往予以维系。不仅如此，它和工具性的人际关系也大不相同。在工具性关系中，人际交往的本质是普遍性和非个人化的，交往双方即使可能再次相遇，他们也不会有将来还会进行任何情感交往的预期。而在混合性关系中，人际交往的本质是特殊性和个人化的，交往双方不仅预期将来他们可能再次进行情感的交往，而且他们还会预期共同关系网内的其他人可能了解到他们交往的情形，并根据社会规范的标准加以评判（黄光国，2010）。

黄光国有关中国社会三种人际关系类型的论述尤其是对混合性关系的分析，对本土社会工作专业关系的建立极具启示意义，对此，本节在后面再做详细讨论。重要的是，从黄光国的论述中可以看到，"关系"与人际互动、"人情"文化、"面子"文化有密切的连接。故而有研究者认为，中国社会的关系既是一种社会联系，又是一种基于信任而产生的资源互动。首先，关系就是社会中行动者在交流与交往过程中发生的特定联系。这种联系既可以是无意识和无目的的，又可以是基于特定目的而展开的。其次，关系是一种互动。在这一互动过程中，双方运用相应的信任机制，基于特定的信任机制使关系得以建立和强化。因此，在某种程度上，关系也是一种资源的互动。最后，关系和人情是相伴随的。人情中蕴含着关系，关系中塑造着人情，两者基于中国特定社会环境不断互构（萧子扬，2017）。

二、中国社会中的"人情"文化

　　人情是一个非常具有中国本土特色的术语,它扮演着中国人人际互动纽带与准则的角色。翟学伟(2011)指出,中国人际关系的概念由人缘、人情和人伦构成,其中"人情"是其核心,指包含血缘关系和伦理思想的人际交换行为。李伟民则认为除了上述内容外,人与人互动中交换的资源以及交往中应遵循的规范准则,也是"人情"所蕴藏的含义。

　　黄光国和金耀基对中国的"人情"文化有非常深入的研究。前者认为"人情"主要指一种人与人相处的社会规范,包括两种形式:一是在平常时候,个人采用馈赠、拜会访问等方式与其关系内的其他人保持联系和维护良好的人际关系;二是当关系网内的某一个人遭遇到重大困难时,其他人应当尽力予以帮助。中国人对别人"做人情"的主要动机之一是他对别人回报的预期。这种符合"报之规范"的道德律是一般人实际行动的准绳,在这样的道德律之下,施者能够放心地期待:受者欠了自己的人情,将来自己如果开口向他要求帮忙,对方必然难以拒绝。显然,黄光国对"人情"有如下假定:人情是一种互动双方共同承认的规则,人们在很多时候愿意"做人情"给对方,是为了将来对方能有所回报,有所回报成立的前提是人们预期以后还要继续交往(黄光国,2010)。"人情"基于的"互惠规范",这是黄光国对中国人情社会和人情文化非常准确的描述。

　　金耀基则认为"人情"最根本的特征是一种义务感,从本质上是一种对于"报"的道德原则义务感,而这种义务感的来源是儒家的忠恕之道、絜矩之道及"礼"的规定。他进一步指出,"人情"在"施者"与"受者"之间具有不对等的特性,类似于"忠""恕",即对待自己与他人的不同标准,"人情"实际上隐含着对"施者"与"受者"的不同规范。基于"人情"而产生的"报"的义务感是对"施"在社会客观上的回应。这种义务感使得"受者"从心底产生了一种"报"的渴望,因此,中国人讲"人情债难偿","欠了人情,就在社会关系上失去平衡,失去自己在人际来往上的独立性"。事实上，正是这种"人情"充当了社会性交换中的媒介（金耀基，1988）。因此，金耀基不仅认为"人情"是一种心理感受，更是一种道德上的要求，所谓的人情法则不仅仅是一种代价与回报的计算，更是一种无法清偿的义务感。

三、中国社会中的"面子"文化

虽然，有关中国人面子文化的论述最早可以追溯到 1894 年美国传教士明恩溥所著的《文明与陋习：典型的中国人》一书。但迄今为止，国内学界对于"面子"仍无统一的概念界定，究其原因，源于"面子"是一个近乎口语化的表述，但实际上它蕴含的意义在中国的文化里极为丰富。

1. "面子"的含义

20 世纪 40 年代，留美学者胡先缙第一个以中国人的身份向西方社会介绍了中国本土的面子概念，他认为面子是人通过社会成就而获得的声望，是社会对人看得见成就的承认（胡先缙，2005）。由此，开启了对中国人"面子"及面子观的探讨。如果按时间顺序，许多研究者先后提出了有关"面子"概念的看法。黄光国（2006）明确指出，从社会心理学的角度来看，所谓"面子"是指个人在社会上有所成就而获得的社会地位或声望，"面子工夫"是一种"印象整饰"的行为，是个人为了让别人对自己产生某些特定印象而故意做给别人看的行为。学者翟学伟以"面子和权力"为主题进行了长期的研究，他给"面子"下的定义是：个体对作出行为之后的自我评价判定及其在他人心目中的序列地位即心理地位（翟学伟，1995）。因此，"面子"在根本上是一种因个人表现出来的形象类型而导致的关于是否被他人看得起的心理和行为（翟学伟，1999）。常雅慧（2012）指出，面子不仅仅是一种简单的心理现象，更是一个经社会认可的自我，它彰显着个体的社会影响力，是主体在熟人社会或传统社会中，对自我能力、尊严、地位、道德等社会身份或声望的一种期待，具有"镜中我"的意味。郑聪杰（2020）则将"面子"的构念及其指涉的内涵定义为个体在社会交往中，因适当的行为赢得某一社会圈的赞许,进而在他人心目中产生的心理地位。

上述各家的定义虽有差异,但是"被人认同""首肯""具有身份"或"社会声望"等,无疑是共同的核心要素。

2."面子"的特征和功能

由于"讲面子""给面子"等说辞及行为在中国社会里比比皆是,所以,有研究者将"面子"所有的特征做了一个概括:第一,"面子"并非形成于私下的自我评价过程,而是个人与他人相互交往下的产物;第二,"面子"是通过一系列外在行为加以表征,并以适当的公众形象予以呈现;第三,"面子"是一个关系性概念,其形成与运作都需要依托特定的社会圈;第四,"面子"的获取需要得到某一社会圈的认同和赞许,这就涉及认同标准和如何被认同的问题;第五,"面子"作为彼此间对各自关系影响力的考量,其实质是一种客观存在的心理地位(郑聪杰,2020)。

另有一些研究者认为,"面子"具有以下特征:第一,"面子"是个体与社会交互的产物。心理学视角强调"面子"的个体性,"面子"是个体的一种自我心像(陈之昭,2006),即个体根据他人正反两方面的评价而形成的自我感受(翟学伟,2004)。社会学视角则更加强调"面子"的社会性,更加关照"面子"的关系性、互动性与控制性。"面子"代表个体所追求的一种社会尊重和认同,它依赖于他人的评价,意味着个体对社会规范的服从。不同的学科视角各有侧重,二者并不矛盾,这表明"面子"既涉及个人的主观判断又关照社会的客观评价,既与个体的尊严有关,又与在社会中所扮演的角色相联系(王轶楠、杨中芳,2005)。正是个体与社会的交互性,使面子具备联结个体与社会以及沟通行动与结构等重要价值。

第二,存在于传统与现代之间的"面子"具有可塑性,既秉持着传统的"面子"功能,又可以嵌入新的价值内涵。若熟人社会解体,面子观缺失,人际社会交往会沦为单纯的资源交换,人情往来蜕化为利益竞争,社会交往将会陷入交换失衡和竞争失控的状态。相关研究发现,"面子"观念仍在发挥作用,它还具备积极的正向功能,是社会的一种非正式制度(晋洪涛、郭秋实、史清华,2022),具有维系公序良俗的社会控制功能,依然是一种重要的社会评价(董帅鹏,2021),它有利于熟人社会秩序再生产(杜鹏,2017)。因此,"面子"一方面秉持着传统的社会控制等功能,另一方面其价值内核具有可塑性与再生性,随着社会的变迁而相应调整(严红,2023)。

从上述定义和特征的描述中可以知道,"面子"是在一定的社会圈子里形成和运作的,这个圈子用另外一个词表达即"熟人社会",熟人社会是"面子"生成和运作的社会基础。中国熟人社会的"面子"具有以下两方面的功能(桂华、欧阳静,2012)。

第一,"面子"的工具性。在熟人社会交往中,"面子"犹如一种投资手段,能够维持社会关系稳定性并增加这种关系的深入程度。在中国社会中,交往的社会关系可以区分为三种类型:自己人、熟人、陌生人。通常情况下,在陌生人关系中,一般按照原则办事,以谋取最大收益为目的;在熟人关系中,会包含一定的信任与情义成分,但相互之间并无高度的责任和义务;在自己人关系中,相互之间高度信任并高度期待,形成了连带性。在中国熟人社会交往过程中,人们针对不同类型的对象,遵照内外有别的原则和特殊主义逻辑,选择不同的交往方式。这就形成了费孝通先生所讲的"私德",即"中国的道德和法律,都因之得看所施的对象和'自己'的关系而加以程度上的伸缩"(费孝通,1998)。

第二,"面子"的价值性。"面子"的价值性是指获得面子就能够为行动者提供某种层面的意义。所以,"面子"不仅在于它能够建立和维系亲密的社会关系,同样重要的还在于"面子"本身所具有的价值及影响。由此而言,"面子"相当于一种社会评价或标定。没有"面子"意味着被人瞧不起,有"面子"就意味着获得其他人的首肯和赞同。因此,争取"面子"这一行为本身就构成行动的目的,能够为主体行动提供动力。需要注意的是,在中国社会语境中,"面子"发生和运作于熟人之间。而在这样由"私德"构成的中国社会中,"一切普遍的标准并不发生作用"(费孝通,1998)。

3. 社会面子意识和冲突处理策略

在对中国人"面子"心理的研究中,学者提出了社会面子意识,即人们在社会互动中倾向于获得"面子"和避免"面子"受损的意识，它包含争"面子"（增加或获得面子）和护"面子"（避免面子受损）两种面子意识（梁凤华、段锦云，2018）。不同个体在争"面子"或护"面子"意识上存在差异，有些个体更倾向于通过人际互动争"面子"，而另外一些个体则更希望在人际互动中不致"面子"受损即护"面子"（胡先缙，2004；黄光国，2006；Chou，1996）。与社会面子意识相关并得到广泛应用的冲突处理策略模型为托马斯-基尔曼模型，它包含五种策略（梁凤华、段锦云，2018），它们分别是：（1）整合策略，高度关心彼此，期望能将双方的分歧化解、达到双赢；（2）顺从策略，牺牲自己、迎合对方需要；（3）妥协策略，冲突双方各自让步以达成双方均可接受的结果；（4）回避策略，把冲突搁置一边、不去解决冲突；（5）支配策略，重视自己的需要、忽视对方的需要，以自我权威强迫对方听从或服从。

对社会面子意识与冲突处理策略之间关系的研究发现，护"面子"的人往往谦虚、谨慎、注重他人，高护面子意识的个体倾向于采用防御性式冲突处理策略以避免"面子"受损；争"面子"的人则富有竞争性，乐意挑战社会风险，高争"面子"意识的个体倾向于使用支配、整合策略以获得"面子"或提高公众形象（Chou，1996）。

四、中国社会"人情"和"面子"的相互关系

由于"人情"和"面子"在含义上具有交叉性，比如中国人的词汇中有"情面"的说法，因此，对它们之间的关系有不少研究，比较经典的研究是黄光国提出的"人情和面子模式"（黄光国，2006）。翟学伟较早开展有关"人情""面子"及相互关系的深入研究，他的研究进路是，试图从人情和面子的本土含义及其所依托的社会文化背景出发，即把人情和面子放在中国社会情境中去理解。这一社会情境首先需要在地方网络中运用，因为地方网络的稳定性形塑了人情和面子发生的背景，随着地方网络的扩大，人情和面子也随之扩大，所以这个地方网络作为

一个家族、村落、地方乃至整个中国都是可能的。相应地,人情和面子也能从一个人一直扩展到一个国家,其相关性详见图7.1。

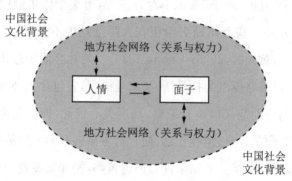

图式符号:——➤ 影响;◄——► 互相培育;- - - - 相对封闭

资料来源:翟学伟(2021)。

图 7.1 面子、人情与社会网络构造

在图 7.1 中,翟学伟(2021)指出,第一,理解人情和面子需要放入一个半封闭半开放的社会网络中去认识。在大多数情况下,只要缺乏相对稳定的社会网络,面子和人情的意识就会稀释,甚至被忽略,也就是说人情和面子是一个熟人社会的概念。第二,滋生于关系中的人情与面子彼此之间的联系:人情可以产生面子,面子也可以形成人情。一个人没有了面子,很难讲什么人情;一个人没有了人情,也很难有什么面子;有很多时候,面子是通过人情体现的,人情也是通过面子体现的。显然,在现实生活中,单独个体是完全可能既没有人情也没有面子的,但由于一个人天然地处于社会网络中,他即使失去了人情或者面子,依旧有机会通过关系,寻求到第三方来帮助他获得人情和面子,在中国日常词汇中叫"看在另一个人的面子上"。第三,上述表述很难区分人情和面子,盖源于两个概念的多义性和交叉关系。第四,位于地方网络中的个人一旦获得了面子,就无法独享,这表明面子的含义本身就是得到网络成员共享或捧场。共享或捧场就是讲人情,即有面子的人面对他人的抬举,需要回报他们,而回报的同时也为自己及家人带来荣耀感和自豪感。

翟学伟进一步指出,人情与面子嵌入地方社会网络,而后者又受制于中国社会文化大背景,其中尤以儒家文化对人情与面子的影响最大。作者特别强调,关系和权力是社会网络形成的最重要因素。关系是网络形成的基础,权力则意味着人际关系或者社会互动中充满了等级地位、权威及其张力。因此,作者明确指出,在讨论人情和面子的问题时应当意识到权力的重要性,由此意识到社会资源的重要性。因为人情和面子不仅是交往的法则,其背后也有实际利益上的交换关系(翟学伟,2021)。

五、"关系""人情"和"面子"与本土社会工作专业关系

通过以上描述或分析,无疑能够揭示,开展于中国社会环境的专业社会工作不可能不受这个环境的文化等因素的影响或制约,其中,"关系""人情"和"面子"即文化的微观构成部分。

1."关系"类型和本土社会工作专业关系

在西方,社会工作专业关系建立在科学理性和制度信任的基础之上,所以,按照黄光国"人情与面子"的人际关系理论模式,社会工作专业关系从功能角度来说更倾向于工具性的关系。在中国,当事人双方生活在讲求"关系""人情"和"面子"的社会环境里,所以,试图建立起纯粹的工具性专业关系似乎缺乏基础和可能性,即便建立起来,大多数的可能性也难以长久地维系下去。故而,在目前中国正常的社会工作专业关系应该介于工具性与情感性之间,抑或混合性关系较为契合现时的情境。王思斌(2001)教授也明确指出,中国社会求助关系的基本特点是:消极的求助模式、相对主动的助人行为、感情介入。

(1)"朋友关系"+"专业关系"的本土社会工作专业关系。

基于"关系"的视角,国内不少学者对社会工作专业关系予以较为深入和全面的探讨。童敏以社区工作为例指出,西方社会工作的专业关系推崇的是一种抽离具体场景和时间的普遍化、规律化的知识,它以实证理性为基础。这

是一种不同于生活经验并存在于日常生活经验之外的专业知识，它依赖这一领域专家的科学研究和知识积累。而这种专业知识只有借助专业的关系，才能将社会工作者拥有的专业知识输入给案主，协助他解决面临的问题。这样，专业身份和专业服务系统就成了这种专业关系能否建立和维持的基础。国内的情况是，社会工作者需要经常参与社区的各种社会活动，加入社区中的其他社会组织，需要走到案主的日常生活场景中开展专业服务，在农村或者偏远的社区更是如此。同样，在宗教氛围比较浓厚的社区环境中，社会工作者始终需要与案主保持"双重关系"。因此，社会工作者根本无法从熟人关系中抽离，有些时候，对于专业服务的推进而言，朋友关系比专业关系还要重要（童敏等，2019）。

童敏进一步指出，国外有些学者也逐渐发现，划清专业关系与朋友关系的界限并不一定有利于专业服务的开展，在社区工作场景中社会工作的专业服务根本无法撇开朋友关系来开展，过分强调专业关系的清晰界限，只会增加社会工作的难度，给社会工作者造成不必要的负面影响。有的学者则强调，专业关系与朋友关系并不是对立的，都遵守一种潜在的互惠原则。运用单一、标准的方法显然难以应对复杂的专业服务情境及专业关系。也有学者将社会工作专业关系比作"有弹性的橡皮圈"，强调社会工作者需要在专业服务中根据具体的情况调整专业关系与朋友关系的界限，而无法预先给定一个明确的标准。这个"有弹性的橡皮圈"一头是"客观的专家"，另一头是"有用的朋友"，而大多数的专业关系则处于两者之间。因此，有学者呼吁在社区的场景服务中把朋友式的友谊直接作为专业关系的一个维度，而不是当作专业关系的另一面。即在社区的场景服务中社会工作者需要一种朋友式的专业关系，而这种专业关系往往通过与案主在日常生活中的长期互动来实现。正是借助这种朋友式的专业关系，不仅案主能够获得成长的空间，而且提供服务的专业人士也能够取得最大化的服务成效（童敏等，2019）。不过，童敏仍然强调，即便有时候社会工作的"双重关系"是一种朋友式的专业关系，专业关系与朋友关系不能截然分开，实际上专业关系也仍然在社会工作者与案主的交往中起着主导的作用,整个服务的目标也是借助专业关系帮助案主解决面临的问题。

（2）关系向度理论和本土社会工作专业关系。

翟学伟在对"人情""面子""关系"等中国传统文化元素深入研究的基础上,结合时间、空间因素,构建了关系向度理论。关系向度理论将前人所作的那些文化性因素,比如血缘、地缘、家人、亲人、熟人等,都归于时空方面的特定组合。据此,按照交往时间的短程性和长程性、空间交往因流动与否而导致的关系选择性,可以得到四种组合（参见图 7.2）。

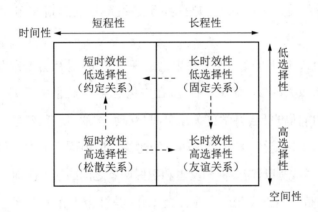

资料来源:翟学伟（2023）。

图 7.2　关系向度理论

图 7.2 显示,关系构成的特点在时空上相互嵌套。如果个人流动性低,那么关系选择性也低;如果个人流动性高,那么关系选择性也高。图中的箭头方向表明一种社会预设:有的社会认为个人一生会在流动中度过,这种假定带来了交往特征上的"松散关系";有的社会认为个人一辈子会定居于一地,这种假定带来交往特征上的"固定关系"。无论"松散关系"还是"固定关系",一个人都可以从其赖以生活的方式进入"约定关系"或"友谊关系"。但是,如果一个人从"松散关系"进入"约定关系"或"友谊关系",那么其交往方式总是伴随着个人的意愿、理性选择乃至权利。由这种意愿所构建的社会本身也相应出现各式各样的群体形

式。如果一个人从"固定关系"进入"约定关系"或"友谊关系"，那么他会不可避免地维持住固定关系，比如家人、宗亲、老乡等，即使他需要进入其他群体，他仍然将其原有的关系或关系形式注入这种新型群体，比如同乡会及家族化企业。而在其结交朋友时，他也将此关系进行延展，比如称兄道弟等。深入比较，还可以看到松散关系中的个人突出个性及强调自我，而固定关系中的个人深受关系的钳制，平日生活中处处顾及他人的感受或评价。由此"关系向度"可以认为，社会预设不同导致交往模式也形成了自己的特点。比如从这两种逻辑起点出发，当一个人分别进入"约定关系"和"友爱关系"时，表面上看他们处于相同的关系向度中，但松散关系重视理性和契约，固定关系重视感情和名声等（翟学伟，2023）。

关系向度理论可以被视为一种理论的理想类型，对社会工作专业关系的本土化建设具有重大的参考意义。首先，在文化层次上，松散关系更接近西方人的交往特征，同时西方社会科学更关注自我、互动、契约、规章、竞争、合作、社会资本、侵犯（或攻击）、爱情、偏好等等话语的建构。但中国人的文化根基是从固定关系中长出来的，所以，需要深刻反思和把握两者之间的根本区别。

其次，根植于西方文化的专业社会工作，其社会工作者与案主的专业关系无疑是一种"松散关系"，这从专业关系的"时间的限制性"特点可见一斑。把这种性质和特征的社会工作放入安土重迁的专业文化和重视固定关系的中国社会，就不得不考虑以下几个问题：第一，如何从西方的"松散关系"进入具有中国文化内涵的"约定关系"？第二，从西方的"松散关系"可否进入中国式的"友谊关系"？第三，受中国文化的影响，求助者对助人者的期待是，并非几次就结束服务，而是有一个较长时间的交往关系，甚至期冀助人者进入求助者的关系网络之中（固定关系），那么"松散关系"可否进入以及如何进入"固定关系"？第四，建立了"约定关系"以后可否带入"友谊关系"？凡此种种，基于社会工作专业关系建立的角度，可对图7.2做进一步的理论建构或含义延展（详见图7.3）。

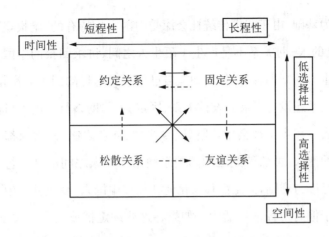

图 7.3　本土社会工作专业关系演化思考

图 7.3 是在图 7.2 的基础上发展而来,图 7.3 中粗黑色箭头线系笔者后来所加,基于社会工作本土专业关系建设的角度,它表示从"松散关系"发展到"固定关系",以及"约定关系"和"固定关系"之间的相互联系、"约定关系"和"友谊关系"之间的相互联系。不仅要考虑时空因素,还要对其间的"人情""面子"及人际关系等因素予以完整考量。

具体来说,中国社会是一个熟人社会,熟人社会中人们办事大多凭人与人之间关系的生疏程度、感情的深浅程度,传统的助人关系建立在熟人关系上,这是一种因时空积累而形成的相对固定的关系,它并不取决于两者之间的"契约",而是由助人者与被助者之间的亲疏程度所决定。乡土社会与现代社会在这一点上有很大不同,后者大多是由彼此不认识的陌生人组成,各人不知各人的底细,彼此都是松散关系并且需要契约合同作为双方关系的凭证,若在乡土社会中也是如此,就显得格外见外。民间的助人体系是指来自家庭(家族)、亲朋和邻里的帮助,由于家庭成员之间的相互隶属性,所以家族成员之间的帮助实际上是一种自助行为,而亲朋、邻里之间的帮助则是互助行为,这种自助与互助是由我国社会中的差序格局决定的(张起帆,2019)。这些自助和互助行为的产生既是熟人关系、固定关系或友谊关系的原因,也是结果。在家庭之外的支持,必须以责任意识和信任感为基础，由于我国传统社会深受中国文化特有的"施报观"的影响，所以，中国传统的求-助关系不是产生于陌生人之间，讲求回报的中国人也不一定希望接受陌生人的帮助，因为他不知道自己要付出怎样的回报。换句话说，陌生关系或松散关系还没有发展到友谊关系、固定关系，助人行为就不可能得到实施或者持续下去。在乡土社会中，凭借同乡之情、同业之缘等，大家都会"搭把手"帮忙有交往的熟人，虽然彼此之间的关系网络和熟人之间的社会行为模式没有明确的书面标准与准则，但是潜移默化地扎根在中国人（乡土社会中）心中，更是无形地贯穿于他们的日常生活中。如果将这些约定俗成的熟人关系、固定关系打破，硬生生地将建立专业关系的实务技巧和伦理准则嫁接到本土社会工作中，那么社会工作者可能会被迅速排挤出这个群体。

2. "人情"和本土社会工作专业关系

翟学伟（1993）认为，中国人际关系的本土概念是：人缘、人情和人伦。三者组成的"三位一体"成为中国人人际关系的特质，构成了中国人为人处世的基本模式。其中，人情是它的基本样式，决定中国人际关系是什么。人情是指包含血缘关系和伦理思想而延伸的人际交换行为。这种交换行为（也即人情交换）通常情况下有三种类型。第一种是某人在危难的紧急关头得到了他人的帮助，这在人情交往中属于"恩情"的范畴，对此困难提供帮助的人被称为"恩人"。第二种是比较有目的的人情投资，通常叫"送人情"。"送人情"导致接受的对方有亏欠或愧疚感（也就是中国老百姓常讲的"不好意思"），双方构成一种"人情债"关系，结果在对方提出要求的时候不得不按对方的要求回报。第三种是一般性的礼尚往来，也就是有来有往的互相走动、请客或过节时的送礼行为，以加强彼此的感情联络，最终会在"给面子"中实现交换（翟学伟，2004）。根据金耀基（2006）的观点，人情及交换会发展出"施报"和"回报"的意识与相应的规范要求。翟学伟对此的详细解释是，每当人际交换开始后，受惠的人总是变一个花样加重分量去报答对方，造成施惠的人反欠人情，这就又使施惠的人再加重分量去归还。如此反复，人情关系便建立起来了。可见，中国人情法则是报（恩）总是大于施。这样一种交换关系总是把目标放在关系的维持上,而不是由自我利益产生的一次性平等地获得上(翟学伟,1993)。

由此可见,培养人情是建立和维持日常人际关系的先决条件,同样也是建立和维系社会工作专业关系的基础。并且,中国人期望的人情是一种长期的互惠关系,而不仅仅是短暂的或服务时间内的共情。更具体而言,人情社会的交换方式也决定了社会工作者与案主的互动关系不是短暂和即时的,不欠人情的心理文化造成了人情交换具有非对等的特性。案主在人情关系中获得资源或帮助的同时,会在心里默默计算在合适的时机,作出分量大于所获资源和帮助的回报。这时,道德文化的强制拘束及心理文化的普遍认同使得当事人双方在角色互换的过程中不断重复与之类似的行为方式。只要双方都没有结束关系的想法,那么双方的互动关系将会在给予与回报的交往行为中无限循环下去,人情永远不能算清,人情往来也就永无止境,双方也就无法从互动关系中抽离出来。人情往来的非对等性不仅直接导致了关系的延续性,也间接地反映了人们对于维持关系的期待。人们期待由情产生的互动关系并不是一次性的或是结束之后再重新开始,而是希望关系只要开始就循环下去(王雪颖,2021)。事实上,对待服务对象的情感投入也是社会工作价值观所要求的,比如接纳、尊重、真诚等,而所投入的情感最大的目的也是激发案主有所改变的动力。对案主来说,他的情感表达主要是为了在良好的专业关系中让社会工作者更加了解自己的问题,以便实现更好的服务效果。因此,经验表明,在本土建立的社会工作专业关系中涉及的情感成分,显然远远大于专业的要求与限制。

概而言之,在中国的文化语境中,首先要与案主建立起非专业关系的情感性或者混合性关系,甚至专业关系本身就具有情感性成分,或者至少是混合性的。只有在案主对社会工作者产生“情”的基础上,社会工作强调的平等、尊重、接纳、非批判等才有落脚之地和承载之处,即案主与社会工作者或者是通过介绍人,有一定的熟识度,或者之前就相互深入地进行了情感投入。如果一开始两种情况都不是,那么社会工作者必须首先与案主发展出情感关系,如亲人、朋友等,或者

"做人情、给面子"发展出混合性关系，如此才能建立起良好的专业关系。

3. "面子"和本土社会工作专业关系

在中国这样重视关系的社会，不给他人"面子"的行为比个人丢脸甚至不要脸的行为更为严重（翟学伟，2021）。由此可见，"面子"在中国人际关系中直接关系到双方关系发展，是案主判断社会工作者是否接纳自己的一个指标，这将直接影响案主对社会工作者的信任和继续与之合作的意愿。从社会工作者的层面上来说，社会工作者在当事人心目中的权力和地位的大小，也会影响后者对专业关系建立的态度。因此，社会工作者同样应该特别重视"面子"和"面子功夫"，它有助于专业关系的建立。社会地位和声望直接影响"面子"，所以社会工作者应该注意培养专业素质，提高自身修养，从而不断地提升"面子"。

此外，诚如上文所述，"人情"和"面子"通常情况下都产生和运作于熟人社会。熟人社会既是作为"面子"运作的场域，"面子"也以其特有的方式再生产了熟人社会秩序（杜鹏，2017）。在大多数情形中，社会工作者与案主并不熟识，两者之间通常都是陌生人的关系。要拉近彼此的社会关系，建立起良好的沟通，一是需要通过相互认识的人介绍，在相互给面子的过程中建立"熟人社会"，二是需要社会工作者充分"尊重案主的面子"和"给予案主足够的尊严"，通过"一回生，二回熟"将"陌生人"转化为"熟人"或"自己人"，从而建立起专业的社会工作服务关系，形成双方在服务过程中的行为范式和互动逻辑。

4. "人情""面子"和"关系"与本土社会工作专业关系

基于论述方便的考虑，以上行文将"人情""面子"和"关系"分开进行讨论，但在真实的社会工作服务的情境中，大多数情况下三者是结合在一起的。

研究中国人的关系模式应该看到"人情""面子"与"关系"之结合所展示出的社会生态，它们是中国社会运行的一种持久而稳定的基础。

（1）从"人情""面子"和"关系"到专业关系的连续谱。

"人情""面子""人际关系"究竟与社会工作专业关系有什么联系？翟学伟运用戈夫曼（Goffman）的戏剧理论并引进"脸"的概念所做的研究，对本书的论述极具启发意义。

社会学家戈夫曼的戏剧理论的逻辑是，个体从自我到面具和表演，再到与观众建立良好的关系，是一个紧密联系的过程。在此思想启示下，翟学伟将个人的人格、脸、面子及关系视为一个完整的连续体。当然，翟学伟（2021）也明确指出，它们两者存在区别，戏剧含义是理论视角，是说给研究者的一套解释社会互动的框架，而对于中国人来说，面子的戏份则是切实的社会行动。

翟学伟（2021）认为，"脸"的定义应该在于一个人在熟人社会中的他人面前所公开展示的形象或者品德。而"面子"的含义是说，一个人展示出来的形象或者人品究竟如何，不是由展示者自己去判断的，而是由他人去判断的。所以"面子"更多地指他人如何评价。所以，"脸"和"面子"的区别就是，"脸"是个人塑造的，而"面子"是他人塑造的。通常可以理解为，他人如何塑造一个人的"面子"取决于此人如何塑造他自己的"脸"。翟学伟通过图 7.4 展现了这个过程。

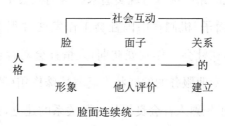

资料来源：翟学伟（2021）。

图 7.4　脸和面子的统一体关系

如果一个人的"脸"来自他个人的努力奋斗而获得荣誉、名声及声望，那么一个人从"脸"到"面子"就会得到一种连续性的表达。在中国人看来，人与人的关系中，如果剔除彼此的"情面"，而回归"理性"，其人情味就大大地降低了，而有意义的生活就是在日常中追求人情味。这就是说，从关系的视角去看"脸"和"面子"的统一体（或叫连续统）的关系，可以发现在做给他人看的动机驱使下，中国人的社会行动框架不是那么强调自我，而是认为"关系"才是社会建立的基石。从逻辑上讲，血缘、地缘、家乡共同体等优先于个人的表现，反之，个人的表现也是在为关系服务（翟学伟，2021）。

按照上述翟学伟有关"脸和面子的统一体关系"的研究思路，基于在中国文化和社会环境下开展社会工作的角度，可以将"脸和面子的统一体关系"继续延伸下去，构建一个从脸面出发的社会工作专业关系的连续谱（详见图7.5）。

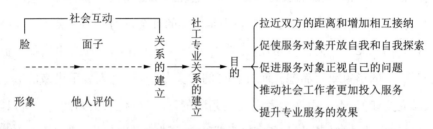

图7.5 从脸面到专业关系的连续谱

图7.5表明，中国社会工作要嵌入本土文化，就必须探讨人情社会情境下的中国社会工作本土化的路径选择与现实追求。国内社会工作学界的不少研究均指出，"人情、关系和面子"机制在中国社会工作发展过程中并不完全是一种阻碍，在某种程度上说，在社会工作发展初期，人情社会对社会工作者与案主关系的建立以及社会工作专业服务的发展壮大起着特殊作用（萧子扬，2017）。因此，从关注人情、讲求面子到熟人社会良好的人际关系的建立，演化到社会工作专业关系的达成与专业服务的深入提供，无疑是一条符合中国本土社会与文化情境的社会工作运作与发展的实践路径。

（2）"关系"视角下的社会工作。

何雪松是国内另外一位在中观及宏观层面上深入探讨"关系"与社会工作之间相互联系的学者。何雪松指出，必须认识到社会工作的知识和实践的文化差异以及由此而引起的现实张力，这意味着需要建构知识体系与实践框架对此进行指引，而这样的知识体系与实践框架势必扎根于中国人的思维模式之中。这要求我们主动积极地反思社会工作理论与实践背后的文化意涵，这是文化自觉的目标所在。为此，中国的社会工作理论与实践需要思考：在一个"关系导向"的社会里,如何让关系成为社会工作的动力而非障碍? 这个问题需要在实践之中确认界限并予以理论化(何雪松、王天齐,2021)。

对此,何雪松给出的回答是,潘光旦先生"点线面体"的思想可以为我们提供思路:在以人为中心的社会工作框架下,"点"代表具有能动性的主体,"线"代表人际互动,"面"代表社会网络,"体"代表关系世界。具体而言,关系思维的"点"意指行动者,既包含人类也包含非人类,既可以是一个通过与他人互动而构成的关系自我,也可以是社会产品或自然产物,它们是组成社会的基本元素。"线"既包含人际互动,也包含人与非人的互动,在积极建构的人际关系中,互动的意义得以产生,共同的目标和价值取向引发了集体行动,进而使集体情感得到进一步增强;在人与社会产品的互动中,人创造了社会产品,社会产品又反过来维持了互动模式的稳定与秩序。当然,这样的互动是在特定的文化情境下展开的。为了使行动者与其所需要的人或物连接到一起,关系视角在"面"的层次上,促进系统的开放性,为行动者拓展支持网络和生存空间,在社会的诸多系统之外,还强调社会与自然的交互,在社会与自然之间发展互惠互利的生态网络。"点""线""面"虽然都蕴含着行动的潜力,但不可否认它们都受到了历史发展形成的社会力量和文化的制约,想要在"体"的层次上有所突破,必然需要借助批判性反思。同时,要为不同方位的"面"寻找连接点,促进公共对话和关系团结,通过多种生态网络的合作来推动社会变革。这样,社会工作就有可能形成新的以"关系"为中心的理论建构,从而更好地推动专业实践,促成从微观到宏观各个层次的改变(何雪松、王天齐,2021)。

上述讨论虽然立基于宏观层面,但是对最微观层面上的社会工作专业关系的建立同样具有启迪。"点"层面上的专业关系的建立、发展、维系甚至突破,无一不与"线""面""体"的存在具有密切联系,无一不受"线""面""体"的影响与制约,当然,也会在"线""面""体"变革的推动下改革与发展。

参考文献

阿德里娜·S.尚邦、阿兰·欧文、劳拉·爱泼斯坦(2016):《话语、权力和主体性:福柯与社会工作的对话》,郭伟和等译,北京:中国人民大学出版社。

艾莉森·戴维斯、莉兹·贝多(2016):《社工督导:理论与实务》,曾焕裕、刘晓春译,台北:洪叶文化事业有限公司。

白倩如、李仰慈、曾华源(2018):《抗逆力任务中心社会工作:理论与技术》,上海:华东理工大学出版社。

比斯台克(1977):《社会个案工作的专业关系》,王仁雄等译,台中:向上儿童福利基金会。

边燕杰(2010):《关系社会学及其学科地位》,《西安交通大学学报(社会科学版)》2010年第3期。

布拉默、麦克唐纳(2009):《助人关系:过程与技能(第八版)》,张敏等译,北京:高等教育出版社。

蔡智勇(2009):《米切尔与关系理论的整合》,《南京航空航天大学学报(社会科学版)》2009年第4期。

蔡忠(2009):《境外经验:青少年事务社会工作的项目与研究》,上海:华东理工大学出版社。

常雅慧(2012):《人情、面子、关系:中国人行动逻辑的建构》,《赤峰学院学报(汉文哲学科学版)》2012 年第 7 期。

陈和(2005):《人本主义取向的社会工作模式及其本土化过程》,《首都师范大学学报(社会科学版)》2005 年第 5 期。

陈仪卉(2010):《少年与外展社工员专业关系建立历程之研究——以台北市西区少年服务中心为例》,静宜大学硕士论文。

陈之昭(2006):《面子心理的理论分析与实际研究》,载李原主编《中国社会心理学评论(第 1 期)》,北京:社会科学文献出版社。

程玲、沈志丽(2022):《社会工作专业关系的动态性表现及其调适策略探索——基于农村留守儿童个案服务项目》,《社会福利(理论版)》2022 年第 4 期。

崔君(2019):《社会工作视角下自闭症儿童社会化训练的研究》,《法治与社会》2019 年第 6 期。

代蕾(2021):《线上社会工作服务中专业关系危机与应对研究》,华东政法大学硕士论文。

邓谨(2009):《中庸思想视阈中的本土社会中产化解读》,《电子科技大学学报》2009 年第 3 期。

丁飞(2013):《论关系精神分析的心理发展观》,《南京晓庄学院学报》2013 年第 1 期。

丁飞、郭本禹(2014):《关系精神分析的心身障碍治疗观》,《医学与哲学》2014 年第 35 卷第 5A 期。

丁飞(2016):《整合与发展:关系精神分析学研究》,南京师范大学博士论文。

丁庆、王茜、史金玉(2018):《学校社会工作实务》,成都:西南交通大学出版社。

丁文(1997):《家庭学》,济南:山东人民出版社。

董磊明、郭俊霞(2017):《乡土社会中的面子观与乡村治理》,《中国社会科学》2017 年第 8 期。

董帅鹏(2021)：《面子再生产：北方农村婚备消费升级的一种社会学解释》，《中国农村观察》2021 年第 3 期。

杜景珍(2007)：《个案社会工作：理论·实务》，北京：知识产权出版社。

杜鹏(2017)：《"面子"：熟人社会秩序再生产机制探究》，《华中农业大学学报(社会科学版)》2017 年第 4 期。

杜平(2020)：《专业关系的情境化建构：基于"让我们做朋友-河北"的个案分析》，《社会建设》2020 年第 7 卷第 6 期。

法布里奇奥·迪唐纳(2021)：《正念疗法：认知行为疗法的第三次浪潮》，郭书彩等译，北京：人民邮电出版社。

范明林(2007)：《社会工作理论与实务》，上海：上海大学出版社。

范明林、邓文龙(2023)：《社会工作理论、实务与案例》，上海：华东理工大学出版社。

方卫平(2011)：《图文之间的权力博弈——图画书中的禁忌与童年美学建构》，《贵州社会科学》2011 年第 6 期。

费孝通(1998)：《乡土中国》，北京：北京大学出版社。

费孝通(2001)：《江村经济》，北京：商务印书馆。

高艺多(2017)：《社会工作督导关系的情感联结：一项扎根理论研究》，华东师范大学硕士论文。

桂华、欧阳静(2012)：《论熟人社会面子——基于村庄性质的区域差异比较研究》，《中央民族大学学报(哲学社会科学版)》2012 年第 1 期。

郝自阳(2020)：《正念疗法在社会工作中的应用与思考》，《社会与公益》2020 年第 11 卷第 8 期。

何国良(2021)：《"关系"：社会工作理论与实践的本质》，《社会建设》2021 年第 8 期。

何雪松(2015)：《社会工作学：何以可能？何以可为？》，《学海》2015 年第 3 期。

何雪松、王天齐(2021):《社会工作的关系思维:三个传统与新的综合》,《新视野》2021 年第 6 期。

胡先缙(2005):《面子:中国人的权力游戏》,载黄光国主编:《面子——中国人的权力游戏》,北京:中国人民大学出版社。

黄光国(2006):《人情与面子:中国人的权力游戏》,载杨国枢编《中国人的心理》,南京:江苏教育出版社。

黄光国(2010):《全球化与本土化:论心理学本土化的意涵》,《阴山学刊》2010 年第 1 期。

黄寿琪、张善文(2007):《周易译注》,上海:上海古籍出版社。

黄维宪、曾华源、王慧君(1985):《社会个案工作》,台北:五南图书出版股份有限公司。

蒋国保(2006):《孔子人际和谐思想及其现实意义》,《韶关学院学报》2006 年第 2 期。

金耀基(1988):《人际关系中人情之分析》,载杨国枢主编:《中国人的心理》,台北:桂冠图书公司。

金耀基(2006):《"面"、"耻"与中国人行为之分析》,《中国社会心理学评论》2006 第 1 期。

晋洪涛、郭秋实、史清华(2022):《村庄里的"家"与"面子":农户为何不愿退出宅基地——基于非正式制度嵌入性的一个解释》,《中国农村观察》2022 年第 4 期。

柯丽评(2009):《社会工作者与服务对象互动过程权力关系之运作》,《应用心理研究》2009 年第 43 期。

科塞(1989):《社会冲突的功能》,孙立平等译,北京:华夏出版社。

拉尔夫·多戈夫等(2005):《社会工作伦理:实务工作指南(第七版)》,隋玉杰译,北京:中国人民大学出版社。

李锦顺(2013):《文化内核和文化顺应:差序格局与广州农村社会工作支持

网络构建》,《社会福利》2013 年第 1 期。

李爽、俞鑫荣(2014):《人情与面子——本土社会工作专业关系建立的探索》,《中华女子学院学报》2014 年第 4 期。

李晓凤(2010):《学校社会工作》,北京:中国社会出版社。

李扬、钱铭怡(2007):《国外心理咨询与治疗中双重关系及其利弊》,《中国心理卫生杂志》2007 年第 2 期。

李晔(2007):师生信任及其对学生的影响,华中师范大学博士论文。

李增禄(1986):《社会工作概论》,台北:巨流图书公司。

梁凤华、段锦云(2018):《社会面子意识、冲突处理策略与人际关系满意度》,《心理学新探》2018 年第 6 期。

廖荣利(1984):《社会个案工作》,台北:幼狮文化事业公司。

林瑞吉、刘焜辉:《序列分析在咨商历程研究的应用——以两组咨商个案为例》,《台湾师范大学学报(教育类)》第 43 期。

林万亿(2016):《当代社会工作:理论与方法》,台北:五南图书出版股份有限公司。

刘斌志、罗秋宇(2020):《正念疗法:社会工作服务中的当下关注及其实现》,《社会工作与管理》2020 年第 20 卷第 4 期。

刘华丽(2004):《中国社会工作本土化问题再探讨》,《社会》2004 年第 6 期。

刘生全(2006):《论教育场域》,《北京大学教育评论》2006 年第 4 卷第 1 期。

刘小龙、吕志(2014):《青少年社会化中的"成人本位"困境及其超越》,《当代青年研究》2014 年第 1 期。

刘玉铃(2002):《女性社工员性别意识对专业关系的影响——以婚姻暴力防治社工员为例》,东海大学硕士论文。

罗洛·梅(2013):《权力与无知:寻求暴力的根源》,郭本禹、方红译,北京:中国人民大学出版社。

罗肖泉(2007):《青少年社会工作伦理议题》,《社会工作》2007 年第 1 期。

洛温伯格、多戈夫和哈林顿(2005):《社会工作伦理:实务工作指南》,隋玉杰译,北京:中国人民大学出版社。

吕洁琼(2019):《社会工作者与服务对象的专业关系研究——以上海市 M区为例》,华东师范大学硕士论文。

马维娜(2003):《学校场域:一个关注弱势群体的新视角》,《南京师范大学学报(社会科学版)》2003 年第 2 期。

马志强(2014):《从熟人关系到专业关系:社会工作求助模式的转向》,《西北师大学报(社会科学版)》2014 年第 1 期。

麦克劳德(2002):《谘商概论》,李茂兴等译,台北:弘智文化。

米歇尔·福柯(2010):《福柯读本》,汪民安译,北京:北京大学出版社。

米歇尔·福柯(2011):《生命政治的诞生,法兰西学院课程系列:1978—1979》,莫伟民、赵伟译,上海:上海人民出版社。

墨菲、迪伦(2010):《互动中的咨询会谈:关系、过程与转变》,高申春等译,北京:高等教育出版社。

尼古拉斯·卢曼(2005):《信任:一个社会复杂性的简化机制》,瞿铁鹏、李强译,上海:上海人民出版社。

尼皮耶尔保罗·多纳蒂(2018):《关系社会学:社会科学研究的新范式》,刘军、朱晓文译,上海:上海人民出版社。

奈特(2001):《老人心理治疗》,康淑华、邱妙儒译,台北:心理出版社。

潘淑满(2003):《社会个案工作》,台北:心理出版社。

庞飞(2018):《权利与权力关系视阈下社会工作的专业化逻辑》,《中南大学学报(社会科学版)》第 24 卷第 4 期。

庞忠甲:《中庸之道,其至矣乎》[EB/OL].(2006-04-13),http://www.xslx.com。

亓迪(2018):《英国社会工作价值伦理介绍(五)——英国社会工作伦理困境及其表现》,《中国社会工作》2018 年第 6 期(上)。

秦炳杰、陈沃聪、钟剑华(2002):《社会工作实践:基础理论》,香港:香港理工大学出版社。

区伟祥(2017):《社会工作专业关系浅谈(上)》,中国社会工作第6期。

区伟祥(2017):《社会工作专业关系浅谈(下)》,中国社会工作第7期。

全国社会工作者职业水平考试教材编委会(2023):《社会工作实务(中级)》,北京:中国社会出版社。

邵亚萍(2019):《人本主义视角下社会工作理论本土化的困境与建构》,《重庆工商大学学报(社会科学版)》2019年第36卷第1期。

沈黎、邵贞、廖美莲(2019):《助人工作领域督导关系的研究进展与展望——基于2000—2018年的文献研究》,《社会工作》2019年第2期。

施佳薇(2012):《青少年群体的特征分析及其意义》,《学理论》2012年第35期。

施智翔(2014):《信任与专业关系:陆军基层连队士兵对辅导长心理卫生工作满意度之研究》,"台湾国防大学"硕士论文。

史柏年(2009):《社会工作实务(中级)》,北京:中国社会出版社。

宋丽玉、施教裕(2010):《优势观点:社会工作理论与实务》,北京:社会科学文献出版社。

唐晓英、姜莉丽、曾丽娟(2016):《儒家"仁"文化与社会工作价值观的对接》,《齐齐哈尔大学学报》2016年第3期。

童敏(2018):《社会工作督导基础知识》,北京:中国社会出版社。

童敏、许嘉祥(2018):《如实感知中的心灵解放:增能策略的东方视角》,《浙江工商大学学报》2018年第5期。

童敏、辛峻青、骆成俊(2019):《专业关系与朋友关系:一项社会工作历史视角的知识观考察》,《社会工作与管理》2019年第5期。

Tsui, M.S.(2008):《社会工作督导:脉络与概念》,陈秋山译,台北:心理出版社。

王君婷(2012):《中庸思想对社会工作价值观本土化的潜在贡献》,《社会工作》2012 年第 8 期。

王璐琴(2018):《探寻边界:儿童与成人的权力关系》,南京大学硕士论文。

王思斌(2001):《中国社会的求—助关系——制度与文化的视角》,《社会学研究》2001 年第 4 期。

王思斌(2006):《社会工作概论(第二版)》,北京:高等教育出版社。

王素莹、连廷嘉(2012):《从督导风格、依附关系谈谘商督导同盟关系的促进》,《中华辅导与谘商学报》2012 年第 315 期。

王晓红(2011):《心理咨询中阻抗的表现形式与处理技巧》,《武汉职业技术学院学报》2011 年第 10 卷第 1 期。

王鑫(2018):《个案工作中专业关系建立的动态性表现及其应对策略》,沈阳师范大学硕士论文。

王雪颖(2021):《人情社会下社会工作专业关系的伦理困境研究》,华中科技大学硕士学位论文。

王迎(2022):《学校社会工作在地化发展路径研究——基于杭州市 K 中学的实践》,杭州师范大学硕士论文。

王轶楠、杨中芳(2005):《中西方面子研究综述》,《心理科学》2005 年第 2 期。

王珏(2008):《传统文化与社会工作伦理原则的构建》,《天府新论》2008 年第 6 期。

韦伯(2004):《韦伯作品集:中国的宗教 宗教与世界》,康乐、简惠美译,广州师范大学出版社。

魏希圣(2012):《从实务者观点看弱势青少年工作之价值信念与实践策略》,《东吴社会工作学报》2012 年第 24 期。

吴秀碧(2012):《受督者知觉有益学习的督导关系内涵之探究》,《中华辅导与谘商学报》2012 年第 33 期。

萧子扬(2017):《人情、关系和面子——中国社会工作实践中伦理困境的二重解读》,《重庆第二师范学院学报》2017 年第 3 期。

谢明辉(2007)：《香港"边缘青少年"工作概况》,《思想理论教育》2007 年第 252 卷第 4 期。

谢秀芬(1985)：《人际关系对社会工作专业关系的影响》,《社区发展季刊》1985 年第 29 期。

谢秀芬(1997)：《家庭与家庭服务》,台北：五南图书出版股份有限公司。

谢秀芬(2006)：《社会个案工作：理论与技巧(第二版)》,台北：心理出版社。

谢秀芬(2010)：《社会个案工作：理论与技巧(第三版)》,台北：双叶书廊。

谢秀芬(2011)：《家庭社会工作：理论与实务(第二版)》,台北：双叶书廊。

谢秀芬(2016)：《社会个案工作：理论与技巧,助人的专业关系》,台北：双叶书廊。

谢伊青(2013)：《社会工作专业关系中的案主信任》,复旦大学硕士研究生论文。

徐道稳、谢玉宝、蓝少茹(2018)：《渗透与弹性：社会工作者与案主双重关系的伦理反思》,《社会工作》2018 年第 5 期。

许临高(2016)：《社会个案工作》,台北：五南图书出版股份有限公司。

许临高、顾美俐(2010)：《社会个案工作专业关系》,载许临高主编《社会个案工作：理论与实务》,台北：五南图书出版股份有限公司。

严红(2023)：《熟人社会、面子与村庄公共性再生产》,《华南农业大学学报(社会科学版)》2023 年第 4 期。

闫涛(2010)：《信任与双重关系：社会工作伦理本土化中的专业界限》,复旦大学硕士论文。

杨超、何雪松(2017a)：《社会工作的关系视角》,《学海》2017 年第 4 期。

杨超、何雪松(2017b)：《社会工作专业关系的"动态合宜"：基于上海的质性研究》,《中国社会工作研究》第 15 辑。

杨超(2019)：《迈向关系社会工作》,《临沂大学学报》2019 年第 41 卷第 4 期。

杨中芳(2009):《如何理解中国人》,重庆:重庆大学出版社。

杨中芳、彭泗清(1999):《中国人人际信任的概念化:一个人际关系的观点》,《社会学研究》1999 年第 2 期。

尹新瑞(2019):《国际社会工作本土化研究的回顾与省思——兼论对我国社会工作本土化的启示》,《华东理工大学学报(社会科学版)》2019 年第 34 卷第 4 期。

尹新瑞(2020):《案主自决与家长主义:社会工作实务中的伦理困境与张力》,《天府新论》2020 年第 1 期。

余佳伲(2013):《差序格局下社会工作专业关系建立的本土化探讨》,华中师范大学硕士研究生论文。

于潇(2020):《信任的专业关系:困境儿童抗逆力培育的关键过程》,《长春理工大学学报(社会科学版)》2020 年第 33 卷第 6 期。

于朝晖(2009):《教学过程中几种心理效应的运用》,《大众商务》2009 年第 9 期。

曾参、子思(2002):《大学·中庸》,西安:陕西旅游出版社。

曾华源、胡慧嫈、李仰慈、郭世丰(2006):《社会工作专业价值与伦理概论》,台北:洪业文化事业有限公司。

曾群(2009):《人情、信任与工作关系:灾后社区社会工作实务的伦理反思》,《社会》2009 年第 3 期。

翟学伟(1993):《中国人际关系的特质——本土的概念及其模式》,《社会学研究》1993 第 4 期。

翟学伟(1995):《中国人的脸面观》,台北:桂冠图书公司。

翟学伟(1999):《个人地位:一个概念及其分析框架》,《中国社会科学》1999 年第 4 期。

翟学伟(2004):《人情、面子与权力的再生产——情理社会中的社会交换方式》,《社会学研究》2004 年第 5 期。

翟学伟(2011)：《中国人的脸面观》，北京：北京大学出版社。

翟学伟(2021)：《中国人的人情与面子：框架、概念与关联》，《浙江学刊》2021年第5期。

翟学伟(2023)：《关系向度理论及其解释力》，《开放时代》2023年第1期。

张洪英(2007)：《社会工作教育及专业社会工作关系的透视》，《中国青年政治学院学报》2007年第1期。

张洪英(2018)：《社会工作督导理论与方法》，北京：中国社会出版社。

张建新、张妙清、梁觉(2000)：《殊化信任与泛化信任在人际信任行为路径模型中的作用》，《心理学报》2000年第7期。

张俊芳(2012)：《心理咨询中的阻抗研究与应对》，《企业导报》2012年第15期。

张良驯(2022)：《青年特征探析》，《北京青年研究》2022年第2期。

张起帆(2019)：《熟人关系与专业关系——中国农村社会工作实践中的伦理问题》，《中国社会工作》2019年第5期。

张淑芬、廖凤池(2011)：《谘商督导关系的人际结构分析：系统取向督导模式观点》，《辅导季刊》2011年第47卷第1期。

张芯桐(2020)：《社会工作督导效果影响因素研究——以上海市社会工作服务单位和机构为例》，上海大学硕士论文。

张雄(2001)：《个案社会工作》，上海：华东理工大学出版社。

张祐诚(2011)：《大学层级认辅志工与育幼院院童间助人关系之研究》，"国立台湾师范大学"硕士论文。

张振成(1996)：《符号互动理论与社会工作实务》，《辅仁学志》1996年第27期。

赵冬雨(2020)：《社会工作者与服刑人员家庭建立专业关系的本土化路径研究》，中国青年政治学院硕士论文。

赵芳(2013)：《社会工作专业伦理中双重关系的限制、困境及其选择》，《中国社会工作研究》2013 年第 1 期。

赵芳(2016):《社会工作伦理:理论与实务》,北京:社会科学文献出版社。

郑聪杰(2020):《儒家社会建构中的"面子"与农村基层协商民主》,《领导科学》2020 年第 1 期。

周长城、孙玲(2012):《人本主义:社会工作的重要理论范式——浅析人本主义视角下的社会工作》,《社会工作》2012 年第 4 期。

周永新(1994):《社会工作学新论》,香港商务出版社。

周月清(2001):《家庭社会工作》,台北:五南图书出版股份有限公司。

朱东武、朱眉华(2011):《家庭社会工作》,北京:高等教育出版社。

朱眉华(2009):《家庭社会工作实务》,载于中国社会工作协会组编:《中国社会工作发展报告》(1988—2008),北京:社会科学文献出版社。

卓彩琴(2013):《生态系统理论在社会工作领域的发展脉络及展望》,《江海学刊》2013 年第 3 期。

祝奎(2022):《青少年社会工作实务中案主自决原则运用的伦理困境及其对策研究》,南昌大学硕士论文。

邹川雄(1998):《中国社会学理论:阳奉阴违与拿捏分寸》,台北:洪业文化事业有限公司。

Amundson, J. & Stewart, K. (1993), "Temptations of Power and Certainty", in *Journal of Marital and Family Therapy*, 19(2):111—123.

Aron, L. & Harris, A. (2005), *Relational Perspectives on the Body*. New York: Routledge.

Aron, L. (1996), *A Meeting of Minds: Mutuality in Psychoanalysis*. Hillsdale, NJ: The Analytic Press.

Baltimore, M. L. & Crutchfield, L. B. (2003), *Clinical Supervisor Training: An Interactive CD-ROM Training Program for the Helping Pro-*

fessions. Pearson Education New Zealand.

Bandura, A. (1977), "Self-Efficacy: Toward a Unifying Theory of Behavioral Change", *Advances in Behaviour Research & Therapy*, 84(4):139—161.

Banks, S. & Williams, R. (2005), "Accounting for Ethical Difficulties in Social Welfare Work: Issues, Problems and Dilemmas", *British Journal of Social Work*, 35(7).

Barrett, P. M., Farrell, L., Pina, A. A., Peris, T. S. & Piacentini, J. (2008), "Evidence-Based Psychosocial Treatments for Child and Adolescent Obsessive-compulsive Disorder", *Journal of Clinical Child and Adolescent Psychology*, 37(1):131—155.

Beck, J. S. (2005), *Cognitive Therapy for Challenging Problems*. New York, NY: Guilford Press.

Beck, J. S. (2011), *Cognitive Behavior Therapy: Basics and Beyond*(2nd ed.). New York, NY: Guilford Press.

Beinart, H. (2014), "Building and Sustaining the Supervisory Relationship", in Watkins, C. E. & Milne, D. L. (Eds.) *The Wiley International Handbook of Clinical Supervision*(pp.257—281). John Wiley & Sons, Ltd.

Benjamin, J. (2013), *The Bonds of Love: Psychoanalysis, Feminism, and the Problem of Domination*. New York: Pantheon Books.

Biestek, F. (1954), "An Analysis of the Casework Relationship", *Social Casework*, 35(2):57—61.

Biestek, F. (1957), *The Casework Relationship*. Chicago, IL: Loyola University Press.

Birnbaum, L. (2007), "The Use of Mindfulness Training to Create an 'Accompanying Place' for Social Work Students", *Social Work Education*, 27(8):837—852.

Bisman, C. D. (1994), "Social Work Practice: Cases and Principles", *Pacific Grove*, CA: Brooks/Cole.

Borden, W. (2000), "The Relational Paradigm in Contemporary Psychoanalysis: Toward a Psychodynamically Informed Social Work Perspective", in *Social Service Review*(pp.352—379). Chicago: The University of Chicago.

Brammer, L. M. & Shostrom, E. (1977). *Therapeutic Psychology* (3rd ed.), Englewood Cliffs, NJ: Prentice-Hall.

Brammer, L. M. (1979), *The Helping Relationship: Process and Skills* (2nd ed.), New Jersey: Prentice-Hall.

Bronfenbrenner, U. (1979), *The Ecology of Human Development: Experiments by Nature and Design*. Cambridge: Harvard University Press.

Campbell, S. L. (2011), "Chaos Theory and Social Work Treatment", in F. J. Turner(ed.), *Social Work Treatment: Interlocking Theoretical Approaches*(5th ed., pp.48—57). New York, NY: Oxford University Press.

Caroll, M. (2014), *Effective Supervision for the Helping Professions*(2nd edition). London: Sage.

Charles, H., Zastrow, Karen, K., Kirst-Ashman(2004), *Understanding Human Behavior and Social Environment* (6th Edition). Belmont: Brooks/Cole-Thomson Learning.

Chenot, D. (1998), "Mutual Values: Self Psychology, Intersubjectivity, and Social Work", *Clinical Social Work Journal*, 26(3), 297—311.

Chong, Hiu Ha (2016), "The Understanding of Indigenous Peoples towards Professional Relationships: The Case of Taiwan", *International Social Work*, 59(2):235—245.

Chou, M. L. (1996), "Protective and Acquisitive Face Orientations: A Person by Situation Approach to Face Dynamics in Social Interaction",

Doctorial Dissertation, the University of Hong Kong.

Collins, D., Jordan, C. & Coleman, H. (2007), *An Introduction to Family Social Work* (2nd ed.), Belmont, CA: Thomson-Brooks/Cole.

Compson, J. & Monteir, O. L. (2016), "Still Exploring the Middle Path: A Response to Commentaries", *Mindfulness*, 7(5):548—564.

Corey, G. (2021), *Theory and Practice of Counseling and Psychotherapy* (Enhanced 10th ed.). Boston, MA: Cengage Learning.

Corey, M. S. & Corey, G. (2020), *Becoming A Helper*. Boston, MA: Cengage Learning.

Cormier, W. H. & Cormier, L. S. (1985), *Interviewing Strategies for Helpers Fundamental Skills and Cognitive Behavioural Interventions* (2nd ed.). Monterey, CA: Brooks/Cole Publishing Company.

Craske, M. G. (2017), *Cognitive-Behavioral Therapy* (2nd ed.). Washington, DC: American Psychological Association.

Crockett, S. & Hays, D. G. (2015), "The Influence of Supervisor Multicultural Competence on the Supervisory Working Alliance, Supervisee Counseling Self-Efficacy, and Supervisee Satisfaction With Supervision: A Mediation Mode", *Counselor Education and Supervision*, 54(4), 258—273.

David Howe (1998), "Relationship-Based Thinking and Practice in Social Work", *Journal of Social Work Practice*, 12(1):45—56.

David Rothman (1978), "The State as Parent", in Willard Gaylin et al. (Ed.), *Doing Good: The Limits of Benevolence*. New York: Pantheon Books, p.72.

Davys, A. & Beddoe, L. (2010), *Best Practice in Professional Supervision: A Guide for the Helping Professions. London*: Jessica Kingsley Publishers.

Dobson, D. & Dobson, K. S. (2017), *Evidence-Based Practice of Cogni-*

tive-Behavioral Therapy (2nd ed.). New York, NY: Guilford Press.

Donald Colins, Catheleen Jordan & Heather Coleman (1999), *An Introduction to Family Social Work*, Belmont: Brooks/Cole-Thomson Learning.

Dworkin, R. M. (1972), "Social Rules and Legal Theory", *The Yale Law Journal*, 81(5):854—890.

Edwards, J. K. & Chen, M. W. (1999), "Strength-Based Supervision: Frameworks, Current Practice, and Future Directions: A Wu-wei Method", *The Family Journal*, 7(4):351.

Egan, G., "The Skilled Helper: A Problem-Management Approach to Helping", *Pacific Grove*, California: Brooks/Cole. 1994.

Elliott, R. & Shapiro, D. A. (1992), "Client and Therapist Analysts of Significant Events", in Toukmanian, S. G. & Rennie, D. L. (Eds.) *Psychotherapy Process Research: Paradigmatic and Narrative Approaches* (pp.163—186). Newbury Park, CA: Sage.

Ellis, A., & Ellis, D. J. (2019), "Rational Emotive Behavior Therapy", in Wedding, D. & Corsini, R. J. (Eds.), *Current Psychotherapies* (11th ed., pp.157—198). Boston, MA: Cengage Learning.

Foucault, M. (1979), "Truth and Power", in Meaghan Morris & Paul Patton (Eds.), *Michel Foucault: Power, Truth, Strategy*. Sydney: Feral Publications.

Fox, R. (1983), "Contracting in Supervision: A Goal Oriented Process", *The Clinical Supervisor*, 1:37—49.

Friedlander, M. L. & Ward, L. G. (1984), "Development and Validation of the Supervisory Styles Inventory", *Journal of Counseling Psychology*, 31(4):541—557.

Garvin, C. D. & Seabury, B. A. (1997), Interpersonal Practice in Social

Work: Promoting Competence and Social Justice(2nd ed.). Boston: Allyn and Bacon.

Gazzola, N. & Theriault, A. (2007), "Super-(and not-so-super-)vision of Counsellors-in-Training: Supervisee Perspectives on Broadening and Narrowing Process", *British Journal of Guidance & Counselling*, 35:189—204.

Gelso, C. J. & Carter, J. A.(1985), "The Relationship in Counseling and Psychotherapy: Components, Consequences, and Theoretical Antecedents", *The Counseling Psychologist*, 13(2):155—243.

Gendlin, E. T. (1973), "Experiential Psychotherapy", in Corsini, R. (Ed.), *Current Psychotherapies*(pp.317—352). Itasca, IL: Peacock.

Gerald Dworkin (1971), "Paternalism", in Richard, A. Wasserstrom (Ed.), *Morality and the Law*. Belmont, CA: Wadsworth Publishing Co.

Gergen, K. J. (2009), *Relational Being: Beyond Self and Community*. New York, NY: Oxford University Press.

Gitterman, A. & Germain, C. B. (1976), "Social Work Practice: A Life Model", *Social Service Review*, 50(4):601—610.

Gladstein, G. A. (1983), "Understanding Empathy: Integrating Counseling, Developmental, and Social Psychology Perspectives", *Journal of Counseling Psychology*, 80:467—482.

Glisson, C. A. (1985), "A Contingency Model of Social Welfare Administration", in Slavin, S. (Ed.), "An Introduction to Human Services Management", *Social Administration: The Management of the Social Services*, Volume I(pp.95—109). New York: Haworth Press.

Goldstein, A. (1973), "Behavior Therapy", In Corsini, R. (Ed.), *Current Psychotherapies*(pp.207—250). Itasca, IL: Peacock.

Goldstein, E. G. (2007), "Social Work Education and Clinical Learning:

Yesterday, Today and Tomorrow", *Clinical Social Work Journal*, 35, 15—23.

Graybeal, C. T. (2007), "Evidence for the Art of Social Work", *Families in Society: The Journal of Contemporary Social Services*, 88:513—523.

Greene, R. (1999), *Human Behavior Theory and Social Work Practice*. New York: Aldine De Gruyter.

Gunn, J. E., & Pistole, M. C. (2012), "Trainee Supervisor Attachment: Explaining the Alliance and Disclosure in Supervision", *Training and Education in Professional Psychology*, 6(4), 229—237.

Hamilton, G. (1951), *Theory and Practice of Social Case Work*. New York: Columbia University Press.

Hartman, A. (1992), "In Search of Subjugated Knowledge", *Social Work*, 37(6):483—484.

Hartman, A. (1993), "The Professional Is Political", *Social Work*, 38(4):365—366.

Hasenfeld, Y. (1987), "Power in Social Work", *Social Service Review*, 61(3), 469—483.

Herbert, J. D. & Forman, E. M. (2011), *Acceptance and Mindfulness in Cognitive Behavior Therapy: Understanding and Applying the New Therapies*. Hoboken, NJ: Wiley.

Hick, S. F. (2008), "Cultivating Therapeutic Relationships: The Role of Mindfulness", in Hick, S. F., Bien, T., *Mindfulness and the Therapeutic Relationship*. New York: Guilford Press.

Hill, C. E. & Corbett, M. M. (1993), "A Perspective on the History of Process and Outcome Research in Counseling Psychology", *Journal of Counseling Psychology*, 40, 3—24.

Hoffman, I. (1999), *Ritual and Spontaneity in the Psychoanalytic Process: A Dialectical Constructivist View*, Hillsdale, NJ: Analytic Press.

Holland, T. P. & Kilpatrik, A. C. (1991), "Ethical Issues in Social Work: Toward a Ground Theory of Professional Ethics", *Social Work*, 36(2).

Holloway, E. (2005), *Clinical Supervision: A System Approach*. Newbury Park, CA: Sage.

Holloway, E. L. (1995), *Clinical Supervision—A System Approach*. Thousand Oaks, CA: Sage.

Horvath, A. O. & Symonds, B. D. (1991), "Relation Between Working Alliance and Outcome in Psychotherapy: A Meta-analysis", *Journal of Counseling Psychology*, 38(2), 139—149.

Hutchins, D. E. & Cole, C. G. (1997), *Helping Relationships and Strategies* (3rd ed.), Pacific Grove, CA: Brooks/Cole.

Janzen, C. & Harris, O. (1997), *Family Treatment in Social Work Practice*. F. E. Peacock Publishers, Inc.

Johnosn, L. C. (1988), *Social Work Practice: A Generalist Approach*. MA: Allyn and Bacon Press.

Jordan, J. V. (2000), "The Role of Mutual Empathy in Relational/Cultural Therapy", *Journal of Clinical Psychology*, 56(8):1005—1016.

Jordan, J. V., Kaplan, A. G., Stiver, I. P., et al. (1991), *Women's Growth in Connection: Writings from the Stone Center*. New York, NY: Guilford Press.

Kaba-Zinn, J. (2003), "Mindfulness-Based Interventions in Context: Past, Present, and Future", *Clinical Psychology-Science and Practice*, 10 (2):144—156.

Kaiser, T. L. (1997), "Supervisory Relationships: Exploring the Human

Elements", *Pacific Grove*, CA: Brooks/Cole.

Kazantzis, N., Dattilio, F. M. & Dobson, K. S. (2017), *The Therapeutic Relationship in Cognitive-Behavioral Therapy: A Clinician's Guide*. New York, NY: Guilford Press.

Keith-Lucas, Alan (1972), *Giving and Taking of Help*, Chapel Hill: University of North Carolina Press.

Kirst-Ashman, K. K. & Hull, G. H. (1999), *Understanding Generalist Practice* (2nd ed.). Chicago: Nelson-Hall Publishers.

Kohut, H. (1977), *The Restoration of the Self*. Chicago, IL: The University of Chicago Press.

Kurt Lewin (1999), "Experiments in Social Space", *Reflections*, 1(1): 7—13.

Ladany, N., Ellis, M. V. & Friedlander, M. L. (1999), "The Supervisory Working Alliance, Trainee Self-Efficacy, and Satisfaction", *Journal of Counseling & Development*, 77, 447—455.

Ladany, N., Hill, C. E., Corbett, M. M., & Nutt, E. A. (1996), "Nature, Extent, and Importance of What Psychotherapy Trainees Do Not Disclose to Their Supervisors", *Journal of Counseling Psychology*, 43(1), 10—24.

Ladany, N., Walker, J. A. & Melincoff, D. S. (2001), "Supervisory Style: Its Relation to the Supervisory Working Alliance and Supervisor Self-Disclosure", *Counselor Education and Supervision*, 40(4):263—275.

Latting, J. E. (1986), "Adaptive Supervision: A Theoretical Model for Social Workers", *Administration in Social Work*, 10(1), 15—23.

Ledley, D. R., Marx, B. P. & Heimberg, R. G. (2018), *Making Cognitive-Behavioral Therapy Work: Clinical Process for New Practitioners* (3rd ed.). New York, NY: Guilford Press.

Lee, M. Y. (1996), "A Constructivist Approach to the Help-Seeking Process of Clients: A Response to Cultural Diversity", *Clinical Social Work Journal*, 24(2):187—202.

Levy, C. S. (1976), *Social Work Ethics*. New York: Human Sciences Press.

Lewin, K., Lippit, R. & White, R. K. (1939), "Patterns of Aggressive Behavior in Experimentally Created 'Social Climates'", *Journal of Social Psychology*, 10, 271—279.

Lock, M. (1993), "The Politics of Mid-Life and Menopause: Ideologies for the Second Sex in North America and Japan", in Lindenbaum, S. & Lock, M. (Eds.) *Knowledge Power, and Practice: The Anthropology of Medicine and Everyday Life*, (pp.330—363). Berkeley: University of California.

Loewald, H. W. (1951), "Ego and Reality", *International Journal of Psycho-Analysis*, 32:10—18.

Loewenthal Del(2014), "The Magic of the Relational? Relational Psychotherapy, Psychoanalysis and Counselling", in Loewenthal Del & Andrew Samuels(Ed.). *Existential Psychotherapy and Counselling after Postmodernism*. London and New York: Routledge.

Matties, A. L., Narhi, K. & Ward, D. (2001), *The Eco-Social Approach in Social Work*. Jyvaskyla: SoPhi.

McCarthy A. K. (2013), "Relationship Between Supervisory Working Alliance and Client Outcomes in State Vocational Rehabilitation Counseling", *Rehabilitation Counseling Bulletin*, 57, 23—30.

Mearns, D. (1991), "On Being a Supervisor", in Dryden, W. & Thorne, B. (Eds.), *Training and Supervision for Counseling in Action*. Beverly Hill, CA: Sage, pp.116—128.

Mehr, K. E., Ladany, N., & Caskie, G. I. L. (2010), "Trainee Nondisclosure in Supervision: What Are They Not Telling You?", *Counselling and Psychotherapy Research*, 10(2), 103—113.

Mehr, K. E., Ladany, N., & Caskie, G. I. L. (2015), "Factors Influencing Trainee Willingness to Disclose in Supervision", *Training and Education in Professional Psychology*, 9(1), 44—51.

Meyer, C. (1983), *Clinical Social Work in the Eco-Systems Perspective*. New York: Columbia University Press.

Miller, J. B. (1976), *Toward a New Psychology of Women*. Boston: Beacon Press.

Miller, J. B. (1986), "What Do We Mean by Relationships?", Wellesley, MA: *Stone Center for Developmental Services and Studies*, Wellesley College.

Mitchell, S. (1988), *Relational Concepts in Psychoanalysis: An Integration*. Cambridge: Harvard University Press.

Montigny, G. A. J. D. (1995), "The Power of Being Professional", in Campbell, M. & Manicom, A. (Eds.) *Knowledge, Experience, and Ruling Relations: Studies in the Social Organization of Knowledge*. Toronto: University of Toronto, pp.209—220.

Morales, A. T. & Sheafor, B. W. (2004), *Social Work: A Profession of Many Places*. Boston, MA: Pearson Education.

Morrison, T. (2001), *Staff Supervision in Social Care: Making a Real Difference for Staff and Service Users*. Brighton: Pavilion.

Nichols, M. P. & Schwartz, R. C. (2001), *Family Therapy: Concepts and Methods*. MA: Allyn and Bacon Press.

O'Leary, K. D. & Wilson, G. T. (1975), *Behavior Therapy: Application and Outcome*. Englewood Cliffs, NJ: Prentice-Hall.

O'Leary, P., Tsui, M. S. & Ruch, G. (2013), "The Boundaries of the Social Work Relationship Revisited: Towards a Connected Inclusive and Dynamic Conceptualization", *British Journal of Social Work*.

Ornstein, E. D. & Ganzer, C. (2005), "Relational Social Work: A Model for the Future", *Families in Society*, 86(4):565—572.

Palmer, S. E. (1983), "Authority: An Essential Part of Practice", *Social Work*, 28(2):120—125.

Pardeck, J. T. (1996), "An Ecological Approach to Practice", in *Social Work Practice: An Ecological Approach*. New York: Greenwood Publishing Group.

Perlman, H. H. (1979), *Relationship: The Heart of Helping People*. Chicago, IL: University of Chicago Press.

Pincus, A. & Minahan, A. (1973), *Social Work Practice: Model and Method*. Itasca, IL: Peacock.

Rhodes, S. L. (1978), "Communication and Interaction in the Worker-Client Dyad", *Social Service Review*, 52:123—131.

Richmond, M. E. (1899), *Friendly Visiting Among the Poor: A Handbook for Charity Workers*. Glen Ridge, NJ: Patterson Smith.

Richmond, M. E. (1922), *What Is Social Case Work?*. New York: Russell Sage Foundation.

Rogers, C. R. (1961), *On Becoming A Person: A Therapist's View of Psychotherapy*. London: Constable.

Rooney, R. H. (1992), *Strategies for Work With Involuntary Clients*. New York Columbia University Press.

Rosenberger, J. B. (2014), "Orientation to and Validation of Relational Diversity Practice", in *Relational Social Work Practice with Diverse Popula-*

tions. New York: Springer.

Rosenfeld, J. M. (1964), "Strangeness Between Helper and Client: A Possible Explanation of Non-Use of Available Professional Help", *Social Service Review*, 38:17—25.

Schafer, R. (1976), *A New Language for Psychoanalysis*. New Haven, CT: Yale University Press.

Schweitzer, R. D. & Witham, M. (2018), "The Supervisory Alliance: Comparison of Measures and Implications for a Supervision Toolkit", *Counselling and Psychotherapy Research*, 18:71—78.

Segal, E. (2013), "Beyond the Pale of Psychoanalysis: Relational Theory and Generalist Social Work Practice", *Clinical Social Work Journal*, 41(4): 376—386.

Seligman, S. (2005), "Dynamic Systems Theories as a Meta-Framework for Psychoanalysis", *Psychoanalytic Dialogues*, 15(2):285—319.

Sexton, T. L. & Whiston, S. C. (1994), "The Status of the Counseling Relationship: Theoretical Implications, and Research Directions", *The Counseling Psychologist*, 22(1):6—78.

Shirk, S. R. & Karver, M. (2003), "Prediction of Treatment Outcome From Relationship Variables in Child and Adolescent Therapy: A Meta-Analytic Review", *Journal of Consulting and Clinical Psychology*, 71(3): 452—464.

Shulman, L. (2010), *Interactional Supervision*(3rd). Silver Spring, MD: NASW Press.

Simpson, G. A., Williams, J. C. & Segall, A. B. (2007), "Social Work Education and Clinical Education", *Clinical Social Work Journal*, 35(1): 3—14.

Smith, D. E. (1990), *The Conceptual Practices of Power：A Feminist Sociology of Knowledge*. Boston：Northeastern University.

Steinman, S. O., Richardson, N. F. & McEnroe, T. (1998), *The Ethical Decision-Making Manual for Helping Professionals*. California：Brooks/Cole Publishing Company.

St George, R. J., Fitzpatrick, R. C., Rogers, M. W., et al. (2007), "Choice Stepping Response and Transfer Times：Effects of Age, Fall Risk, and Secondary Tasks", *The Journals of Gerontology Series A：Biological Sciences and Medical Sciences*, 62(5)：537—542.

Strauser, D. R., Lustig, D. C. & Donnell, C. (2004), "The Relationship Between Working Alliance and Therapeutic Outcomes for Individuals with Mild Mental Retardation", *Rehabilitation Counseling Bulletin*, 47(4), 215—223.

Thelen, E. (2005), "Dynamic Systems Theory and the Complexity of Change", *Psychoanalytic Dialogues*, 15(2)：255—283.

Tosone, C. (2004), "Relational Social Work：Honoring the Tradition", *Smith College Studies in Social Work*, 74(3)：475—487.

Wakefifield, J. C. (1996), "Does Social Work Need the Eco-systems Perspective?", *The Social Service Review*, 70：1—32.

Watkins, J. G. (1978), *The Therapeutic Self*. New York：Human Sciences.

Weber, M. (1951), *The Religion of China：Confucianism and Taoism*. New York：The Free Press.

Wedding, D. & Corsini, R. J. Eds. (2019), *Current Psychotherapies*(11th ed.). Boston, MA：Cengage Learning.

White, V. E. & Queener. J. (2003), "Supervisor and Supervisee Attachment and Social Provisions Related to the Supervisory Working Alliance", *Counselor Education and Supervision*, 42：203—218.

图书在版编目(CIP)数据

社会工作专业关系建立与维系：理论、实务与案例
分析 / 范明林，张芯桐著. — 上海 ：格致出版社 ：上
海人民出版社，2024.6
社会工作精品教材
ISBN 978 - 7 - 5432 - 3538 - 0

Ⅰ.①社… Ⅱ.①范… ②张… Ⅲ.①社会工作-教
材 Ⅳ.①C916

中国国家版本馆 CIP 数据核字(2024)第 067791 号

责任编辑 唐彬源 王亚丽
美术编辑 路 静

社会工作精品教材
社会工作专业关系建立与维系:理论、实务与案例分析
范明林 张芯桐 著

出 版 格致出版社
上海人民出版社
(201101 上海市闵行区号景路 159 弄 C 座)
发 行 上海人民出版社发行中心
印 刷 上海商务联西印刷有限公司
开 本 720×1000 1/16
印 张 17.5
插 页 1
字 数 245,000
版 次 2024 年 6 月第 1 版
印 次 2024 年 6 月第 1 次印刷
ISBN 978 - 7 - 5432 - 3538 - 0/C • 310
定 价 79.00 元